巴斯家族

信仰、營商、生活與文化的別樹一幟

鄭宏泰 著

獻給父親，表達無盡思念

目錄

序

　　長久以來，為利而來到中國經商的非華人、華裔的外商，一般統稱「洋商」。他們除了以國籍論的英國商人、葡萄牙商人、德國商人、意大利商人，還有以種族血裔論的猶太商人和巴斯商人。以人口規模論，相對於英國人、葡萄牙人或是猶太人，巴斯人可謂人丁單薄。據 Chaubey 等學者（2017: 1-2）引述 Parzor Foundation 在 2017 年的統計，全球巴斯人口只有 13.7 萬而已，在整體而言猶如滄海一粟。

　　雖則如此，這個民族在商界的影響力卻遠超其在全球人口的佔比，在近代商業史上佔有重要篇章。18 世紀以還，巴斯人依仗大英帝國，東來中土營商，尤其在經營鴉片走私生意上扮演吃重角色，被視為大英帝國不斷向外擴張的「帝國夥伴」（partner in empire），可見他們在英國突出的地位和影響力（Palsetia, 2007: 81）。然而，這個族群自二次世界大戰之後，在全球的擴張和影響力卻大不如前，不但人口數目逐步下滑，在政治、經濟、商業及社會等多個層面亦逐漸失卻昔日光彩，背後原因錯綜複雜，值得深究。

　　以古波斯（即現今伊朗）為故鄉的巴斯族群，信仰瑣羅亞斯德教（Zoroastrianism）、採用天葬儀式，同時又奉行族內婚等傳統與文化，長久以來均引起不少人的興趣及學者研究；其善於經營、長袖善舞的特質，更吸引不少人想從中取經。本研究挑選四個巴斯家族：打笠治家族、麼地家族、羅旭龢家族及律敦治家族，作跨世代個案研究，考察他們的發展特徵，從而窺探巴斯民族、文化與信仰所面對的機會和挑戰。

　　必須指出的是，要深入研究異文化家族企業，所碰到的挑戰儘管極大，

遇到的問題多多，筆者雖力求真實地探討其文化、信仰與經營哲學，但畢竟受各種諸如知識和認知等缺陷影響，眼高手低，難以如願，當中的糟糠粃漏和缺失，希望讀者不嗇指正，有以教我。至於這一研究工作最終能順利完成，實乃獲得各界友好及機構鼎力協助所致，在此謹向他們致以最衷心感謝。

首先，要感謝我們家族企業研究團隊黃紹倫教授、孫文彬博士、周文港博士、許楨博士、王國璋博士及閻靖靖博士，儘管過去兩年，受新冠肺炎疫情影響，我們鮮能如過去般聚首談天論學，但幸好在科技幫助下，大家仍能坦誠分享、交流見解、互相砥礪，實乃研究道路上的重要助力。

同樣地，亦要向前研究助理李明珠和行政主任俞亦彤表示謝忱，她們曾在不同層面給予幫助，令本書內容更加充實。當然，亦要感謝香港中文大學圖書館、香港大學圖書館、香港歷史檔案館、英國國家檔案館，以及天星小輪等提供資料和圖片，給予支援和協助，使本研究可克服種種困難，達至今天的成果。

最後，要向太太李潔萍表示衷心感謝，她是文稿的第一位讀者，並多次協助校對，給予不少建言；當然，她大小家事一手抓，疫情期間更要做好各種防疫措施，保護家中老少，讓我不用操心，並在我身心疲累時為我打氣，更令這項研究得以順利完成。

雖然得到各方友好和機構的大力幫助，但仍因沒法完全掌握政局的急速轉變、歷史的曲折漫長、企業的興衰傳承和人生的順逆起落，而令本書出現一些糠粃錯漏，對於某些疑而未決、模糊不清的地方，雖努力求證，但仍沒法做到完美無瑕，這雖是不願看見的，卻很難避免，但望讀者有以教我，指正批評，讓我們的研究可以做得更紮實、更豐富。如對本書有任何意見，請致函香港新界沙田香港中文大學香港亞太研究所或電郵 vzheng@cuhk.edu.hk 聯絡。

鄭宏泰

第一章

巴斯商人

人少力量大的發展謎團

人類歷史上曾出現不少帝國，軍事力量無人匹敵，統治領土遼闊無邊，締造過和平盛世，激發文化藝術發展。自進入近代，無疑以大英帝國的霸主地位最為突出，在經歷連串內部衝突和混亂後找到新方向，於十五、十六世紀走上了不斷向外擴張的道路，藉擴張策略消弭內部矛盾，並作為支撐自身發展的能量，位於「遠東」的印度和中華大地亦逃不過英國野心，成為其虎口下的目標。在印度建立殖民統治，成功接掌當地的權力和資源後，英國便將目光放到幅員廣大、人口眾多的中國。那時中華大地的統治者滿清王朝未知世界大勢之轉變，只埋首於自給自足的農耕之中，不願與外界交流接觸，大英帝國屢次叩門，卻不斷吃上閉門羹，自然感到懊惱不滿，最終按捺不住，決定強硬闖關，發動毫不光彩的鴉片戰爭逼令滿清就範，以武力將這個東方文明古國的大門打開。此後，就如打開了潘朵拉的盒子，清朝被迫與英國及隨之而來的列強簽下連串不平等的屈辱條約，割地賠款，任人宰割，踏上了崎嶇曲折的發展道路。

值得注意的是，伴隨著大英帝國擴張而進入中國的，除了佔英國主要人口的盎格魯撒克遜民族（Anglo-Saxon），還有在其殖民統治下歸化為英籍的不同族裔人士，如猶太人、亞美尼亞人、印度人，以及本研究聚焦的巴斯人等，他們多數原居於印度，尤其孟買，之後在不同時期來華尋找商機。其中部份人由於能掌握政經發展大勢，抓緊商貿機遇，加上運氣配合，最終叱咤一時，成為巨富，巴斯商人便是當中不容小覷的成功例子。按道理，巴斯人數量稀少，在全球總人口的佔比微不足道，為何卻能掌握左右財經大局的力量，成為英國開疆闢土、拓展市場的助力？他們的宗教、文化與傳統有哪些特點，令他們對金錢、家族、血脈培養出與別不同的觀念？這些特點與觀念又如何影響到他們的營商特質及企業的繼存？本研究將挑選多個巴斯家族的案例作分析，嘗試回答以上問題，期望增進大家對巴斯家族企業的認識之餘，也從他們的發展歷程中找出可借鑒學習之處。

掀開巴斯商人的神秘面紗

對不少中國人而言，巴斯人或巴斯（Parsee 或 Parsi，另譯帕西、帕爾西、八思、八師、巴史、白社等等），無疑是十分特別、充滿神秘的群體，他們過去在香港曾顯赫一時，對商界的影響力尤其巨大，創立了不少極為吃重的企業，被視為具有點石成金的神秘力量。但在二次世界大戰之後，他們卻又迅速消失於商界，令不少人大惑不解，神秘感更為深刻。順作補充的是，巴斯人與不少中東國家或民族一樣，喜歡白布纏頭，所以有「白頭摩羅」的稱號，他們的宗教亦曾被稱為「白頭教」（郭德焱，2001；Smith, 1995）。

還有，巴斯人的英文名，就如他們的民族名 Parsee 或 Parsi 般，字尾常有 ee 或 i 之別，其中最突出的例子是 Jee 或 Ji，另外亦有 Bhoy 或 Bhai（有時亦寫作 Bai）。Jee 或 Bhoy 這兩個字尾的意思，據說是「先生」或「閣下」的尊稱，前者過去通譯為「治」，後者為「貝」，亦有譯為「白」、「皮」或「博」等（郭德焱，2003：127）。為了保持一致，在本書中，前者一律譯為「治」，後者為「貝」。

此外，巴斯人的姓氏亦常令人感到混淆和困惑，原來巴斯人一般沒有姓氏，他們的人名構成只有自己的名字，接著是父親或祖父的名字。由於華人以至大部份其他民族均有可追根溯源的姓氏，故在稱呼時，不少人會誤將該巴斯人父親或祖父的名字當作姓氏，引起尷尬。後來，部份巴斯人開始使用固定姓氏，學者指這應是他們自波斯移民印度後才定下來的習慣。有些姓氏源於其職業，如 Unwala 是羊毛商的意思，Jhaveri 與 Motivala 同樣指珠寶商，Mondawala 意謂酒商，Dubash 是船務代理，Davar 即法官，Dastur 是教士等。部份巴斯人更直接以職位的英文名稱作姓氏，如 Paymaster（收款員）、Shroff（收稅員）等（Kulke, 1974: 51）。這樣的姓氏來源，如同英文中的 Goldsmith、Baker、Butler、Butcher 和 Carpenter 等，同樣是以職業或工作為標記，性質十

分相似。

　　亦有學者補充指，巴斯人慣常以父親名字作「中間名」（middle name）再加上祖父名（last name）（Hinnells, 2005: 11），但有時又會略去祖父名，變成以父親名字為姓氏。後來受到英國文化影響，部份人跟隨英國的做法統一姓氏，亦有人沿襲傳統，將父祖之名置於自己名字之後，令父親與子女姓氏各有不同，在華人眼中甚難理解。再加上中西姓名順序有別，華人的姓氏置於名字前；洋人則多放於後，結果在翻譯或稱呼巴斯人名時，產生不少混亂。更不要說他們的名字拼音常不統一，時用 ee 時而 i，有時亦有 a 與 o 之別或 c 與 k 之異等，例如 Cowasjee 有時寫成 Cawasji，Cama 有時記為 Kama 等，不勝枚舉，情況就如早期華人到海外，姓名翻譯沒有統一準則，結果明明一家人卻有不同的英文姓氏，永安郭氏便是當中的例子，郭樂、郭泉和郭順三兄弟名為 James Gocklock、Philip Gockchin 和 William Gockson，Gocklock、Gockchin 和 Gockson 三字曾一度變成各自一房的姓氏，令人失笑。

　　由於巴斯人及他們企業的稱謂並不劃一，如有些會自訂一個文雅的中文名字或寶號，有些則採取音譯；而音譯有時使用粵語拼音，有時卻以官話（即現今的普通話）為主，還有些夾雜了如閩南話、潮州話等方言，因此很容易產生一人多名的混淆。本書原則上採取他們在華時使用的名稱，但如原譯名帶有歧視、貶意或謾罵成份，除直接引文的情況外，本研究會劃一根據的中性原則自行翻譯。

　　巴斯群體據說來自波斯（Persia），即現今之伊朗，「巴斯」此名亦是由「波斯」演變而來。比起整個伊朗人口眾多，巴斯人的數目卻相當稀少，然而他們「人少力量大」，自成一格，在生意經營的表現尤其突出（郭德焱，2003：127），在十八至二十世紀的商業貿易及人類歷史進程中佔據了不容低估的重要地位。下文將介紹多個與香港及中華大地有關的巴斯家族企業，以探討巴斯人

在亞洲商業與經濟發展上的貢獻。

在討論巴斯家族企業的案例前，首先要簡單介紹一下巴斯人。如上文所述，巴斯人的根源來自波斯，巴斯此字更與「波斯人」（Persian）相通，意思指「來自波斯的後裔」（Hinnells, 1973: 5）。時至今日，大多數巴斯人早已遷離波斯或現今的伊朗，在印度以至世界各地生活了多個世紀，但他們仍視波斯為「先祖之地」（ancestral land），與波斯維持著強烈的情感聯繫（Hinnells, 2007: 265）。

相信大多數人沒有接觸過巴斯人，對他們了解不深，主要原因是他們人口極少，有巴斯人更自嘲「應在巴斯人絕種之前觸摸他們以求好運，就像對白老虎一樣」（one should touch a Parsi for good luck before they are extinct, like the white tiger），以瀕將絕種的白老虎作比喻，充份反映這個曾對商業與經濟有巨大影響力的群體正面對的困境（Vevaina, 2018: 258）。

據人口統計顯示，1976 年全球巴斯總人口為 13 萬，至 2017 年則約有 137,000 人，沒有明顯增減。當中約 69,000 人居於印度，佔比最多，達50.4%，其中八成居於孟買；20,000 人居於伊朗，約佔全球巴斯人口 14.6%；另有約 2,000 至 5,000 人居於巴基斯坦，約佔全球巴斯人口 0.14% 至 0.36%，餘下則散居世界不同角落（Chaubey et al, 2017: 1-2）。由此可見，巴斯族群人丁實在單薄，就算超過一半集中在印度，在印度 13 億人口中亦只佔 0.05%，猶如滄海一粟。

另一個值得留意的特點，是巴斯人口的流動情況。按 1941 年的統計，印度有 114,490 名巴斯人，至 2001 年降至只有 69,601 人，大幅下滑了 39.2%（Hinnells, 2005: 45），[1] 之後下降幅度穩定下來，至 2017 年只減少了數百人。出現這種情況，除生育率下降外，還因為巴斯人覺得印度脫離英國獨立後，生活條件與發展空間未如期望，一時間引起嚴重的移民潮（Weaver, 2012）。

巴斯人的宗教信仰亦十分獨特，他們信奉瑣羅亞斯德教（Zoroastrianism），又稱「祆教」。由於只有巴斯人信奉，因此亦俗稱巴斯教。它是世界上現存其中一個最古老的宗教，早於基督教及伊斯蘭教創立，並影響了後兩者的發展（Zaehner, 1975; Weaver, 2012）。

　　瑣羅亞斯德教的創立者是先知查拉圖斯特拉（Zarathustra 或 Zoroaster），亦是此宗教英文名的由來。這是一個一神論宗教，相信亞胡拉‧瑪茲達（Ahura Mazda）乃全能、全知、唯一和永恒的真神，萬物的創造者（Creator），主宰世上一切（Kulke, 1974: 15-17; Weaver, 2012: 19）。查拉圖斯特拉給信眾的重要教訓是：要有好思想、好話語、好行為（good thoughts, good words, good deeds），古吉拉特語（Gujarati，巴斯人獨有的語言）為 humata, hukhta, huvareshta（Vevaina, 2018: 241），林悟殊則甚有古韻地譯為「非義勿思，非義勿言，唯義是行」（林悟殊，1995：82）。

　　一言以蔽之，瑣羅亞斯德教要求信徒信守真理、誠實、正直、公義和非暴力，尊重環境自然，純潔更是他們十分重視的道德觀及品行。這種宗教基本上只由父傳子，另外因為崇拜儀式總是離不開火，外人常以「拜火教」稱之。但據該教的香港教士解釋，他們並不信奉火，只是「視火為接觸亞胡拉‧瑪茲達的媒介」（a media to reach Ahura Mazda），所以崇拜時對火表現出敬仰（Nasirabadwala, 2018）。

　　瑣羅亞斯德教強調純潔等教義，全方位影響著巴斯人的信仰、生活、婚姻、家庭及喪葬等，形成獨特的觀念，令這個種族在異鄉生活數百年後仍沒有被同化。首先是信仰上的純潔，瑣羅亞斯德教不信奉其他神祇、不接受改變信仰、不會向外傳教，亦不讓其他民族皈依，信徒的身份是祖傳的、先天的，只有夫妻或父系一方為教徒，所生的子女才能成為教徒。若巴斯婦女外嫁至其他民族，所生的下一代亦不能成為教徒；而外族女性嫁作巴斯婦，就算皈依了，

亦不一定能取得瑣羅亞斯德教徒身份。[2]

對於巴斯人強調信仰上的天生血脈身份，不接納族外婚皈依，有一位名叫「迦藍 Baby」的網上作家，訪問了一名經營專門招待「拜火教徒」（即瑣羅亞斯德教徒）旅館的老闆，老闆的一段話，說明了該民族或宗教的「內向性」：「我們瑣羅亞斯德教不接受『改宗入教』，我們也不出去拉人入教。我們生是帕西人（巴斯人），死是帕西人」（《每日頭條》，2017 年 6 月 23 日）。

由於瑣羅亞斯德教只沿著血裔相傳，不需要如其他宗教般積極傳教，自然不會主動向他人闡釋教義，故予人較神秘的感覺，信徒數目亦隨著種族人口減少而不斷萎縮，令這個曾經的波斯帝國國教，至今日已成為「世界上其中一個信徒人口最小的宗教之一」（Chaubey et al, 2017: 1）。

強調純潔亦影響巴斯人的婚姻安排。他們重視「種族純潔」（racial purity），堅持族內婚制度（林悟殊，1995：19），反對與異族通婚，認為會破壞他們的血源純正（Karkaria, 2016），夫婦婚後則應忠誠，從一而終。有論者指出，堅持族內婚的傳統或安排，雖然有助保留族群的特殊身份，卻令其失去了「性吸引」（sexually effete），難以延續（Kulke, 1974: 132-133）。所以哪怕瑣羅亞斯德教同時鼓勵早婚及多生孩子，但現實上兩者均很難落實，人口無從增長。

另一方面，巴斯人在日常生活亦強調純潔，如身體要時刻維持清潔，總是穿著潔白衣服，白布纏頭。飲食方面，除食物要潔淨外，他們還盡量避免與異教徒同桌吃飯，不能吃異教徒做的飯菜（Zaehner, 1976; Boyce, 1979）。這些教條雖難免令他們在移民社會生活十分不便，但同時亦令他們更團結互助，令種族不會因「融入」主流社會而消失。

與中國人一樣，巴斯人亦十分重視家庭。林悟殊（1995：71）提到巴斯人的「人生樂處」——或者說在世間追求的人生——據說是：「有房子、有火，

有妻子、兒子和忠僕」。不過，他們理想的家庭形態，是由夫妻子女組成的核心家庭，並非中國傳統理想的數代同堂。另一個與中國文化相似的特點，便是十分重視生育兒女、繁衍血脈。據林悟殊引述 Zaehner 的專著 *The Teachings of the Magi*（譯為《哲人嘉言錄》），瑣羅亞斯德教的教士指繁衍後代為「天職」，重要性僅次於虔信宗教，該文如下：

余在生的第一天職，乃為虔信宗教，參加禮拜，辨清得失、功過、善惡、明暗，崇善神，離惡魔，堅定不移；第二天職即為娶妻生子，繁衍後代，不敢懈怠；第三天職是為耕田種地；第四天職係飼好家畜。至於第五天職，乃將日夜時間三分，一份用在學府求教於聖人，一份從事耕種以求豐收，餘下一份用於飲食休息娛樂。（引自林悟殊，1995：72）

由於重視家庭，巴斯文化鼓勵早婚及多產，族人應及早組織家庭，並盡量生兒育女，與中國傳統高舉多子多福的價值觀十分相近。他們批評或貶斥不生育者，相信「無子是神的一種懲罰」，並十分清楚地表明「反對任何形式的禁慾和苦行，認為結婚勝單身，有子勝無子，吃葷勝吃素」（林悟殊，1995：72-73）。儘管早婚有助生育，但或許因族群人數不多又四處分散，且受制於「族內婚」傳統，未必能找到合適婚配的對象，無法實現早婚的目標，生育率亦因而受到影響。

另一項影響巴斯人生育率的原因，是他們女性的教育水平較高，早在十九世紀末已有顯著提升（Axelrod, 1990: 404），有分析指在 1860 年，孟買的學校有 1,341 巴斯男生和 485 名巴斯女生入學，同期的印度男生只有 1,089 人，且沒任何印度女生，就是回教或天主教男女學生的比率，亦遠遠低於巴斯族

群（Kulke, 1974: 86）。由此可見，巴斯人遠較其他宗教或文化的群體更重視教育，樂於讓女子讀書，而女子教育率提升，應或多或少推遲了她們的結婚及生育年齡，婚後也因注重子女的教養質素而不願多產，導致生育率長期低迷。

由於瑣羅亞斯德教極為強調專一、潔淨、自律，以及前文提及的「非義勿思，非義勿言，唯義是行」等教誨，所以被視為一個誠實可靠的族群。據說，孟買民間流傳著這樣的諺語：「人們應該在猶太人家裡吃飯（因為可以受到很好的招待），而在拜火教徒家中睡覺（因為可以完全信任主人）」（《每日頭條》，2018 年 2 月 23 日）。

有趣的是，在生活上，瑣羅亞斯德教並不壓抑信徒追求物質享受、賺取金錢、積累財富，並視之為十分正常之事（林悟殊，1995）。有學者指，該教在日常生活與工作上沒有太多「宗教禁忌」（religious taboos），亦不會過份束縛、阻礙信徒發揮（Kulke, 1974: 129），只要求他們必須以誠實的方法獲得財富。[3]教義又認為，信眾可把賺取得來的錢財按自己的想法自用或與人分享，享有自由支配的權利（Cantera, 2015）。

同理，瑣羅亞斯德教「反對任何形式的禁慾和苦行」，認為「吃葷勝吃素」（林悟殊，1995：73），可見其價值觀有很強的入世思想，教徒無須壓抑正常的慾望，可以好好享受現世及追求物質。另一方面，巴斯文化強調自由意志及個人成就，認為人可以挑選任何正當的職業或事業，但必須努力爭取在那個領域做出成績（Weaver, 2012: 45），有點中國傳統「行行出狀元」的味道。因此巴斯人對從商及積累財富沒有任何心理負擔，令他們在近代世界經濟發展中表現過人。

進一步說，瑣羅亞斯德教對辛勤工作給予肯定，經文常強調努力工作、有勤勞才有回報，以及勞動光榮等教訓，例如指「從辛勤工作中獲利和興盛，是神所欣賞和喜好的」（the profits and prosperity earned through work are looked upon by God with favour）。除工作要努力外，個人亦應努力對抗生命中的逆境——就如對抗與瑪茲達對立的「邪魔」（Angra Mainyu），並享受積極進取的人生（Kulke, 1974: 254-257）。

巴斯人的喪葬習俗亦十分獨特，因為他們奉行「天葬」，引來不少人好奇。這又與瑣羅亞斯德教強調的純潔互為表裡，教義認為人的身軀只是臭皮囊，靈魂才是不朽的，死亡代表惡靈暫時的勝利，由於地、火、水三元素及聖潔之物不應被不潔不淨的屍體污染，故不能進行火葬或土葬。

進行「天葬」時，由於死亡是不潔的，故家屬不能觸摸死者的身體，以免同受污染。屍體經專業處理師處理後，會送到專門用作舉行天葬儀式的「寂靜之塔」（Tower of Silence 或 Dokhma），由喪葬師按嚴格儀式進行祭祀，並讓鷹吃掉屍肉，再把屍骨收集在密封的容器裡埋葬（Kulke, 1974: 19）。假如無法舉行天葬，屍體則必須安放於密封的石棺中下葬，避免滲漏造成污染（Hintze, 2018: 88-89）。

之後，死者的靈魂會經過一道「會計之橋」（Bridge of Accounting），[4] 在那裡面對終極審判。若在生時有緊守查拉圖斯特拉的教誨，有好思想、好話語、好行為者，便可以進入光明的「歡迎之家」（House of Welcome），與神祇亞胡拉·瑪茲達同在。假若在生時沒有緊隨教主教誨，做了惡行，便會進入「欺騙之家」（House of Deceit），那裡是魔鬼的住所，黑暗恐怖（Hintze, 2018: 90）。

了解過巴斯人對信仰、家庭婚姻、工作倫理等的觀念及習俗後，或多或少能理解他們在現代經濟中表現出色的原因。有學者認為，瑣羅亞斯德教強調努力建立事業，對透過辛勤工作獲得利益持肯定態度，從這個角度看，它雖與基督新教的加爾文宗（Calvinism）存在信仰上的差異，但商業與工作倫理十分相近，都有助於促進商業和經濟發展（Kulke, 1974: 259）。

當然，除巴斯人本身的民族性及宗教觀外，外來環境亦是他們選擇在商界

發揮所長的原動力。因為十分現實的問題是，無論他們身處哪個國家，或在當地生活了多久，由於其信仰與文化的獨特性，始終無法完全融入社會。加上他們人口稀少，乃少數族裔，「人微言輕」，不論在哪個政府的統治下，議政論政或走上政壇的道路雖不至被完全隔絕，但起碼不會是康莊大道。相信他們亦有自知之明，了解參與政治遊戲並非他們的最佳選項，促使他們把精力集中於打拚商業、發展技藝等非政治的事業之上，造就了他們在商界的特殊表現。

遷居與效忠英國的轉變

這裡要先交代巴斯人如何由伊朗遷居印度，之後又如何躋身英國商人圈子，成為大英臣民，深得信任和重用，並受到其保護的經過。扼要地說，位處中東地區的波斯（現今之伊朗）民眾，一直信奉瑣羅亞斯德教，惟該地在公元七、八世紀因伊斯蘭教迅速興盛，令同屬一神教的瑣羅亞斯德教徒受到迫害，於是只好無奈地逃難。部份人越過伊朗高原，輾轉到了印度西岸古吉拉特（Gujarat），在那裡落腳定居。後來，因相去不遠的孟買在英國人統治下迅速發展為商埠，吸引部份巴斯人再次遷居，轉到那裡生活，並在多方配合下發展所長，成為國際貿易與商業的一股重要力量。

有一則小故事，是關於巴斯人如何成功爭取在印度落腳。據說，當巴斯人逃難到印度時，當地的統治者 Jadi Rana 本想拒絕巴斯人尋求庇護的請求，故向他們展示一瓶裝得滿滿的牛奶，意即當地人口眾多，已容不下外來移民，好讓他們知難而退，不再糾纏。但深具智慧的巴斯教士卻拿出一把糖，放入那瓶裝得滿滿的牛奶中，牛奶卻未有溢出，並指「糖會融入奶中」（sugar in milk），暗示若獲得收留，巴斯人便會融入社會，不但不會給印度帶來負擔，反而能帶來裨益，令牛奶更甜美（Paymaster, 1954; Singh, 1986）。

結果，巴斯人獲准留在印度的古吉拉特生活，但統治者要求他們信守承

諾，融入當地社會，為經濟及商業活動作貢獻，更不能成為對抗當地社會或阻礙統治的力量。從結果看來，巴斯人確實有努力學習當地的語言和文化，但同時又維持著本身獨特的宗教和文化，還有極為緊密的組織，這既與他們的宗教聚會有關，亦是為了互相保護之故。

更重要的是，巴斯人一直保持族內通婚傳統，因此世世代代均維持著巴斯族裔的血緣，沒有被印度社會同化。至於他們重視教育、善於營商、具較強烈的成就動機、敏銳的商業觸角等特點，令他們在商業等範疇表現出色，財富不斷增加，社會地位亦不斷提升，逐漸成為印度的精英及富裕階層（Kulke, 1974: 139 and 251-254）。

本來，印度的統治者乃印度人，在當地生活的巴斯人雖然維持著自己的宗教、文化與傳統，但與其他少數族裔移民一樣，仍免不了要「低頭做人」，服從印度制度、接受統治、學習當地語言。到他們做出成績，積累巨大財富，有了社會地位與影響力後，才能扭轉局面。再到後來，當孟買及其他印度領土逐步落入英國人手中，由於覺得在英人管治下，貿易更加興旺，不少巴斯人乃轉移居所，跑到英國的管轄區謀生，其服從的對象便變成了英國人（Dobbin, 1996）。

正如筆者在《沙遜家族》一書中粗略談及，孟買原本諸島林立，1534 年為葡萄牙人佔領，到了 1661 年，英國國王查理二世（Charles II）迎娶葡萄牙公主凱薩琳（Catherine of Braganza）為妻時，該地以嫁妝形式贈予英國，從此成為英國屬土。初期，該地無甚建設，只以低廉租金租給東印度公司，作為開拓東方生意貿易的要塞（Nergish, 2018）。不少商業觸角敏銳的巴斯人，開始由古吉拉特轉到孟買，甚至倫敦謀生，有些人在倫敦設立商行（Vaid, 1972），亦有人加入東印度公司，其中盧士譚・文諾克（Rustum Manock）便相當著名，據說他早在 1730 年代已是葡萄牙人的中介商，遊走於果亞（當時葡屬）與印

度（當時英屬）之間，同時又獲聘於英國東印度公司，工作是開展東方業務（Kulke, 1976: 17-18; Luhrmann, 1996: 126-127）。

因應東方貿易持續發展，到了 1817 年，英國政府在孟買推行移山填海的大型改造工程，把本來七個海島之間的海床用沙石填平，再在填海造地所得的地皮上興建房屋、市集、辦公樓、公共休閒設施及政府建築等（David, 1995），令孟買的發展出現翻天覆地的變化，成為一個區域的大城市。更多眼光精準的巴斯商人湧入孟買，尋找商機，並不斷壯大起來，當中部份人加入東印度公司，跟隨公司轉到中國開展貿易，在日後的對華貿易中擔當了重要角色。

相對於信奉印度教的印度人抗拒離開家鄉到海外謀生，[5] 巴斯人卻沒有一定要留在家鄉的心結，為了追求更理想的生活，他們往往樂於到異地尋找機遇，這樣的心態相信與他們獨特的信仰和文化有關。故不少巴斯人會按本身的理想外出發展，因此成為跨國貿易的先行者，並在過程中增廣見聞，掌握世界形勢，當看到英國的發展已躍居世界霸主地位（Vaid, 1972: 9-10），自然起了慕強或「牆頭草」的心態。

1858 年，印度發生「印度兵變」（Indian Mutiny），巴斯人曾出錢出力，支持英國平亂。至兵變被鎮壓後，大英帝國將原本交由東印度公司代為管理的地區納入其直接管治下，由英國君主兼任英屬印度的君主。巴斯人偏向英國的立場早已相當明顯，故適應良好，就如同公司換了新老闆，他們繼續工作之餘，還努力在新形勢下尋找更好的活動空間。有研究分析，巴斯人並不似印度人般對英國管治心有不甘，一來是因為他們不認為自己是印度人，對印度沒有民族情感，也沒有沉重的歷史包袱（Kulke, 1974: 135-137）；同時，他們亦認為在強盛的英國管治下，自己能有更全面的發展，自然對英國殖民政策並不抗拒。

更直白地說，由於巴斯人和猶太人在印度都是移民，在大英帝國將印度變成自己的屬地，實行直接統治，成為「新主人」後，若說印度人是被迫屈從，以免招來殺身之禍，巴斯人及猶太人卻算是主動投誠，毫不抗拒地臣服於大英帝國之下。有論者認為原因是他們看到「西方政治與文化價值所呈現出的超級優勢」，接納這種「至高無尚的權威」（supreme authority），心悅誠服地希望成為英國治下的一份子，為英國人所用，效犬馬之勞。因此，相較於不情不願的印度人，巴斯人及猶太人更受重用，能與英國統治者維持長期融洽的關係（Palsetia, 2007: 83-84）。

　　對巴斯人來說，當時英國國勢所向披靡，他們想攀附投靠自是情理之事；但對英國而言，這個人數稀少又勢弱的族群有何優點值得信用？以下引述一位英國人 George Viscount Valentia 撰寫的遊記，他曾在十八世紀末、十九世紀初遊歷孟買，並記下他對巴斯人的介紹和觀察，從中或可略知端倪：

一、他們在當地生活已長達多個世紀，但仍保留本身的信仰、傳統、服飾
　　與生活習慣；

二、他們十分富有，對當地有一份忠誠；

三、他們物質豐盛，建築華麗光鮮，裝飾有格調；

四、他們能講英語，對英國人和善，飲食和英國人沒分別；

五、巴斯上層慷慨有私德，既願意照料貧苦、善待僕役，亦沒有宿娼或收
　　養情婦；

六、他們樣子好看，較當地其他種族好，但「沒歐洲人般擁有清潔皮膚」
　　（not possessing the clear skin of the Europeans）（Valentia, 1809 Vol 2:
　　186-188）。

　　由此可見，這名英國人給予巴斯人很高的評價，在他的眼中，巴斯人除了不是白皮膚外，其他層面都跟歐洲人很接近了。此外，他覺得巴斯人對英國人

或歐洲人表現得特別欣賞與敬仰，接待他時誠懇周到，反映巴斯人對英國統治者沒有敵意與抗拒，而是由衷的傾慕或接納。更為重要的是巴斯人十分忠誠：

> （巴斯人）屬於忠誠的群體……他們公開承諾會承擔責任，且表達了堅定信念，認定在東方沒有其他地方能讓他們享有同樣優勢。我覺得他們乃最有價值的臣民……我承認，在英國控制的東方屬地，我永遠寧可選擇他們而非其他種族。（Valentia, 1809: Vol 2, 187-188）

亦有分析指，巴斯人之所以能夠成為英國吸納的對象，是因為他們能充當統治者（英國）與被統治者（當地印度人）的「緩衝」（buffer）或「橋樑」（bridge），所以對他們相當依重（Smith, 1995: 390）。加上他們忠誠的品格、優秀的營商能力、不怕向外闖的冒險精神、對跨地域文化和社會的知識，令雙方一拍即合，巴斯人甘為英國人所用，而英國人又願意運用，實在具有「襄王有夢、神女有心」的互動因素在內，巴斯人亦因此得以發揮，在印度及國際商貿與經濟上擁有巨大的影響力（Maurya, 2002; Le Pichon, 2006: 7 and 83）。

之後，巴斯人進一步向英國靠攏，積極學習英國語言及文化，甚至成立推行英國教育制度的學校，有些較富裕的巴斯人更把年幼子女送到英國留學，實行全方位學習英國人的行為，吸納英國文化（Weaver, 2012: 60-62）。其中較著名又經常被引述的例子，有拿羅治（Dadabhai Naoroji）及包拿格里（Mancherjee Bhownaggree），兩人均十分傾慕英國文化，曾在英國求學，日後更擔任國會議員，他們定居倫敦，同時亦會嚴厲批評英國政府的施政過失（McLeod, 2007: 136）。

拿羅治是自由主義者，享壽較長，晚年時被稱為「印度大老」（Grand Old Man of India），並著有《印度的貧窮》（*The Poverty of India*）一書，力陳由於印

度的財富以不同形式、不同渠道，大量並持續地流往英國，令印度本身長期處於貧窮境地，此學說稱為「流失理論」（drain theory），在印度政壇深受重視，甚有影響力（Kulke, 1974: 176）。而包拿格里是保守派，長期定居倫敦，甚少回到印度，他提倡婦女教育，積極參與慈善活動，亦甚敢言，月旦時政，因此獲大英皇室頒贈爵士頭銜，為英國社會所熟悉（Codell, 2009）。

放在大歷史的角度看，無論是帝國、宗教或社會，難免會經歷不同週期，有起有落、有盛有衰，如能把握形勢，便能在情況有利時乘勢而起，一旦逆風便要知所應變，另謀出路。巴斯人在波斯帝國沒落後，為了保存本身的宗教信仰與傳統文化而不斷流徙，經歷無數風霜，自然洞悉當中要訣，故在機會來臨時迅速抓緊，跟隨時代的王者，成就自己的事業。

成為英國擴張勢力的前鋒

偏處歐洲北方的大英帝國，能夠於十五、十六世紀走上強國之路，逐步建立龐大的「日不落」帝國，依靠的不單是船堅炮利的軍事硬實力，還有制度、文化、思想等軟實力優勢，包括吸納其他民族或社會的精英為其所用，亦是成功的重要因素。他們與巴斯人的關係便是最佳的例子，巴斯人傾慕英國文化，對英國的統治心悅誠服，英國自然樂意善用他們經商的才能，以開拓海外市場攫取財富。

巴斯人亦清楚明白到，在那個大環境下，他們以生意貿易上的特長為英國作貢獻，應該會受到統治者歡迎，同時亦能令本身獲益，於是便沿著這一方向前進。這種做法並非集體意志或經商討後的行動，而是他們因應現實環境，尤其根據市場及商業條件所作出的。瑣羅亞斯德教不提倡禁慾，支持信徒追求物質享受、賺取金錢、積累財富，相信是促使巴斯人投入商業的背後動力所在。

巴斯人全心全意投入到生意之中，操奇計贏，經過一番努力，很快便幹出

了成績。據分析，進入十九世紀時，「在歐洲人的所有商行中，他們（巴斯人）都擁有股權了」，並指他們乃「私人資本供應的主要來源」（Valentia, 1809: Vol 2, 187）。也有學者指，巴斯商人乃孟買最有影響力的群體，一舉一動常常受到社會注視（Grace, 2014: 49-50）。也即是說，他們手上擁有較多資本，商業經營走在前列，並成為不少歐洲商人的合夥人或股東，必然可分享商行的盈利，同時又可影響商行的決策，甚至參與到商行在不同層面的營運之中。

巴斯人為何有較充裕的「私人資本供應」？一個在孟買人所共知的現實，是巴斯人整體上較印度人富裕。林悟殊有這樣的介紹：「（巴斯人是）印度社會的富有階層……即使是帕爾西（巴斯）下層，據說也絕對不從事低賤的工作。諸如清道夫、理髮匠、僕人等職業，與他們是無緣的」（林悟殊，1995：17）。時至今日，巴斯人亦較印度人富裕，據孟買最大的巴斯慈善信託領導組織 Bombay Parsi Panchayat（簡稱 BPP）規定，「貧窮的巴斯人」能獲得房屋資助，而他們所定下的貧窮界線是「月入少於 9 萬盧比（即 1,351 美元）」；但按印度政府的規定，月入低於 870 盧比（33 美元）的城市居民，才會被歸類為窮人（Karkaria, 2016）。顯然，就算是「貧窮的巴斯人」，收入亦遠超過印度人的入息中位數。

一個較為合理的推測是，由於巴斯人的宗教鼓勵信徒追求物質生活，而創造財富則是支持物質生活的核心，不難想像他們會全力投入，加上族群內部相對團結，資本自然更易積少成多地集結起來，因此能夠成為「私人資本供應的重要來源」。在資本匱乏的年代，資本必然成為「造王者」，手上擁有較大資本的巴斯人，自然深受歐洲及英國商人歡迎。巴斯人更深明「以小事大」的道理，在英國或歐洲人面前表現謙卑、圓通，大大降低了對方的抗拒與提防，令他們能在國際商場左右逢源、從心所欲，大英帝國向全球擴張時，亦允許他們跟隨其後。

起初，英國在印度開拓生意貿易時，由於巴斯商人很早便在當地營商，雙方必然有相當多的接觸，巴斯人靈活變通、善於經營等優點吸引到英國人的注意，如上文提及 Valentia 的遊記便是一種說明。到英國不斷加強對印度的控制後，巴斯商由於對當地社會及商業行情了解透徹，開始獲得重用，難怪有分析直白地指，他們被視為「英國國王在西印度的主要代理與商業少尉」（Weaver, 2012: 22），可見巴斯商人在當時的跨境貿易中扮演了極吃重的角色，幾乎成為英國對印度貿易的引路人。

幅員遼闊的印度次大陸，不同地方曾先後被歐洲強國侵佔瓜分，葡萄牙、荷蘭、丹麥、法國和英國均曾在當地掠奪資源、傾銷工業製品，甚至奴役當地人民。由於英國綜合國力持續壯大，經營亦最有系統，所佔據的領土不斷擴充。經營印度期間，英國人主要集中於貿易開拓，尤其以東印度公司統其成，被政府付託了很多管理當地社會及經濟的大權。前文提及英國在 1660 年代取得孟買之後，亦是由東印度公司代行管理之職。不少巴斯人亦在那時開始由古吉拉特移居孟買，投身商業貿易或工業製造，成為協助英國人發展孟買、印度，乃至整個東方社會貿易投資的一股重要力量（Dobbin, 1996）。

作為「漂泊」民族，巴斯人之所以對投身貿易、追求財富具有強烈意欲，一來與其信仰不禁止物質享受有關，同時亦不能排除因為他們總是對所處社會抱有強烈的「不安全感」（sense of insecurity）。正因如此，哪怕他們在印度已生活了多個世紀，仍視自己為「來自波斯的難民」（migrant refugees from Persia），沒有「永遠扎根的感覺」（Weaver, 2012: 60）。這種感受，與印度的猶太人基本一致，例如沙遜家族第四代領導域陀‧沙遜，在 1920 年代印度出現獨立運動時，常遭當地政治力量針對，指其乃「外資」商人。哪怕他們已在印度定居已多個世代，不少家族成員在當地出生，但印度人仍視他們為外人，非我族類（Jackson, 1968）。

這裡引伸出一個甚為特殊的身份認同問題。儘管巴斯人在很多層面上取得突出成就，但他們離開波斯後，即使在印度或英國生活多個世紀或多代人，卻只被視為「在歐洲社群中屬次等公民」（林準祥，2016：362），不能與當地人平起平坐，當然亦不會被視作本地人，長期有「邊緣人」（marginal man）的身份認同問題（Kulke, 1974: 228-233），這種寄人籬下的身份和地位，實在值得關注。

由於信仰的支持，加上心理上的不安全感，激發巴斯人努力積累財富「傍身」。正如前文所述，自東印度公司在 1817 年推動孟買的移山填海及大型建設工程，刺激對外貿易與本地經濟發展，商業眼光敏銳的巴斯商人紛紛從古吉拉特移居孟買。至於早在孟買生活的巴斯人，則擴大當地商業發展，小部份人更加入東印度公司，到中國發展貿易，初期從中國輸出絲綢和茶葉等貨品，後來更率先成為「第一批從事鴉片走私的人」（Vaid, 1972: 12; 郭德焱，2001：116）。

眾所周知，巴斯商人乃英國向中國傾銷鴉片的最大推手，扮演了極吃重的領頭羊角色（Trocki, 1999; Palsetia, 2008）。至於為何巴斯及其他印度籍商人，如猶太及亞美尼亞人等，能被英國商人看中，成為利用和拉攏的對象呢？Vaid 指出，這是因為歐洲其他大國的公司（如葡萄牙或荷蘭等）乃英國的主要競爭對手，而像巴斯或猶太商人等，他們雖善於經營，背後卻沒有國家的巨大力量作後台，加上他們對大英帝國和英商表現忠誠，更具有「能容易被威脅和大量榨取」（could be threatened easily and squeezed enormously）的好處（Vaid, 1972: 13），所以深得重用，大家走到同一陣線，開拓商機。而巴斯商人協助英國走私鴉片，更讓他們贏得了「帝國夥伴」（partner in empire）的稱號（Palsetia, 2007: 81）

就在他們以鴉片謀取暴利時，鴉片對中國的毒害則愈來愈大，令人不禁質

問，到底英國及巴斯商人怎樣理解鴉片走私，為何可以一邊自詡是正當商人，一邊卻做著為禍人民的生意？面對這些質問，有辯解說，當時的人不清楚鴉片會造成嚴重後果，以為鴉片一如香煙酒品等貨物，雖會成癮，但無傷大雅云云。但若然鴉片商真的以為鴉片無害，那為何只將之傾銷向中國及本國以外的殖民地？為何大英帝國及歐洲大陸不讓鴉片與煙酒一樣，自由買賣？這是任何有良知的人都會提出的反問（Richards, 2007）。更不要說鴉片生意違反入口國（中國）的法律，政府已明令禁止，亦詳述禁止的原因及其對人民的影響。但外商卻無視中國法律，無視鴉片毒害，明目張膽地走私，英國政府只著眼於貿易平衡，而給這些違法行為背書。

更難以理解的是，為何巴斯人會參與鴉片走私生意？以他們的精明和識見，就算一開始不清楚，之後也肯定明白鴉片會令人上癮，損害健康，破壞家庭，遺害社會。巴斯人連喝酒也反對，曾在印度發起禁酒運動（Kulke, 1974: 202-203），又為何會對比喝酒嚴重得多的鴉片毒害無動於衷？瑣羅亞斯德教強調「好思想、好話語、好行為」，巴斯人明明清楚鴉片毒害，卻見利忘義，更是罪加一等。他們充當英國走私鴉片的前鋒，又怎能再自稱是虔誠的信徒？怎能認為自己在善惡之戰中選擇了正確一方、有資格在天堂與光明的善神同在？

當然，巴斯商人除了對華走私鴉片外，還有不少人投身其他生意，包括金融業、航運業，以及代理商或中介組織等，由於他們表現出色，除賺取豐厚利潤之餘，還獲得了巨大的商業力量。先說金融及銀行業。據林準祥（2019: 260-280）綜合巴斯人在各「英印銀行」（Anglo-Indian banks）的控股情況，便可窺見他們舉足輕重的金融實力。

創立於 1840 年的「孟買銀行」（Bank of Bombay），近三分一股東為巴斯人，股份佔比則達 23.6%；創立於 1840 年的印度「今孖素銀行」（Commercial Bank of India），1853 年的董事局中有 57% 是巴斯人，另有印度人 27% 和歐

洲 16%；1853 年在孟買營業的「有利銀行」（Mercantile Bank of India, London and China，最後為滙豐銀行收購），在 1858 年時，巴斯人佔董事局 39.5%，持股量則為 22.5%，其中不少巴斯人同時為「今孖素銀行」的董事，揭示他們很早便採取了「互聯董事」（interlocking directorates）的掌控模式，以少數人控制大公司，在銀行業這個上層經濟結構中扮演主導角色（Kulke, 1974: 122）。

銀行之外，另一巴斯人佔有重要地位的便是航運業，這又與他們在跨地域貿易方面的角色直接相關。據統計，在十九世紀中葉，單是四個巴斯大家族——華地亞家族（The Wadias）、班拿治家族（The Banajis）、律士唐治家族（The Rustomjis）及吉吉貝家族（The Jejeebhoys）——便擁有多達 50 艘貨船，佔當時世界航運市場上貨船的三分之一（Palsetia, 2008: 653-654）。英國在遠東地區的最大造船廠便設於孟買，由華地亞家族擁有，就連英國軍方的船隻，亦由這家造船廠經辦（Vaid, 1972: 14; Kulke, 1974: 122）。另一點可作註腳的，是 1834 年，往來廣州與倫敦、掛英國旗的貨船中，9 艘來自倫敦，31 艘來自孟買，2 艘來自加爾各答。在孟買的貨船中，據說大部份由巴斯人所有（Hinnells, 2005: 165-166），可說明巴斯商人在航運方面的巨大力量。

跨國貿易雖然商機處處，成功者可獲得豐厚利潤，但同時亦充滿風險，如貨運途中經常會碰上天災人禍，收取貨款結算亦不是簡單之事，更不要說貨船時有破損需要維修保養，各國又使用不同貨幣，兌換率波幅極大等。在這個環境下，代理商或中介組織（agency houses）應運而生，「託運制度」（consignment system）亦同時出現，居於孟買的巴斯商人，憑著本身的獨特條件突圍而出，成為國際商業一股重要的力量（Siddiqi, 1995: 216）。

巴斯商人對印度經濟和商業亦具有巨大影響力，例如 1836 年成立的孟買商會，在 25 名委員中，有 10 名為巴斯人，可見他們人口雖少，商業力量卻十分巨大（Palsetia, 2008: 668-669），相信因此被眼利的英國統治者視為「貿易及

工業隊長」（captains of industry and trade），鮮明地反映他們在推動當地工商業發展上扮演了領導角色（Vaid, 1972: 63; Vevaina, 2018: 256）。

順帶一提，由於不少巴斯人在世界各地做生意，見多識廣在參差對照下，十分清楚新崛起的大英帝國所具有的進步力量，甚為佩服，視之為發展榜樣，故提倡在孟買以至印度社會進行變革，簡單而言，便是採納英國的制度和價值觀念（Palsetia, 2001: 156）。正因如此，他們被視為英國統治者「給印度帶來進步」的夥伴，協助英國將各項制度或文化引入印度（Luhrmann, 1996: 115）。

憑著本身在商業經營上的敏銳觸角和靈活應變等特長，加上較強的資本力量，巴斯人在不同層面上深得英國人信賴，很多時跟隨他們背後，在全球不同地方開拓業務，當中又以在印度和中國的生意做得最大，亦最具影響力。至於參與鴉片走私中國的活動，雖然明顯違背他們的教義，惟仍有不少人染指其中，因此被指乃英國對外掠奪和殖民擴張的幫兇。

以家族企業作發展的核心和載體

世界上不同文化的原始企業組織都是家族企業，巴斯人闖蕩商界所採取的商業組織亦不例外。上文提及的巴斯四大家族：華地亞家族、班拿治家族、律士唐治家族及吉吉貝家族，都是家族企業的例子，他們的崛起與營運，同樣高度依賴家族成員的人力及資本支援，組合上離不開父子兵、兄弟班及夫妻檔三大模式。除此之外，他們亦十分強調看不到的社會資本，例如人脈關係、族群網絡等，至於婚姻聯盟更是高舉族內婚傳統的巴斯人最為突出的現象。

正如筆者在不同著作中提及，家族企業模式之所以在不同社會均十分普遍，與這種組織的結構簡單，運作效率高，而且向心力強，互信度大，並能更好結合家族與企業利益有關。尤其是當一個社會的商業與經濟制度尚未完全建立，各種保障不多、風險十分高時，由於親屬關係較外人可靠，令家族企業成

為不少創業者的選擇。

明顯亦是因為察覺到家族企業的獨特優勢，巴斯商人在開拓生意時，亦大多採取這種簡單的經營管理模式，高度依賴家族的人力與經濟資本。Wadia 如下一段介紹，清楚地指出了家族企業在巴斯族群的組織狀況和特點：

> 在這種企業（家族企業）中，年紀最長的男性（可以是父親，或父親去世時叔父，或長子——原註）成為領導，透過屬下團隊——其他男性家族成員——管理企業，女性成員有時亦會包括在內。只要繼承權利能獲法律和傳統的確認，家族仍能團結，企業便能保持運作。巴斯企業如吉吉貝父子公司（Jamsetjee Jejeebhoy Sons & Co）、顧錫治（Cursetjee Cowasjee & Co）等等，便是這種企業的一些代表。十九世紀中葉，股份公司模式引入孟買，但這並沒弱化家族網絡。雖然股份公司的原則被印度及巴斯商人廣泛採納，尤其在 1854 年以後的紡織工業中，但新成立的企業仍保留了舊家族企業的內涵。他們屬於合夥人，而他們之間的關係，是透過血脈及婚姻連結起來的。像雷迪曼尼吉吉貝公司（Readymoney Jeejeebhoy & Co）、塔塔父子公司（Tata Sons & Co）、華地亞父子公司（Nowroji Wadia & Sons）等，便是一些例子。（Wadia, 2007: 127-128）

概括而言，巴斯人的家族企業多以男性為主導，某些情況下亦有女性參與，居領導地位的則多是年紀較長者。儘管十九世紀中葉後引入了股份公司制度，但控股權仍集中於家族手中，這與現時不少華人家族企業雖然已經上市，但仍維持家族掌控的做法理氣相通。尤其值得注意的是，無論是傳統的家族企業或是股份公司，姻親關係都成為巴斯家族企業其中一個重要組成部份，顯然

與巴斯人的族內婚傳統互為因果。

　　具體而言，巴斯人的家族企業除了高度依賴家人，還傾向利用「婚姻聯盟」（marital alliances），結成秦晉「兩家之好」，或延伸出去的「多家之好」，藉以集結更大力量（人力或資本等），互相依靠。這樣既可開拓更多生意，收規模經濟之效，同時亦有助分散投資風險，更能令巴斯族群與家族生意更好結合，發揮更大力量。Wadia 因此還有如下觀察：

> 在十九世紀，吉吉貝家族（Jeejeebhoys）與白帝家族（Petits）、華地亞家族（Wadias）、卡瑪家族（Camas）、雷迪曼尼家族（Readymoneys），以及打打貝家族（Jeejeebhoy Dadabhoys）都有婚姻聯盟關係。白帝家族亦與彭岱家族（Pandays）及打打貝家族有婚姻聯盟關係。婚姻結合亦把雷迪曼尼家族、戴地薛夫（Dadyseth）及班拿治（Banajee）拉在一起，並於 1892 年團結了薛夫（Seth）和塔塔（Tata）家族──當 JN・塔塔的兒子雷坦（Ratan）迎娶了亞提施・薛夫（Ardesir）之女娜莎（Naja）。因婚姻聯盟而建立的家族關係，往往會延伸至商業結組。FN・巴利華拉（F.N. Battliwala）便和他的女婿吉吉貝組成合夥公司，M・白帝（Manockjee Petit）於 1858 年創立「東方船務及編織公司」（Oriental Shipping and Weaving Company）時，合夥人中除了親屬，便是姻親。（Wadia, 2007: 126）

　　這種以家族為核心，連結親屬、姻親，再擴大至巴斯族群的企業組織，既能結合人力資本，又可增加經濟和社會資本，有助壯大實力，強化互信，降低風險，讓巴斯商人在擴張業務時比其他族群有更突出的優勢。所以當他們摸索到成功之道，並建立起商業經營體制後，總是能夠如火乘風勢般迅速壯大，

甚至壟斷行業中的某些生意，這亦說明為甚麼在十九、二十世紀，巴斯商人以稀少的人數，卻在木材、棉花、鴉片、造船、航運及銀行等佔據吃重位置（Wadia, 2007: 127）。

這裡必須指出的是，巴斯人一方面高度重視家族親友的支援，同時也著重非家族成員在管理上的角色與貢獻。Kulke 提到，在那些巴斯大企業中，作為管理核心的董事局，很多都會率先引入非巴斯人或非家族成員董事，目的是提升管理效率、減少私相授受。例如在 1870 年代，達瓦爾家族（Davar family）旗艦企業的董事局成員中，巴斯人有四名、英國人兩名，猶太及印度人各佔一名；塔塔家族的企業有五名巴斯人、兩名印度人；華地亞的家族企業有五名巴斯人、三名英國人；只有白帝家族的旗艦企業沒有委任非巴斯人進入董事局（Kulke, 1974: 125）。

Kulke 進一步列出數據，一方面可看到巴斯人吸納不少外族人進入公司，同時很多巴斯人會擔任各大公司的董事，兩者反映巴斯人的投資深入不同行業，亦反映他們具有雄厚的經濟及人脈資本。表 1-1 便是 1925 年孟買棉紡企業公司董事按不同族裔的組成情況，可以清楚地看到多個特點：一、當時孟買有 81 家棉紡工廠，設有 386 個董事職位，巴斯人佔了 151 席，即 39.1%，比例相當高；二、不同族裔的企業以同族擔任董事為多數，例如 22 家巴斯工廠設 84 個董事職位，當中 65 人為巴斯人，餘下 19 個董事職位由其他族裔出任；三、英吉列（English）商人開了 14 家工廠，設有 66 個董事職位，當中 33 人為英吉列人，餘下為其他族裔；四、巴斯人深受不同族裔歡迎，多獲委任為董事，當然亦反映他們可能在不同族裔的工廠中都有不少投資；五、伊斯蘭裔設有 15 家工廠共有 83 名董事，伊斯蘭裔只佔 32 名，反而巴斯人多達 40 名，可見他們參與更大。

表 1-1：以不同族裔區分的孟買棉紡企業公司董事組成情況：1925 年

族群	工廠數	董事職位	巴斯	印度	伊斯蘭	猶太	英吉列
巴斯	22	84	65	12	--	2	5
印度	19	96	15	74	1	6	--
伊斯蘭	15	83	40	3	32	8	--
猶太	11	57	16	9	6	20	6
英吉列	14	66	15	14	--	4	33
總計	81	386	151	112	39	40	44

資料來源：Kulke, 1974: 126

　　Kulke 還補充，指 386 個董事職位由 175 人出任，即有一人出任多家工廠董事的情況，當中有人超過 10 家，如一位名叫丁索爾（F.E. Dinshaw）的巴斯人，便身兼 30 家公司的董事（Kulke, 1974: 126），可說是「董事之王」，揭示「董事互相連結」（interlocking directorate）的現象，早在十九世紀已甚為流行，巴斯人應是當中受歡迎的人選，這種利用董事連結以強化不同企業關係的方法，能夠產生不同層面的良性作用，有助企業長遠發展（Wong, 1996）。

　　相對於今天，那時的商業與市場環境，不但競爭較為激烈，風險亦更高，這一方面與社會制度尚未完善或運作尚未成熟有關，另一方面則受科技水平影響，山川地理的阻礙仍大，無論交通運輸、資訊互通、貨幣滙兌、集資融資等制度都欠完善，更不要說獲取資源、資本和資訊的成本很高，商業管理上的授權和信託費用高昂，因此無論在本地營商或是跨國貿易，均不得不依靠家人、親屬、姻親、同鄉與族群等關係。家族企業由於能結合家族和企業的共同目標，成為「命運共同體」，因此被視為最可信、能共患難的商業組織模式，在當時社會最為普遍。巴斯商人亦以此作為核心載體，東征西討，開拓生意，建基立業。

慈善事業的內外有別與獨樹一幟

巴斯商人通過商業經營點石成金，賺取巨大財富後，除了供自己和家人享用，並留給子孫後代外，不少人亦會把其中一部份撥作慈善公益，遵循瑣羅亞斯德教「唯義是行」的教義，可見他們慷慨仁慈的一面。那些捐款中，部份會捐給自己信仰的宗教或組織，如孟買最大的巴斯慈善信託領導組織「孟買巴斯慈善信託總會」（Bombay Parsi Panchayat，下文簡稱 BPP），亦會按商人的個人意願創立慈善信託，在教育、醫療、救災等不同層面上出力，反映他們不同面向的社會關懷。

這裡簡略介紹一下 BPP 的資料。它成立於 1670 年代，乃孟買歷史最悠久的巴斯人慈善組織，早期曾出現管理及財政問題，令當時孟買的巴斯巨富吉吉貝甚為不滿，在要求改革不獲正面回應後，他於 1849 年自行創立另一慈善組織「巴斯仁愛會」（Parsi Benevolent Institution）與之抗衡。後來，BPP 推行改革，吉吉貝遂同意把「巴斯仁愛會」併入其中，壯大 BPP 實力（Kulke, 1974; Karkaria, 2016）。之後，BPP 發展良好，為印度乃至全球巴斯人提供多層面的扶助和福利。除了吉吉貝家族，其他巴斯巨富如塔塔家族、高烈之家族（Godrej family）、卡馬家族和白帝家族等，均大量捐輸，令 BPP 持續不斷地發展（Vevaina, 2018: 239）。

若然細心看，巴斯人營商時數口精明、重視效率與回報的特質，同樣展現在慈善事業上。他們的慈善事業針對性甚強，內外有別，完全只為巴斯同胞服務，把其他民族排擠在外，視而不見，這點相信與他們強調族內婚及血緣純潔有關。就以擁有巨大慈善信託資產的 BPP 為例，它的受益或服務對象就只有純種巴斯人，就算是已嫁予巴斯人的外族婦女亦不符合「資格」。其中一個最為轟動且長期被引用的例子，是 1908 年的「白帝訴吉吉貝」（Petit v Jijibhai）法律訴訟案，內容主要關於皈依至瑣羅亞斯德教的巴斯人遺孀，能否如巴斯人一

樣享有巴斯慈善信託受益等權利的問題（Sharafi, 2007: 159-161）。

案情透露，塔塔家族有成員娶了一位名叫蘇珊・皮雅（Suzanne Briere）的法國女子為妻，[6] 她在嫁入塔塔家前已採取了儀式，皈依瑣羅亞斯德教，可是卻未能享有與其他巴斯婦女同等的地位，既不能受益於巴斯慈善基金，亦不能在「寂寞之塔」舉行天葬，代表她死後不能如丈夫一樣，在天國與真神亞胡拉・瑪茲達同在。因此她一直作出多方努力，爭取獲得與巴斯婦女同等地位。

然而，蘇珊・塔塔爭取多年仍無寸進，原因是族群內反對聲音強烈，尤其來自原教旨主義者。為了令她死心，孟買巴斯社區更於 1905 年 3 月 2 日召開「公開大會」（Anjuman）討論事件，並通過議決，非巴斯婦女就算嫁進巴斯家庭、皈依了瑣羅亞斯德教，仍不算是巴斯人，不能享有巴斯婦女的地位及福利，連他們生育的子女亦不具備同等地位（Kulke, 1974: 47）。這個決定令蘇珊・塔塔大受打擊，覺得不公道、不合理，因此她向法院提出訴訟，尋求法庭裁決。

案件於 1908 年 2 月 7 日開審，由戴華（Dinshaw Davar）和必文（Frank Beaman）兩名法官主理，前者資歷較深，是孟買高等法院第一位巴斯人法官，主觀且個性較強；後者資歷略淺，是英國化的猶太人，本來對巴斯社會較同情，性格溫和。由於訴訟結果牽涉巴斯慈善基金的長遠發展，以及巴斯人身份的定位，因此引起巴斯族群的高度注視，與訟雙方在法庭上爭論激烈。

審判初期，法庭持自由開明態度，傾向支持原訟一方，認為皈依者應享有同等權利，但遭被告一方反對。法官亦曾建議雙方私下和解，認為那樣更切合實際，但同樣遭到拒絕。結果，該案只能一打到底。法庭上，辯方的主要證人雖然供詞前後不一，惟因其「防洪閘門論」（floodgates argument）獲接納，因此歷長達 9 星期的聆訊後，法庭在同年 11 月 28 日頒佈辯方勝訴，原訟人不能享有與一般巴斯婦女同等的權利。所謂「防洪閘門論」是指，「如果接受任何

皈依者都享有與巴斯血裔一樣的權利，那麼大量低層種性者（low castes）將會湧至，耗盡巴斯人的財富」（Sharafi, 2007: 165）。

裁決對維持巴斯慈善信託的財富當然有利，但公平性卻受到質疑。據Sharafi 的深入分析，戴華主導了審訊，裁決由他執筆，而他偏向保護巴斯族群的意識十分明顯，他其中一名媳婦（Virbaiji J. Jijibhai）便是來自吉吉貝家族，吉吉貝則是巴斯慈善信託其中一個信託者。必文在審訊過程中，多次質疑被告一方的供詞，但都在戴華的影響下輕輕帶過。案件審結後，必文離開孟買一段不短的時間，由戴華主力草擬判決書，反映必文實質參與不多。儘管如此，必文最終還是給判決背書，令此案成為拒絕其他族裔進入巴斯族群的最重要法庭案例（Sharafi, 2007）。

在這一判決下，蘇姍．塔塔生前無法享有任何巴斯人的福利，死後也只能葬在法國巴黎的「拉雪茲神父公墓」（Pere Lachaise Cemetery），不能如其丈夫般在「寂寞之塔」進行天葬（Sharafi, 2007: 159）。且不論判決是否公平，它帶出了兩個重點：一是能享有巴斯慈善信託利益的，僅限於純巴斯血裔者，清晰說明其「不向外開放」的特點；其次是巴斯族群強調族內婚的傳統被進一步強化，外族人哪怕嫁作「巴斯媳婦」並皈依為瑣羅亞斯德教信徒，亦不能擁有巴斯人的身份和福利，甚至下一代亦受影響。由此可見，此族群對「非我族裔」的高度抗拒，亦折射其高度「封閉性」。

本來，若按巴斯人的傳統繼承方法，即使族內有子孫改信其他宗教，仍不能不把財產傳給他們，但由於 BPP 具有排除非巴斯人或非瑣羅亞斯德教信徒的法律權利，只要把財產全數捐給 BPP，令自己名下身無分文，則能用間接方法把改宗的子孫排除在外。華帝亞家族的財產安排正是這種例子，資料顯示，商人 NN．華帝亞（N.N. Wadia）與妻子潔白．華地亞（Jerbai Wadia）育有五子，NN．華帝亞去世前設立慈善信託，由妻子管理，她與五子為主要受

益人。後來其中兩子納士・華帝亞（Ness Wadia）及古士盧・華帝亞（Cusrow Wadia）改變信仰，成為天主教徒，[7] 給寡母及巴斯族群帶來巨大衝擊（Hinnells, 2005）。潔白・華地亞於是更改信託，將財產悉數捐予 BPP，因該慈善組織只為巴斯人服務，即是變相廢除改宗兩子的受益權，不讓財產流失到異教信仰者手中（Vevaina, 2018: 254-255）。

巴斯人的慈善事業除了針對性強、內外有別外，還有一些重要特點。那些並非從自身文化或族群角度出發的善舉，其思考方向或目標，不只著眼於施與授的簡單捐獻，例如贈醫施藥、派粥派衣，或是假手教會、廟宇，由他們按其做法扶助不同受助者；在此之上，巴斯人更重視如何令那些捐獻發揮更大效果、如何永續發展，在投資中帶來更好回報，令慈善信託資源可以更豐厚。

據 Kulke（1974: 73）所指，相對於其他文化或族群，巴斯人致富後的善舉，多偏好於成立慈善基金，作長遠公益發展規劃；至於永久基金則強調投資，並注意風險，傾向投資那些能帶來穩定回報的項目或資產。所謂永久基金（endowment fund），簡單而言是把所捐的款項作為本金，規定不能動用，只能動用本金每年產生的利息或股息等收入；受益人則不再局限於家族親人，而是按各自目標，擴大至同鄉、同宗、同族或全體社會等等。[8]

Vevaina（2018: 248-250）亦提到，巴斯人是其中一個較早採取永久基金這種信託方法的民族，BPP 的設立和營運模式亦屬此類，所以能歷數百年而不衰，為自身的教徒及人民提供多方面的慈善救濟和照顧。至於其他巴斯商人，顯然亦看到這個特點，所以都傾向在捐出個人或家族財富時，採用永續慈善信託的方式，藉以留傳後世，讓捐款可以更好地發揮效用。

正因永久基金能夠發揮更巨大和長久的力量，巴斯商人又精於營商投資，故哪怕他們只佔印度或全球人口的極小比例，其慈善基金的數目仍極為龐大，影響力不難想像。據統計，在 1953 年，孟買共有 5,003 家登記信託組織，其中

935 家是巴斯人的，佔比接近兩成（18.7%），然而巴斯人口只佔印度總人口不足一個百分點，可見其慈善基金之巨大，與人口不成比例。到了 2018 年，孟買的巴斯人信託組織已上升至 3,000 家（Vevaina, 2018: 256），在大約半個世紀間增加了 2.2 倍，與他們的人口萎縮形成強烈對比。由於沒有全孟買慈善信託組織的準確數目，未能計算其在整體中的佔比，儘管如此，以巴斯人在孟買的人口佔比計，他們持有較大比率的信託組織，仍是十分明顯的事實，這趨勢更是不斷上升。

精明的巴斯商人，創富後自然會想到如何把財富運用在更好的地方，或更有意義地花掉，而除了遺贈子孫後代或親朋戚友外，以慈善捐獻回饋社會，既可造福人群，又能贏取社會地位和名聲，往往成為他們的重要選項。巴斯人不但對慈善捐獻十分慷慨，亦對如何妥善安排捐獻有著獨特看法，從中反映他們對自己種族血脈的重視，同時也可看到他們講求效益、強調永續的特質。正因巴斯人對慈善基金的永續發展十分執著，由他們設立並營運的慈善信託基金有增無減，數量在全球佔一席位，充份發揮他們人少力量大的威力。

研究方法與本書結構

巴斯族群善於商業經營，與英國政府及商人長期走得很近，深得對方信任，他們的特殊性長期受到西方學術界高度注視，無論是對其信仰及文化的尋根究底，或是對他們移民遷徙、商業營運等的討論，相關研究都成果甚豐，讓西方世界對這個民族有不少了解（Valentia, 1809; Kulke, 1974; Zaehner, 1975; Boyce, 1979; Dobbin, 1996; Luhrmann, 1996; Hinnells, 2005 and 2007; Palsetia, 2007; Wadia, 2007; Weaver, 2012; Karkaria, 2016; Chaubey et al., 2017; Hintze, 2018; Vevaina, 2018）。

這些對巴斯宗教與文化有深入研究的學者，一般都窮畢生精力於其中，他

們有些曾學習古巴斯的語言文字，或是長期與巴斯人交往、一起生活，有過深入的接觸、考察和訪談，所以能提出有深度的見解與分析。不過在東方，尤其中文世界，由於種種原因，甚少對這個族群展開研究，令華人社會對他們缺乏了解，遑論從家族與企業世代傳承的角度作跨世代分析。就如范岱克（Paul A Van Dyke）（2005: xii）所言，歷史或文化研究主要關心本身問題，甚少關注異文化或異國歷史，所以對其他文化及歷史的了解，必然存在很多局限。

事實上，對近代史稍有認識者，或許都對巴斯這個神秘族群略有所聞，知道他們曾在近代商業世界中發揮過巨大力量，其身影曾頻繁出沒在印度次大陸（現今的印度和巴基斯坦）、中華大地與日本的對外商埠，與猶太人和亞美尼亞人同為最受矚目的商人群體。不過，受限於相關研究不多，大家的認知可能流於片面，未能全面深入了解他們的文化、宗教及家庭觀如何影響到他們的發展，以及他們的家族企業有何成功之道，與華人家族企業又有何異同之處。

為了補充華人社會對巴斯家族企業的認識，筆者在完成渣甸家族、太古家族和沙遜家族的研究後，隨即開展了對這個族群的家族企業探索，希望讓大眾能以多一個角度，了解近代東方商業的發展。

不過，就如范岱克提到，研究異文化或異國歷史必然會遇上很多局限，要一一克服殊不容易。必須承認，受時間及資源所限，本研究未能直接與巴斯族群作深入訪談，甚或到伊朗、孟買等巴斯人聚居地作實地考察，所採取的研究方法，仍是一如本系列其他家族般，依賴檔案資料和出版文獻，主要如下：

一、政府部門的資料，例如英國殖民地部通信、政府憲報、法庭案件檔案、土地交易文件、商業登記資料等；

二、企業資料，例如公司年報、公司股份變更、會計記錄等；

三、報章雜誌等報導及評論，例如重大事件的報導、出生死亡或結婚等消息及投資與個人動態等；

四、個人傳記、回憶錄，以及各層面的訪問與分析等；

五、各種各樣的專著分析、紀念特刊、公司或個人官方網站消息等。

與其他洋人家族相似的是，巴斯家族成員的姓名經常重複，如父子或祖孫同名，而巴斯人特別的命名方式更令人混亂，容易產生誤解。為了便於識別，內文會採取特別安排，並作出說明。另外，早期對洋人的中文譯名，有時會明顯帶有貶義，如「罵骨治」、「打打皮」之類，這一方面反映當時社會「文化本位」的目光與局限，但亦間接說明外國人在華活動未能為中國人民或社會帶來裨益，故在譯名中故意貼上負面標籤，作出隱約的抗議。毫無疑問，西方帝國主義和殖民主義曾給中華民族帶來巨大傷害，但從學術研究的中立角度出發，本研究選擇中性譯名。還有，與本系列前三冊書不同，本書並非集中於單一家族，而是選擇了四個家族，主因與這些家族在發展進程中總是碰到人丁急速萎縮、企業無以為繼的情況有關。

本書共有七章。第一章即本章，已粗略介紹巴斯民族和宗教信仰的特徵，追尋其移民遷徙、落腳印度的歷史，進而分析大英帝國作全球擴張之時，巴斯人如何因為其文化、宗教等特質，獲得英國人的信賴，成為英國擴張勢力的前鋒，大展所長，令巴斯商人在英國統治之處均取得了甚為突出的成就，獲利尤豐。積累巨大財富的巴斯商人，雖也大量捐輸予英國或其旅居的社會，但更重要的，還是對自己民族的慈善捐獻，其中又以孟買慈善信託領導組織最為著名，至於該組織的受益者必須是血脈純正的巴斯人，又突顯了這個民族高舉族內婚的特質。

第二章主要勾勒巴斯商人與中國的淵源，以及英國在第一次鴉片戰爭後佔領香港初期巴斯人的發展狀況。雖然巴斯人到華可追溯到北魏之時，但重要的商業互動則以十八世紀起較為顯著，其中，之弘治（Jivanji）兄弟以自由商身份在廣州經商致富，然後是卡華士治（Cowasjee）在華經營期間死於澳門，以

及吉吉貝（Jejeebhoy）與渣甸洋行一同走私鴉片到華等，都較受注目。這些巴斯商人的主要特點，除了善於「捐窿捐罅」營商賺錢，便是參與到鴉片走私到華的行動中，甚至成為促使英國對華發動鴉片戰爭的叫囂者、挑釁者。香港被割讓為英國殖民地後，他們也是其中一股發展力量。

英國把香港闢為貿易轉口港、高舉自由市場旗幟，吸引不少包括巴斯商人在內的移民湧入，打笠治（Dorabjee）便是其中之一。打笠治並非來自大富之家，在香港的經濟活動亦未有染指鴉片，而是憑經營麵包起家，之後逐步擴展至酒店旅館及日常物資供應，成為巨富，他創立的渡海小輪，更奠下後來天星小輪公司的基礎。可惜，這個家族人丁單薄，延續不過兩代，到打笠治兒子去世後，便因無後繼承而終結，不再在香港社會中留下足跡。有關這個家族的傳奇，第三章中有深入分析。

第四章聚焦於麼地家族。這個家族的先輩，應與吉吉貝等巴斯巨商般，是早期染指鴉片走私到華的大戶。麼地（Mody）可能只是該家族在香港自立門戶的其中一位成員，他早年以獨資經營的經紀及拍賣起家，後來與名揚一時的亞美尼亞巨商遮打（Paul Chater）合夥，共同開拓投資回報更為吸引的物業地產，令身家財富進一步上揚。晚年時，麼地曾捐巨資支持創立香港大學，並因此獲英國皇室頒予爵士頭銜。可惜，該家族的財富與事業自他去世後持續滑落，諸子女未能在他打下的基礎中更上層樓，二戰結束後，人丁單薄的家族選擇變賣資產，離開香港，不久消失於香港社會中。

高舉族內婚傳統的巴斯人，對跨種族通婚採取抗拒、排擠的限制，所以跨種族婚姻並不多見；若有，亦不會承認該種婚姻，遑論他們誕下的混血後代。第五章聚焦的，正是過去甚少研究提及的中國與巴斯人混血家族——羅旭龢家族。這個家族的源頭，乃在港巴斯男子與華人女子所誕下的子女，其中羅旭龢因自小接受中英雙語教育，掌握華洋文化，並以華人身份獲港英殖民地重用，

成為香港社會顯赫人物，讓混血巴斯人吐氣揚眉。值得注意的是，日佔期間，羅旭龢在英國官員的指示下配合日軍統治，戰後卻因此被列為通敵者接受調查，令他人生蒙上污點。自他去世後，家族同樣難復昔日之盛。這個家族至今仍有成員在港生活，並在不同的專業領域有所表現。

第六章集中討論律敦治家族。從到華營商的時間看，律敦治家族先輩的腳步與打笠治和麼地等不分軒輊，其後代鄧·律敦治（Dhun Ruttonjee）卻於1950年代先獲港英政府吸納入立法局，成為第一位巴斯人立法局議員。鄧·律敦治祖父早在十九世紀末已營商致富，其中洋酒代理的生意，更據業界龍頭地位，到鄧·律敦治父親時，更曾在屯門創立啤酒廠，開本地啤酒釀製的風氣之先。可惜，該生意在二戰後賣盤，原因相信與鄧·律敦治無心接班有關。此外，鄧·律敦治和祖父一樣，與非巴斯人通婚，惟沒留下男性血脈，因此，自他去世後，家族出現沒有男丁繼承的局面。

第七章乃全書總結，從時代變局與巴斯族群如何應對的角度作概括討論。他們曾因敏銳地看到全球化與大英帝國不斷擴張的大勢，成為逐浪者、先行者；而大英帝國這個強大靠山，更讓其獲得巨大舞台，取得出色的成績。不過，巴斯文化與信仰別樹一幟的特質，和敢於向外闖的商業精神，雖有助他們在某些層面上取得成功，但同時又產生一定弊病或缺陷，最明顯的就是給家業傳承帶來巨大困擾。放在巴斯族群面前的重大挑戰，相信是如何走向種族包容，因為在本族人口不斷萎縮，移居地社會沒有足夠人選可供婚配的背景下，族內通婚的傳統必然進一步削減出生率，令族群無以為繼。本研究聚焦的四個家族，雖非具代表性的隨機挑選，仍能點出當中的嚴峻問題。

結語

因研究巴斯人及瑣羅亞斯德教馳名世界的英國學者 John Hinnells，在 1980

年代以郵寄方式向散居全球的巴斯人展開調查。結果發現，全球巴斯人口約有十多萬——此數據與官方統計有出入，原因不明（Chaubey et al, 2017: 1-2），其中在香港生活的大約只有 120 人而已（Hinnells, 2005: 156）。放在全球數十億總人口的天秤上，那實在是一個十分微細、不起眼的數目。儘管如此，巴斯人卻因本身的宗教信仰、傳統文化及生活習慣等與別不同而自成一系，叱咤一時，無論在孟買、印度，甚至是香港、澳門或中華大地，均曾留下他們顯赫的身影，在經營鴉片生意上扮演重要角色，被視為大英的「帝國夥伴」或前鋒；他們在慈善事業方面亦別具風格，其突出地位和影響力可見一斑。

到底巴斯人如何緊抓機遇，跟隨英國人背後，憑著本身善於經營的能耐，在賺得巨大財富時，為大英帝國報效犬馬之勞？他們憑甚麼生意作出突破？又在哪裡找到金礦，賺得「盆滿缽滿」？另一方面，這個族群的人口為何長期低迷，未見增長？到了第二次世界大戰之後，族群又為何急速滑落，不但人口數目如是，在政治、經濟、商業、社會及慈善公益等多個層面的發展，亦逐漸退卻昔日光彩，背後真正原因何在？有關這些耐人尋味的問題，本書以不同個案為研究基礎，在接下來的章節將逐一作出分析和說明。

註釋

1   Kulke（1974: 41）引述 1901 至 1961 年印度人口統計數字指出，在那一個甲子裡，印度巴斯人口由 93,952 人增加至 105,974 人，增幅為 12.8%；同時段內，印度人口則錄得 84% 的增加，可見即使同樣在印度土地上，巴斯人口的增長大幅落後於印度人口。

2   正統巴斯教強調，父母雙方都必須是巴斯教徒，所生孩子才能成為教徒，後來有一些自由派巴斯人接受只要父親一方為巴斯教徒亦行；但如只有母親為巴斯教徒，她所生的後代，則仍不能被接受為教徒（Luhrmann, 1996: 166）。

3   此點與中國文化相契合，因為《論語》〈里仁〉篇中有云：「富與貴，是人之所欲也，不以其道得之，不處也」，即民間常説的「君子愛財，取之有道」。

4   Kulke（1974: 18）指是 Bridge Chinvat，巴斯人死後會在那裡接受「最後裁決」（Last Judgement），能通過者則能得到永恒（eternity）。

5   這種希望留在家鄉社會生活的意識，與中國安土重遷的文化相似，儘管背後的信念或思想不同。

6   婚後，她從夫姓，稱為蘇尼‧塔塔（Soonie Tata），或塔塔夫人。

7   日後，納士‧華帝亞之子改信瑣羅亞斯德教，並在孟買創立印度其中一家大型棉紡工廠（Hinnells, 2005: 129-135）。

8   在中國，民間家族慈善以「永續」方法進行者，以北宋時范仲淹所設立的「范氏義莊」最為著名，可參考筆者另一研究（鄭宏泰、高皓，2019）。

第二章

踏足中土

在華走私鴉片的突圍而出

在古代，巴斯或粟特商人東來中土，主要是為求財營商，並非傳教。其宗教當時被中國人稱為天神教，後稱祆教，並如上一章所述，因崇拜儀式總是離不開火，於是又被稱為「拜火教」。儘管如此，由於他們「缺乏那種主動自覺地向外擴張的精神……他們到中國的目的是經商而不是傳教」（林悟殊，1995：112），因此瑣羅亞斯德教並沒在中國流行起來，民間社會對此知之甚少，亦鮮有直接接觸，事實上他們到華的人數相信亦只零零散散，為數不多。到了清代，據說在 1756 年時，第一名巴斯商人隨同英國東印度公司到了廣州，開始與華貿易（郭德焱，2001：116）。

由是觀之，雖然瑣羅亞斯德教早在四或五世紀已傳入中國，揭示波斯商人東來並非新鮮事，但他們顯然沒給中國社會、商貿及信仰等帶來太大影響與衝擊；五代十國至明朝時，相信該教更因遭伊斯蘭迫害而沉寂一時，自然沒在中國取得甚麼發展。直至清朝時，他們才改稱為巴斯，跟隨著英國人再次踏足中國，尋找發展機遇，並因其商業觸角敏銳、精於經營，成為一股不容忽略的商貿與政經力量。他們踏足中土後曾參與不同貿易，但以走私鴉片為最，幾乎成為英國全力打開中國大門的前鋒。本章藉個別突出巴斯商人的例子，集中討論這個接觸過程與發展狀況。

早期巴斯人在華的情況

從歷史上看，瑣羅亞斯德教或巴斯人與中國早有接觸。據各種零散的史書記載，早於公元四世紀北魏時代，或最遲五世紀，瑣羅亞斯德教已通過「粟特商人」（Sogdian merchants，或稱「薩末鞬商人」），[1] 沿著陸上絲綢之路走到中國，惟他們的東來，主要目的應是開展貿易、賺取財富（陳垣，1980；林悟殊，1995；Nghiem, 2019）。《新唐書‧列傳第一百四十六下‧西域》（沒年份）如下一段重要介紹，點出他們的生活與自少便教導孩子如何經商的特點：

> 康者，一曰薩末鞬，亦曰颯秣建，元魏所謂悉斤者……人嗜酒，好歌舞於道。王帽氈，飾金雜寶。女子盤髻，蒙黑巾，綴金花。生兒以石蜜啖之，置膠於掌，欲長而甘言，持珤若黏云。習旁行書。善商賈，好利，丈夫年二十，去傍國，利所在無不至。（《新唐書‧列傳第一百四十六下‧西域》，沒年份：沒頁碼）

其中的「生兒以石蜜啖之，置膠於掌」，寓意長大後能「甘言，持珤（即寶石）若黏」。他們「善商賈，好利」，長大後「去傍國」，前往任何有利可圖的地方營商發財，很有司馬遷筆下那種「皆為利來、皆為利往」的特點。

作為少數民族，巴斯人在清代再次踏足中土，一如過往地並非為了傳教，亦非肩負政治任務，而是為了開拓貿易。至於他們來華採取的途徑，已非陸上的絲綢之路，而是海上的絲綢之路，主要活動地點則在廣州，可見廣州在中國近現代對外貿易的重要地位。在討論巴斯人來華之前，下文先簡略介紹明清時期中國對外事務的管理制度和特點。

幅員遼闊的中華大地，無論陸上邊界和海岸線都十分綿長，管理上有不少困難之處。早在唐代，朝廷已在海港口岸設立市舶司，性質類似今天的海關，

專職管理由海路出入口的外商、船舶、貨物，以及一切外部事務，包括對外貿易、徵收關稅等工作。之後，宋元明清各朝亦基本沿用此制，曾在廣州、杭州、溫州、明州、寧波及泉州等沿海重要城市設立市舶司，原因自然是當地擁有優良港口，城市發展有一定規模，商業活躍（鄭有國，2004）。

明朝時，儘管有鄭和七下西洋的壯舉，在世界航運史上具重要意義，但有明一代卻因邊防及政治因素，實行嚴厲海禁，既限制國人飄洋出海，亦不太歡迎外商到華，以自給自足為本，設立市舶司的地點亦曾有不少調整。到了清初，雖仍設立市舶司，但同時又嚴控海疆，厲行海禁，強化對海外事務的管轄。到了乾隆朝，更因應社會及商貿情況，封鎖全國對外口岸，取消多個地方的市舶司，獨留廣州一地，以便於管理，防止出現亂象，亦令朝廷中樞與外商外貿保持較遠距離。而統管滿清對外貿易或涉外事務的責任，則由設於廣州的十三家「牙行」，俗稱「行商」統合。

同一時期，歐洲亦發生了前所未見的巨大變化，當中最為突出之處，是大英帝國經歷連番內亂與爭奪後，開展了工業革命，急須尋找外部市場與原料供應，因此走上發展與對外擴張之路。撇除具侵略性的奪取海外殖民地及奴隸不談，集合國家核心商業力量創立的東印度公司，獲得了專利經營地位，成為大英帝國向「東方世界」拓展的旗艦，負責英國大小直接或間接對外開拓的任務。

可以這樣說，在這背景下，英國對華貿易與外交接觸的「半官方」機構，由東印度公司負責；中國對外事務，則由同樣「半官方」機構的十三行負責，在性質及級別上屬「門當戶對」。這種被稱為「廣州制度」（Canton system）的安排，自乾隆至（1750 年代）道光（1830 年代）年間運作了近 80 年，雖有不少英商和傳教士各懷目的，試圖敲開中國大門，但遭拒絕後亦沒出現大亂子，十三行與東印度公司這兩個對口單位基本上合作暢順，彼此相安無事。

早期中國的對外貿易，以絲綢和茶葉出口等為大宗，洋貨入口則主要是南

洋的土特產如香料、棉花及木材等，惟與出口相較，數量實在微不足道，背後原因是中國地大物博，基本上能夠自給自足，不假外求。相反，英國本土地小物稀，推行工業化後，一方面需要覓得原料供應，才能進行生產，另一方面又需要龐大市場以傾銷製成品，故才會千里迢迢來到東方，敲開中國大門。為英國人所用的巴斯商人，便在這樣的背景下重踏中土。

據不同學者的分析，早於 1756 年，相信是巴斯人的之弘治（Jivanji）家族兩兄弟——海爾治（Hirji）及文力治（Maneckji）——踏足廣州，[2] 以「散商」或「自由商」的身份（即是不隸屬於東印度公司的個體戶），開展了巴斯人直接參與在華貿易的風氣之先（Dobbin, 1996）。這裡帶出一些不容忽略的重點：其一，東印度公司的「專利經營」開始出現制度「漏洞」，那些「自由商」雖然財力較弱，卻可以更靈活地經營，尤其因沒太大包袱，可做一些風險巨大的生意，那便是本小利大的鴉片走私；其二，是巴斯人在相隔千多年後再度到華，自北魏以來兩個民族「重新連結」（用今天社會的潮流用語是「reconnect」），大家均可說是「輕舟已過萬重山」，人面桃花，實在意義重大；其三，是巴斯人前來找生意、尋商機時，明顯採取了家族企業組合的「兄弟班」模式。

由於海爾治、文力治兩兄弟善於經營，高效合作，做出了很好的成績，生意不斷壯大，盈利滾滾，這或者是在廣州成為中國單一對外門戶，東印度公司又壟斷經營的環境下，身為「自由商」的他們能夠獲得開拓空間的核心原因所在。據悉，兩兄弟在華貿易的發展甚佳，在高峰期一度擁有七艘貨船，揭示生意已有相當規模，可以賺得巨大財富（Karaka, 1884: 57; Palsetia, 2008: 654; Hinnells, 2005: 159）。[3]

兩兄弟對自己在廣州經營跨國貿易的成功亦毫不掩飾，甚至像很多好炫富的商人般，高調地買田買地、興建大屋，生活過得奢華揮霍。或許是想進一

步誇耀自己的能力和財富，他們後來更起了個令懂英語者一看便知很有錢的姓氏：「現款」（Readymoney），彰顯自己財力充沛。不少巴斯人在自訂英文姓氏時，經常會直接採用其職業或身份，在中國人眼中，這可能有點太過直白，甚至匪夷所思。不過，在資源匱乏的年代，之弘治家族選擇了以「現款」為姓，不但表現出過人的信心，這亦是無數人追求的夢想，就像早年香港人稱李嘉誠為「超人」，視之為財神偶像般加以崇拜。

之弘治兩兄弟除了姓氏惹人注目外，名字亦有不少特別的地方，可以作為討論巴斯人姓名時的參考。有學者引述文獻，指海爾治（Hirji）的原名應寫作 Heerjee Jeevanjee Readymondy（譯名為「希爾治·治瓦治·瑞迪滿力」），即將「Hirji」中的 i 寫為 ee，不少巴斯人名拼音都有這個現象，可以理解（郭德焱，2001：116），惟本書則將 Readymoney 譯為「雷迪曼尼」。

海爾治沒有兒子，只有兩個女兒，於是他把大女兒嫁給巴斯另一著名家族——班那治（Banajee）家族——的成員，又收養其外孫之漢格里（Jehargrie，又寫作 Jeharghrier，另譯為折航基爾）為繼承人（林準祥，2016：76-77），家族亦改稱為之漢格里家族。他們的後人在商界叱咤風雲，聲名顯赫，財雄勢大，與吉吉貝家族一樣，在印度和孟買極具影響力（Kulke, 1974: 74-75）。他們更於嘉慶年間（1819 年前）在廣州創立了首家具有現代色彩的銀行——廣州銀行（Bank of Canton），於 1819 年在當地簽發了流通鈔票，是中國金融業上的創舉，開中國銀行金融史之先河（林準祥，2016：74）。

這裡帶出一個有趣的問題是，巴斯人投身對華貿易，崛起成為巨富，可以返到「家鄉」揚名；至於他們發達後改了一個帶有「炫富」色彩的英文姓氏，顯然是給懂英文者看的，古吉拉特文未必帶有同樣意思，背後反映巴斯人已經以英國人馬首是瞻。隨著英國開拓在華貿易，愈來愈多巴斯人以「英國臣民」身份來到中土尋找商機，挖金發財。因為外表與歐洲人有別，又對東方文化認

識較多，他們在中國社會營商時，必然有某種截然不同的活動彈性和優勢，然而他們與「紅毛」同一個鼻孔出氣的現實，卻滋生了愈來愈嚴重的鴉片走私問題，埋下日後鴉片戰爭的伏線。

繼海爾治及文力治之後踏足中土的巴斯人，相信是柏士唐治‧卡華士治（Pestonjee Cawasjee，下文稱之為卡華士治）。從一些僅有的記錄中，我們發現大約在 1794 年，一家名叫巴倫治洋行（Cowasjee Pallanjee & Co）的公司在廣州創立，[4] 東主之一便是卡華士治。洋行初期主要從事絲綢茶葉生意，其後則染指鴉片走私。巴倫治洋行之後改了一個中國化的名字「廣昌洋行」，這與當年渣甸洋行（Jardine Matheson & Co）易名「怡和洋行」或 Butterfield & Swire Co 取名「太古洋行」同出一轍，目的除了善頌善禱，讓好名字為公司帶來更好的生意發展外，相信還有便於華人接納的考慮（深入內容，參考筆者在《渣甸家族》及《太古家族》兩書的相關論述）。

其實，早期在華創立的洋行一般都會入鄉隨俗，改一個文雅又有寓意的名字，例如上海對外經濟貿易志編纂委員會（2001）編寫的《上海對外經濟貿易志》第二卷〈企業〉的「洋行、買辦」名錄中，可以發現那時巴斯人在華開設的公司，不少名字甚為「地道」，若單看中文名稱，實不知其為巴斯人的洋行，計有：順章洋行（Pestonjee Framjee Cama & Co.）、復源洋行（F.S. & N.M. Langrane）、祥記洋行（Amroodeen Jofferbhoy）、廣昌洋行（Cowasjee Pallanjee & Co）、架記洋行（Cassumbhoy Mathabhoy & Co）、廣孚洋行（Eduljee Framjee sons & Co）、廣興洋行（Dhurmsey Poojobhoy）、咸亨洋行（Khan Mohammed Aladinbhoy）、順泰洋行（Framjee Byramjee Mats & Co）、意掌蘭洋行（Hubibhoy Edrabein Sons & Co）、廣南洋行（P. & D.N.Camajee & Co）、慎生洋行（R. H. Cama & Co）及廣順洋行（Ibrahim Soomar）等。[5]

根據記錄，在 1851 至 1950 年的一個世紀中，巴斯人在上海開設了 20 家

洋行。據上海對外經濟貿易志編纂委員會（2001）估算，在咸豐二年（1852年），上海已有洋行41家，其中英商27家，美商5家，法商1家，英屬印度巴斯商則有8家，數量比美商還多，可見巴斯人人數雖少，商業力量卻不容小覷。

回到卡華士治在華經商的經歷。綜合各方資料顯示，他是巴倫治洋行的創辦人之一，於1830至1840年代一直留在中國，經營各類生意。據Vaid（1972: 15）記述，該洋行曾參與1841年1月26日英軍佔領香港的儀式，並隨即把總部由廣州轉到香港。一年多後的1842年8月，卡華士治突患病，醫治無效，不久在澳門去世，親友將之葬於澳門松山白頭馬路的巴斯墳場，[6]墓碑上寫有「商人及代理，孟買原居民，於1842年9月18日在澳門離世，享年52歲」等字句，留下巴斯人在華發展的足跡（Smith, 1995: 393）。[7]

巴倫治洋行從1794年在廣州創立，到1841年把總部轉到香港，再到1842年卡華士治在澳門去世，該洋行在華經營已近半個世紀，其間中英兩國的關係發生巨大變化，不但中國對外貿易由「出超」變成「入超」，門戶由封閉轉為開放，綜合國力亦由強國變為弱國，落為西方邊陲，其中最為關鍵之處在於鴉片走私。有分析指出，英國人深明販賣鴉片的巨利，但因鴉片為滿清政府明令禁止，東印度公司又是以半官方身份與中國貿易，因此不想直接參與，以免牽動整個局面，於是轉而利用表現忠誠的巴斯人作「前鋒」，主力推動（Kulke, 1974: 121），巴斯商人乃因此「喝了頭啖湯」，藉在華進行茶葉、絲綢生意之餘，滲入鴉片走私，再逐步增加數量。這樣不但令中英貿易局面逆轉，亦令中國社會及財政出現嚴重問題，最後牽動國際關係，激發鴉片戰爭，然後有了屈辱的不平等條約和香港被迫割讓為英國殖民地。

順作補充的是，卡華士治去世後，其子柏士唐治・卡華士治（Pestonjee Cowasjee）繼承父業，洋行取得不錯的發展，生意做得更大，而他則於1881

年交棒兒子蘇立治·段之貝（Sorabjee Dhumjeebhoy），業務仍能維持。到第一次世界大戰時，洋行損失很大，領導大權落到一位名為簡恩（S.C. Khan）的股東手中，之後再轉到薛拿（D.K. Sethna）身上，最後在 1950 年代沒落（Vaid, 1972: 53）。

從不同民族與文化交流的大歷史而言，巴斯人的先輩早在四、五世紀，已通過陸上絲綢之路到華，開貿易和互通貨物之始，但受地理阻隔及朝代興替影響，那時的接觸似乎只是點到即止，沒有進一步發展。相隔千多年後的十八世紀，巴斯人的後代再次踏足中土，這次是沿海上絲綢之路而來，背後更有新興世界霸主英國的強硬後台，不但經營風格上染有不少英國色彩，就連貿易網絡與支援上，亦配合英國一心打開中國大門的努力，令巴斯人作為英國開拓東方貿易的前鋒形象逐步突顯出來。

吉吉貝鴉片起家的名成利就

在清代，最早踏足中土開展貿易生意的巴斯人，儘管先後有之弘治家族兩兄弟和卡華士治等，但在對華貿易上賺取更多財富，在鴉片走私上則扮演吃重角色，並間接促成鴉片戰爭的，卻非吉吉貝（Jamsetjee Jejeebhoy，又譯吉吉皮）莫屬，因為他乃英商頭號鴉片洋行渣甸洋行（Jardine Matheson & Co）的關鍵供貨商，彼此長期合作，多方支援，值得在此作扼要介紹和討論。

對於吉吉貝發跡前的生平和經歷，坊間說法不一，有研究指他是一位白手興家的創業者，來自窮苦家庭，當年以 120 盧比（當地貨幣）起家，乃收集空瓶子轉售圖利的商人，因此被稱為「收瓶佬」（Bottlewaller）。[8] 但亦有指他來自「白領家族」（clerical families），父母一代已有一定教育水平，且從事文職工作，是印度孟買的「中上數目」（above-average numbers）（Kulke, 1974: 48-50）。但無論吉吉貝出身如何，有一點可以肯定的，是他憑藉個人才幹不斷爬

升，最後成為巴斯首富，更在中西交流及貿易歷史中扮演了重要角色，書寫傳奇（Palsetia, 2008: 650）。

綜合各方資料顯示，吉吉貝約於 1783 年在孟買出生，五歲時，可能因父母謀生或發展事業的關係，舉家移居古吉拉特邦的瑙薩里（Navsari）。[9] 1799 年，吉吉貝雙親突然去世，只有 16 歲的他被迫踏足社會，自力更生。[10] 於是他回到孟買，投靠母親的家族，在舅父（maternal uncle）白利華拉（Framjee Nusserwanjee Battliwala）經營的玻璃瓶工廠中當學徒（Grace, 2014: 50）。[11] 有指他在舅父公司期間，工餘做些廢品回收的「收買佬」生意，逐家逐戶收購舊瓶，清潔後再轉手，故有上文提及指吉吉貝憑 120 盧比「發跡起家」之說。

或許是吉吉貝的「收買佬」生意有了突破，又或是其靈活頭腦及辛勤性格受到舅父賞識，1802 年，舅父將女兒許配給他，那時他才 19 歲而已，夫婦之後共育有三子（Cursetjee、Rustomjee 及 Sorabjee）一女（Pirojbai）（Palsetia, no year）。親上加親的一年後（1803 年），他獲舅父進一步提拔，吸納到公司之中，參與更大層面的生意經營。

吉吉貝的舅父和表兄弟——其中一人名叫塔伯克（M.M. Tabak）——的生活已有一定規模，也薄有名聲，是早期跟隨東印度公司到華開拓貿易的先行者之一。吉吉貝剛到舅父公司做學徒時，便曾被安排隨船到華，落腳地相信是廣州或澳門，因當時只有此兩地允許洋人進入及停留。由於坊間資料甚缺，吉吉貝首次接觸中國時有什麼經歷已難以考據，但可以肯定這次出行令他眼界大開，增進了對中國市場的了解，成為他投身跨國貿易的起點（Palsetia, 2008: 656）。

首次赴華旅程之後，吉吉貝的事業並沒有重大突破，或取得甚麼成績，但相信他心中已開始籌謀將來的發展方向，認定中國貿易的巨大潛力，同時清楚高利潤與高風險是相隨相生，故工作時更專注吸納相關情報，學習對華貿易的

注意事項。成家立室後，有了外父較強大的商業後台支援，他再次赴華，踏上尋找商機之路。一開始，他主要的生意是把印度棉花輸往中國，再在中國採購茶葉和絲綢返回印度，轉售歐洲，這亦是當時東印度公司及不少中小規模「自由商」慣常的運作模式。

據說，吉吉貝一生曾五次到華，其中以 1805 年最為驚險，不過，所謂「大難不死必有後福」，這次旅程亦是他人生事業的轉捩點。當時，他所乘的輪船曾在印度東岸被法軍扣留近半個月，同船還有另一巴斯商人范蘭治‧卡華士治（Framjee Cowasjee，另譯化林治‧考瓦斯治），[12] 他較早踏足廣州，且早期已染指鴉片生意。二人同船遇難，又都是巴斯人，自然倍感親切。大家交流了不少經商心得及對大中華市場的看法，結為莫逆之交，日後的生意往來甚為密切（Grace, 2014: 72）。

吉吉貝獲法軍釋放後繼續航程，期間碰上與他年紀相若的蘇格蘭人威廉‧渣甸（William Jardine，1784 年出生）。威廉‧渣甸當時應是第二次由英到華，受僱於東印度公司，在船上任醫生，但他對營商的興趣反而較行醫強烈。由於二人性格相近，同樣具冒險精神，又有發財尋夢的共同目標，因此一見如故，結為友好，日後更成為生意夥伴，一起從事鴉片貿易（Palsetia, 2007: 85; 請參考筆者有關渣甸家族的研究）。

具體而言，那次赴華之旅，應令吉吉貝更確定對華貿易的生意方向。之後，他憑著本身的經營能力，在印度等不同的棉花和鴉片產地，建立採購與出口網絡：一方面向種植者提供貸款，建立緊密關係，支持其日常生活及購買種籽肥料；另一方面，以低廉但相對穩定的價格向種植者收購產品，進行處理與包裝程序，然後運輸到孟買或加爾各答等港口，按市場情況銷售出口。吉吉貝的客戶主要是那些「自由商」，例如好友范蘭治‧卡華士治等人。

吉吉貝在印度向農戶採購棉花和鴉片，再轉售自由商，這個過程牽涉不

少步驟,簡略而言,一端乃貨物流,即是貨物收購、運輸、出口到落入客戶手中;然後是另一端的資金流,即資金由客戶流到他的手中,部份用於支付農戶,部份支付其他相關開支,多餘的便是盈利,放入自己口袋。整個過程牽涉不少人手與細節,要有效運作,必須有縝密的頭腦去計算策劃,偶有不慎或資金回籠不及,便很容易陷入經營危機,帶來巨大虧損。

正如上一章粗略提及,巴斯商人相信是最先以「自由商」身份向中華大地走私鴉片的群體,范蘭治・卡華士治應是當中的代表。由於鴉片是清政府禁止輸入的貨品,擁有對華貿易「專利」且具半官方身份的東印度公司,自然不敢從事鴉片走私活動,但「自由商」在本小利大的強烈吸引下,不惜鋌而走險,成為走私鴉片的主力軍。他們數量眾多,且用盡方法鑽空子,令走私情況不斷惡化,輸華鴉片數量日多。

吉吉貝的生意在這段期間亦不斷擴張,據記錄,在 1814 年,他已有財力買入自己的貨船,揭示生意應有相當規模,該船取名「好成功」(Good Success),日後成為他供貨運輸的重要工具(Palsetia, 2008; Hinnells, 2005; Grace, 2014)。與此同時,早年與吉吉貝相遇的威廉・渣甸亦於 1817 年宣佈投身商海,參與鴉片走私,吉吉貝應是他其中一個鴉片供應商。此時,吉吉貝的生意應該發展得相當穩定,所以他在 1818 年成立了「吉吉貝洋行」(Jamsetjee Jejeebhoy & Co),把棉花和鴉片等的出口生意正規化(Weaver, 2012: 65)。

正如筆者在《渣甸家族》一書中提及,自威廉・渣甸參與走私鴉片後,鴉片輸華的數量持續攀升,供應增加令價格下降,吸引更多民眾吸食,因此又刺激了市場需求,形成惡性循環。當鴉片毒害在中國日趨惡化之時,對英國人、美國人、巴斯人、猶太人等「自由商」而言卻代表著大好商機,參與走私者愈來愈多,其中較受注目的是蘇格蘭人占士・馬地臣(James Matheson),他後來受威廉・渣甸的邀請加入其公司,並於 1832 年合伙組成渣甸洋行(Jardine

Matheson & Co），更進取地擴展鴉片走私生意，吉吉貝則成為他們最主要的鴉片供貨商，彼此關係緊密。

到了 1833 年，東印度公司的「專利經營」地位被終止，無數「自由商」更是一擁而上，各師各法地開拓對華貿易，走私鴉片問題進一步惡化。作為印度主要鴉片供貨商的吉吉貝，自然客似雲來、貨如輪轉，而且出口價格持續上揚，令他崛起成為印度富甲一方的鴉片鉅子（Hinnells, 2005: 160; Grace, 2014: 55-118）。

當然，吉吉貝的客源不只渣甸洋行，他還供貨予不少鴉片商，既有巴斯人，亦有英國人或美國人。其中，巴斯商人包括前文提及的范蘭治·卡華士治，以及毛提鍾·艾密鍾（Motichund Amichund）及賀墨士治·都笠治（Hormusjee Dorabjee）等；英商和美商則有顛地洋行（Dent & Co）及福布斯洋行（Forbes & Co）等，業務往來相當頻繁（郭德焱，2001：117）。到底吉吉貝的生意有多大？有學者據他帳簿上的記錄發現，單在 1837 年，其公司為渣甸洋行提供貨品的總值便高達 100 萬元（相信指印度盧比，Rupee），相信當中鴉片佔很大的比例（Cheong, 1979: 135）。

就在 1830 年代，吉吉貝三名兒子已逐步長大成人，有能力協助父親的生意，同時亦是踏出接班交棒的第一步。他先後安排兒子進入洋行工作，接觸客戶並學習營商之道。1838 年，他把原本的「單頭公司」（sole proprietorship）改為「合夥人公司」（partnership），名字則易為「吉吉貝父子洋行」（Jamsetjee Jejeebhoy Sons & Co），算是正式向社會及商界朋友宣佈，他的兒子們已是公司合夥人和他的重要左右手，有一定的決斷權。

吉吉貝做事嚴謹，注重細節，強調靈活變通，兒子們緊跟其教導，令洋行保持不斷發展的動力，客戶及生意額愈見增加，家族財富亦保持增長，吉吉貝父子公司更因經營上出類拔萃，被渣甸洋行視為「好望角這邊管理最好的企業」

（The best managed business this side of Cape），即非洲以東的最好企業（Hinnells, 2005: 161）。

身家日漲的吉吉貝，亦如其他致富的巴斯人般，作了不少慈善義舉，包括修橋築路、創立學校推動教育等，回饋社會（Kulke, 1974: 73），以爭取認同。英國統治者亦將他及其他「與殖民主義者合作」（collaboration with colonialism）的巴斯商人，視為可資利用及有助管治殖民地的重要力量（Palsetia, 2007: 85）。這些巴斯富商的付出終獲得回報，在英國提攜下，社會地位逐步提升，如吉吉貝先是獲贈「太平紳士」（Justice of Peace）頭銜，又出任法庭的陪審員，到 1842 年更成為首名獲得爵士頭銜的巴斯人。他受封時曾說：「我孩子和孩子的孩子們，會被教導對英國皇冠的忠誠需置於他們生命的首要職責之中——忠誠是第一美德」（Kulke, 1974: 139），可見吉吉貝對英國皇室心悅誠服，甚至要求子孫後代繼續效忠。

到了 1857 年，吉吉貝的爵位更上層樓，獲贈從男爵（baronetcy），亦是首位獲得如此高頭銜的印度巴斯人，而且這一爵位屬於可以承襲的類別（Mody, 1959: 154; Palsetia, 2007: 92-94），只要他子孫繁衍，血脈不斷，從男爵的頭銜便會世世代代承襲下去。

當然，從男爵這個尊貴名銜可不是「免費午餐」，吉吉貝家族在向大英皇室爭取封爵時，除了要向英國捐獻高達 25 萬英鎊，有以金錢換取更高爵位的意味外，還因從男爵可以承襲，他得接受英國的「單子繼承制」（primogeniture）。原來，按巴斯傳統，諸子均能承繼父業——無論政治、經濟、社會或道德資本，[13] 但大英皇室不想傳到下一代時，吉吉貝三子都能襲爵，令爵位由一個變為三個，甚至愈分愈多。吉吉貝初期以此做法違背巴斯傳承文化而拒絕，但後來他自覺時日無多，又熱切希望獲得爵位，最終只好讓步，其從男爵之位因此按英國制度，世世代代只傳一人（Palsetia, 2007: 94）。[14]

成為巴斯族群領袖的吉吉貝，在慈善方面曾有兩項重大舉動，其一是捐款創立吉吉貝醫院（Jamsetjee Jejeebhoy Hospital），為全民提供醫療服務，以針對當時社會醫療條件差劣，無數平民有病不能醫的問題；其二是第一章提及的，歷史悠久的孟買巴斯慈善信託總會（BPP）當時因組織與營運不善，於是他自行捐款創立「巴斯仁愛會」（Parsi Benevolent Institution），按自己信念和經營目標運作（Kulke, 1974: 69），此組織於 1851 年併入按吉吉貝要求強化管理的 BPP，令它成為巴斯族群中實力最雄厚的慈善信託組織（Vevaina, 2018: 252）。而吉吉貝及繼承其爵位的子孫們，則多次出任 BPP 的主席及董事之職（Kulke, 1974: 79-70）。

儘管吉吉貝沒有親身或直接走私鴉片輸華，但卻是最大的供應者，購入大量鴉片後統合出口，在供應鏈上扮演吃重角色，從中賺取巨額財富，成為印度首屈一指的巴斯富商。他之後大手筆的捐獻，不單為他贏得好名聲，亦成為首名獲得大英皇室賜封爵士和從男爵的巴斯人，身份地位凌駕一般商人。1859 年，吉吉貝去世，享年 76 歲，其爵位由長子按單系繼承，財富則分配諸子孫。雖然鴉片生意在十九世紀末走向沒落，但吉吉貝家族經歷數代仍保持實力，一直是孟買的上流俱樂部成員（Karanjia, 1998）。

不少人都不明白，像吉吉貝等有強烈宗教信仰的巴斯商人 —— 亦包括其他信仰虔誠者，為何會從事鴉片生意，有些更直接從事走私活動。吸食鴉片令人上癮，嚴重影響著健康，降低生產力，令不少家族破碎，帶來嚴重社會問題；鴉片走私違反中國法律，當中還有鴉片商人行賄官員與執法者，衝擊國家管治體制和邊防，至走私活動被嚴格查處時，更慫恿英國對華發動以強凌弱的「鴉片戰爭」。如此環環緊扣、逐點積聚的不義之財，按道理應不容於懲惡揚善，強調「非義勿為」的瑣羅亞斯德教，或任何勸人向善的信仰，但他們卻表現得利字當頭，扭曲應有的正義觀念，令人不解。[15] 下一節讓我們細看鴉片輸

華不斷飆升，促使滿清政府採取「禁煙」政策，最後爆發鴉片戰爭的過程。

巴斯商人與鴉片和戰爭

鴉片之惡十分明顯，任何科學理性並具誠實正直觀念者，必然可輕易察覺，更不用說那些敏銳精明，自小被灌輸「非義勿思、非義勿言、唯義是行」教誨的巴斯人（Palsetia, 2008: 671）。但現實卻是，總有一些巴斯商人違背真主亞胡拉·瑪斯特的教訓，為配合大英帝國國策，成為鴉片走私的「馬前卒」，好聽一點說是「領軍人」，藉向華輸入鴉片，扭轉了英國對華貿易的逆差，他們則從中賺取巨大財富，卻讓自己犯下彌天大罪，給族群烙下永遠不能抹掉的不義印記。

核心問題是：正如 Vaid（1972）所說，巴斯商人相信是最先向中國走私鴉片的一群。後來因利潤甚高，吸引更多巴斯人參與，並因有近水樓台之利，佔據對華貿易甚大份額。據 1832 年出版的 *Anglo-Chinese Calendar* 所列，當時應有 28 名巴斯商人，而據 *Chinese Repository of Foreigners in China*（即日後的《中國叢報》 *Chinese Repository*）的記錄，在 1828 至 1848 年間，廣州約有 40 至 45 名巴斯商人（Palsetia, 2008: 653）。另有分析指出，作為少數族裔的巴斯商人，資本力強，經營手法靈活進取，在廣州的商業力量比英商還要巨大，在爆發鴉片戰爭之前，巴斯商人數目約佔所有洋商的三分之一，而在 1835 年時，廣州共有 32 名巴斯商人，英商則有 35 人（Grace, 2014: 50）。

在 1830 年代鴉片戰爭爆發前夕，到底有多少巴斯人在華（廣州和澳門）活動？確實數字暫時莫衷一是。有分析指鴉片戰爭前，廣州共有 80 個行商寶號和個人經營者，其中三分之一為巴斯人（Vaid, 1972: 10）；有說法指在 1830 年代初，約有 150 名洋商在廣州居住和營商，其中三分一為巴斯人，即約 50 人（Gulick, 1973: 29）；亦有說法指那時在華的巴斯人約 70 人（Hinnells, 2005:

163）。這些數據上的歧異，一方面與時間不同有關，另一方面相信又與計算方法到底是以個人或行商寶號作單位有關，因為後者往往一家有多名股東，而不同時期的人數及行商寶號，必然有所變更。

從 1756 年巴斯商人再踏足中土起，陸續有巴斯人東來，然後是 1829 年在澳門設立墳場，更分別於 1845、1847 及 1854 年在香港、廣州和上海等地設立巴斯人墳場（Hinnells, 2005: 165-173; Palsetia, 2008: 653），從各種舉動，可見巴斯商人到華營商者有增無減，所從事的貿易林林總總一大堆：棉花、木材、紡織品、絲綢和鴉片等，當中明顯以鴉片走私為最大宗。

以「自由商」身份來華的巴斯商人數量日多，衝擊東印度公司的壟斷地位，結果除了鴉片走私日趨猖獗，還令東印度公司的專利安排在 1833 年壽終正寢。所謂得隴望蜀，埋葬了東印度公司的「自由商」們，更藉著大英帝國於1834 年任命新的駐華商務總監律勞卑（William Napier）時上書，要求英國政府以外交手段施壓，阻止清政府干預自由貿易——說白了即是希望讓鴉片自由入口中國，不用再以違法手段輸華，洗脫走私惡名之餘，又可節省成本、減輕風險。據說，當時有份向律勞卑游說的商人中，有 24 名為巴斯人。同年 10 月25 日，律勞卑召開洋商會議，出席者中有 8 名為巴斯人，其中打打貝‧律士譚治‧班拿治（Dadadbhai Rustamji Banaji）更負責草擬規則和章程，可見巴斯商人在這個過程中扮演了重要角色（Hinnells, 2005: 162-163）。

律勞卑初來埗到即採取強硬手段，欲迫使清政府取消貿易管制，但不成功，反而將雙方關係弄得很僵。後來，律勞卑因水土不服且染上傷寒，屢醫無效下突然去世，草草葬於澳門，一度劍拔弩張的中英關係轉為紓緩，一眾鴉片商亦暫時偃旗息鼓，繼續走私生意。[16] 不過在這段期間，鴉片入口數量不斷上升，毒害愈趨嚴重，滿清朝廷終於意識到情況已近乎失控，必須以更嚴厲手法應對，於是任命林則徐南下廣東禁煙（Fay, 1975; Cheong, 1979）。

林則徐奉旨打擊鴉片期間，曾於 1839 年 3 月下旬要求在廣州的洋商具結，承諾「嗣後來船永遠不敢夾帶鴉片」到華。林則徐來勢洶洶，有 42 名洋商簽了字，當中 20 名為巴斯商人，佔比近一半。面對林則徐三令五申的要求，時任英國在華全權代表義律（Charles Elliot）採取拖延手法，拒簽具結書，雙方關係再度出現緊張。

由於走私鴉片牽涉巨大的商業利益，哪怕林則徐的措施愈加嚴厲，洋商們不願服從，但又不願離去，有人更因違背禁令而遭查禁，16 名廣州洋商被扣留，當中 4 名為巴斯人，佔四分一，美國人只有 1 名，進一步反映參與走私的巴斯商人佔比不少（郭德焱，2001：116）。有三人更被林則徐點名批評為走私頭目，要將之緝拿歸案，分別是「化林治（Framjee）、罵骨治（Merwanjee）及打打貝（Dadabhoy）」（《鴉片戰爭檔案史料》，1992：217；郭德焱，2001：117）。

在林則徐雷厲風行之下，最後大部份鴉片走私商人只能交出手上鴉片，例如在 1839 年 3 月 27 日，「化林治⋯⋯交出 73 箱鴉片⋯⋯另有 18 位巴斯（人）交出 1,806.06 箱」。翌日，再有洋商交出 20,283 箱鴉片，當中 1,700 箱來自「噎之皮·羅心治」（Jerjeebhoy Rustomjee）。渣甸洋行亦交出 7,000 箱，當中 5,000 箱「是巴斯等合夥人的」，「另有 80 多個行號和個人（交出鴉片），其中 1/3 為巴斯人」（郭德焱，2001：118），揭示那時巴斯商人差不多供應了廣州三分一的鴉片，實力和影響力不容低估。

那些已具結的洋商們，在深入商討後向英國外相巴麥尊（Viscount Palmerston）發出陳情書，一來呼應義律的強硬舉動，二來要求英國給予庇護，對華採取武力解決問題。這批人中有近半數為巴斯人（郭德焱，2001：119-120），揭示他們在鴉片活動中角色吃重。與吉吉貝關係緊密的渣甸洋行，其合夥人更呼應這封陳情書，多方向英國游說，要求政府對華用兵。當渣甸洋行達

成游說任務，得悉英國將會對華開戰時，更飛書告知吉吉貝，此舉清楚說明巴斯人與英國鴉片商人同謀的關係，以及在他們的推波助瀾下，導致第一次鴉片戰爭的爆發（Grace, 2014: 258-287）。

由於林則徐嚴打鴉片，令市場供應驟減，鴉片價格大升，利潤急漲，據郭德焱記述，即使中英開戰後，某些巴斯商人仍鋌而走險，繼續走私鴉片。例如「1840 年中英交戰時，十三行夷館中的巴斯人仍有 35 人，廣州有 50 名巴斯在做鴉片生意。除了廣州外，戰時有巴斯船啦士擔治‧咖哇治（Rustomjee Cowasjee）號去福建賣鴉片，被抓獲」（郭德焱，2001：120）。後者雖被指有搜集軍事情報、提供英軍之嫌疑，但仍確實地反映了巴斯商人唯利是圖、甘願冒險的鮮明本性。

鴉片戰爭爆發後，林則徐雖穩守廣州，但英軍沿岸北上，地方守軍不敵，結果道光皇帝撤換林則徐，並派琦善與義律議和。琦善私下簽訂和約割讓香港島，義律則在尚未取得雙方政府批准前，於 1841 年 1 月 26 日單方面宣佈佔領，並從廣州撤兵。二人的做法惹來雙方國君大怒，同被撤換，中英兩國再揭戰幔。最後滿清政府戰敗，被迫於 1842 年簽訂不平等的《南京條約》，當中除了巨額賠償，還有開放五口通商、割讓香港島等條款，後兩者產生巨大商機，吸引愈來愈多洋商東來。有些人進駐上海等新開的商埠，有些登陸香港，有些繼續投身鴉片貿易，有些開拓方方面面的投資和生意，當中不少是巴斯商人。他們在不同層面的活動，就如他們的傳統服飾與信仰一般，總是份外突出，引人注目。

香港開埠的大舉購地

英國攫取香港為殖民地，主要目的無疑是著眼於中國的龐大市場和豐富資源，這與不少巴斯商人的看法一致，所以當義律急不及待於 1841 年派英軍（當

中 2,000 名為印度裔）登陸港島西營盤水坑口，掛起英國國旗，宣示佔領香港時，據說有四名印度籍的巴斯商人參與了儀式（Vaid, 1972: 10）。之後他們在香港設立商號，包括上文提及的卡華士治家族，他們將巴倫治洋行（Cowasjee Pallanjee & Co）從廣州遷至，是第一家在香港設立分行的印度巴斯公司（郭德焱，2003：128）。另有一間提拉地洋行（F.M. Talati, Cama & Co）亦於其時成立。還有一位名叫律士唐治‧段之梳（Rustomjee Dhunjishaw）的巴斯人（Hinnells, 2005: 165），他可能是一名僱員，或是到來尋找發展機會。

宣示佔領之後不久的 5 月 1 日，英國內閣因不滿義律的做法，決定革除其駐華商務總監之職，改由砵甸乍（Henry Pottinger）接任，砵甸乍隨即啟程前往香港。惟義律尚不知自己已被撤換，仍馬不停蹄地籌建管治政府。到了 6 月，他宣佈香港為自由港，准許商船自由進出，並成立田土廳（Land Registry），著手籌備拍賣「官地」事宜，以增加新政府的收入，然後在同月月中，舉行了香港歷史上第一次土地拍賣（何佩然，2016）。

因為法律條文及規定等交代含糊，加上中英之間爭拗未完，劍拔弩張，局勢與前景不明朗，令拍賣反應不理想，原計劃拍賣皇后大道 100 號地段的目標，只能售出 50 號，而且地價低廉，每四分之一英畝每年只徵收地稅 20 英鎊而已。當中，巴斯商人一如既往地表現進取，購入多個地段。綜合施其樂所述，賀之貝‧律士唐治（Heejebhoy Rustomjee）購入海皮地段 10 號，位於皇后大道以北近畢打街；又購入海皮地段 24 號，位於現今的金鐘道，隔鄰軍營重地。前者於 1843 年轉手予渣甸洋行，後者本來欲闢作海員醫院，但因籌組過程碰到不少問題，最後直至 1873 年才建成了皇家海軍醫院（Royal Naval Hospital）（Smith, 1995: 390-391）。

此外，巴倫治洋行買入海皮地段 7 號，並於翌年刊登廣告欲將之轉手，但未能成功售出。該地皮交還政府，於 1844 年為顛地洋行所購入，花了大筆資

金興建為巨宅，本來想用作交易所，但當時經濟持續低迷，大宅空置日久，最後為政府收購，闢作高等法院。施其樂進一步指出，卡華士治還購入了海皮地段 66 號，位置與海皮地段 7 號西邊為界。但他於 1842 年突然去世，該幅地皮日後由其遺囑執行人於 1854 年出售，買方是一位名叫伊文尼（William Emeny）的麵包商人（Smith, 1995: 392-393）。

　　另一位同樣買了兩塊地皮的，則是打打貝・律士唐治（Dadabhoy Rustumjee），他購入海皮地段 5 號及 20 號，其中在競投 20 號地皮時，曾與渣甸洋行互相競價，一來該地段甚為重要，二來他遇到渣甸洋行這樣的強硬對手亦能將之擊退，實力和膽量不少。後來，該地皮被政府收回，納入了舊海軍船塢。海皮地段 5 號同樣是優質地皮，西邊與留作「船政處」（Harbour Master）的政府用地交接，東邊則與顛地洋行投得的海皮地段 3 號相鄰。打打貝・律士唐治隨後在那裡建起了一幢樓高三層的屋宇，計劃將律士唐治洋行（D. & M Rustumjee & Co）從澳門搬過來，[17] 惟一直未付諸行動，令大屋長期空置。1845 年，滿清欽差大臣耆英到港，打打貝・律士唐治做個順水人情，把大屋用作招呼耆英的臨時住所。到了 1848 年，律士唐治洋行面對財政困難，該地皮連物業被迫出售，賣予顛地洋行（Smith, 1995: 394-395）。

　　還有一位名叫范蘭治・占錫治（Framjee Jamsetjee）的「獨行俠」商人，施其樂指他是第一位來港的巴斯人。他早於 1834 年已在廣州經營，1839 年來到香港，到 1841 年又參與了第一次土地拍賣，買入海皮地段 36 號，位於灣仔春園街。較為特別的是，他曾作出一些「平整地皮，添加建設」的動作，修整了海堤，並在地皮上蓋了小屋，然後於翌年刊登廣告招租招售，指該物業可作居所或貨倉，可是足足一年無人問津；期間，小屋擴建為平房，再作招租招售，但仍不成功。到了 1854 年，范蘭治・占錫治刊了「最後通告」，表示自己對香港已感厭倦，決定離去，因此需解決所有帳戶，把名下產業清盤，若然

沒人承接，便只能以拍賣方式脫手了（Smith, 1995: 395-396）。

　　能在 1841 年跟隨義律及英軍踏足香港的「早鳥」，必然擁有一定財力和政治關係，與英國政府、英軍及居於領導地位的英商有密切交往，才能獲邀參與佔領香港儀式，並在第一次土地拍賣中參與競投。當然，除了看好香港或對華貿易的前景外，他們的參與亦可能是一種「賞面」，或在英方明示暗示下「演出」，營造一種你爭我奪的氣氛，激活市場，讓佔領者有一個良好氣勢。過去一直配合英國政策，成為其開疆闢土前鋒的巴斯商人自然識相，以真金白銀投入香港地皮，給予很大支持。用今天的角度看，那些大多屬黃金地段，寸土尺金，但從巴倫治洋行要把海皮地段 7 號交還政府，或范蘭治·占錫治所購的地皮長期乏人問津，可見早年香港發展實在差強人意。

　　以前文提及的巴倫治洋行在港的發展為例，她早已在廣州設店經營，乃早期在華巴斯商行之一（郭德焱，2003：128）。它於香港開埠後由穗轉港，相信是覺得香港具有獨特優點或發展空間，惟投入營運後，並沒取得預期成效。因為香港過了一段「想像中的蜜月期」後，仍是一片「荒山野嶺」，未發展為繁盛商業區，不少洋商陷入了虧損失利的困境，除了抱怨管治者無能外，不少人亦選擇離去，當中必然包括觸角敏銳的巴斯商人（Endacott, 1964; Chan, 1991）。

　　原來，香港首次土地拍賣後不久的 7 月初，義律收到來自英國的免職函件，黯然下台。8 月中，砵甸乍抵港，視察了香港殖民地政府的運作及市政事務，其時皇后大道已在施工興建。他之後重啟戰禍，率領軍艦沿岸北上，大敗清兵，清廷被迫簽訂《南京條約》，除巨額賠償，還正式確認割讓香港，開放五口通商（郭廷以，1979）。

　　中國作為東方天朝大國的形象根深柢固，精明的巴斯人相信亦知之甚詳，所以當他們得悉英國以武力打開了中國大門，並取得香港作為殖民地時，想必

大為震驚，然後重新評估形勢，覺得在英國背書下，他們能在中華大地與香港大展拳腳，於是陸續湧至；另一方面，亦有不少洋商因在香港發展欠理想而回到內地，由於活動範圍不再只限廣州、澳門，他們跑遍新開放的商港，開拓生意，以求賺取巨利。

1845 年時，巴斯商人的一些舉動，反映他們在華人數不斷增加，且社群愈加穩固。其一是他們在廣州黃埔購入地皮，作為巴斯墳場，讓巴斯人在當地去世後有最終的「歸宿」；[18] 其二是由打打貝·律士唐治和文力克治·律士唐治·班拿治（Maneckjee Rustomjee Banajee）等擔任族群領導的巴斯組織，舉行了公開的社區聚會；其三是因應孟買發生天災，在廣州舉行慈善籌款，共有 63 人應捐，籌得 8,678 元。值得指出的是，捐款者中有七人來自卡馬家族（Cama），五人來自郎格蘭拿家族（Langrana），三人來自麼地家族（Modi），三人來自高拉家族（Colah），反映當時的企業組織大多是以家族為單位或核心（Hinnells, 2005: 166），同時巴斯族群在廣州已有較正式的組織，能團結族人舉行活動。

另一方面，儘管香港在開埠初期，經濟及社會發展不如人意，但隨著其轉口貿易的角色日漸確立，不少洋商陸續進駐，巴斯商人及其寶號的數量逐步增加。根據早期商業名錄的粗略統計，Bard（1993: 85）發現，到了 1860 年時，香港共有登記商行 73 家，其中 17 家的東主為巴斯人，這裡並未計算那些巴斯商人只作為小股東的企業，可見其佔比不少，反映巴斯商人在一個全新環境下更為進取、不怕冒險、敢於開拓的獨特個性。

那時到華的洋商，不管是英人、猶太人、亞美尼亞人或巴斯人，他們大多隻身東來，又正值壯年，在中華大地與不同族裔——尤其華人交往時，無可避免地會發生跨種族婚戀，誕下子女，形成一個十分獨特的「混血群體」。至於社會上亦出現了不少以「中介」作主體的生意，這主要是因為文化、語言、習

慣和制度等差異，令不同種族之間難於溝通，需要一些能協調雙方的人物，那些「中間人」或「中介者」則被稱為「買辦」（compradore）。[19]

還有一點必須指出的是，當時不但商海波濤洶湧，風險極高，生命亦相當無常，商場上風光一時，但風浪一來，稍有應對不善，則容易人仰馬翻，破產收場，律士唐治洋行和范蘭治·占錫治的遭遇，應是其中的鮮明例子。至於卡華士治突然病逝，享年只有 52 歲，又折射當時公共衛生、醫療條件等差強人意。

無論在過去或現今世代，巴斯人口稀少，甚至可用微不足道來形容，但他們卻對經濟、社會和政治有不容低估的影響，其中以十九、二十世紀尤甚（Kulke, 1974: 10）。正因如此，無論他們在協助英國發展印度之時，或是對華走私鴉片之時，甚至是促使英國對華發動戰爭，攫取香港成為殖民地後，均扮演著重要的角色。香港由小漁村發展為國際都會的進程，亦直接與間接地留下不少他們的足跡。

結語

無論是中英之間開展絲綢、茶葉貿易之時，或是英國轉為對華輸入鴉片之時，巴斯商人都積極參與其中，惟這段歷史過去卻常被華人世界忽略。綜合上文顯示，儘管巴斯人是由波斯遷移至印度（孟買）的群體，人數稀少，卻因善於經商，具雄厚經濟力量，佔在華洋商約三分一的份額（Gulick, 1973: 29），可見其經濟與商業實力。由於鴉片主要在印度種植，然後走私到中國，巴斯商人在其中佔有多重優勢，因此能賺取巨大利潤。由是之故，當滿清政府實行嚴厲禁煙政策時，自然給他們帶來巨大打擊，要求英國撐腰，給予支持，甚至慫恿開戰——哪怕這與他們信仰的瑣羅亞斯德教教義明顯相違。

毫無疑問，一直堅持「田園牧歌」情調的東方帝國，昧於國際形勢，不

知道歐洲強國經過工業革命洗禮，已進入現代社會，更全球擴展、殖民印度。當英軍以船堅炮利，從千里之外踏浪而來時，中國只以弓箭槍劍還擊，自然如摧枯拉朽般被擊潰，最後被迫簽訂不平等條約，割地賠款，開放商埠，讓大英帝國如入無人之境，予取予攜。頭腦靈活、善於經營的巴斯商人，在重大時局的轉變中，懂得看風轉舵、見機行事，亦成為勝利者一方。至於那些在香港開埠後到來尋找機會者，部份雖以失敗告終，但仍有不少人如願以償，賺得盆滿缽滿，書寫了個人及家族傳奇。下一章開始，我們將以打笠治（Dorabjee Narowjee）、麼地（Hormusjee Naojojee Mody）、羅旭龢（Robert Kotewall）和鄧・律敦治（Dhum Rustomjee）四個不同類別的巴斯家族作例子，分析和說明他們的成敗之道與家族傳奇。

註釋

1　這裡提及的粟特商人，相信是巴斯人的先輩，除信仰同一宗教之外，他們似乎都有善於經商的特質，值得學術界日後再作深入研究（Hintze, 2018）。

2　有關之弘治家族踏足中土的說法頗為紛紜。例如據林準祥所述，之弘治家族有三兄弟，都善於經商，可能其中二人曾踏足中土，名字的記錄則略有差異，例如文力治又稱曼車治（Mancherjee），還有一位叫潭母治（Temuljee）。另外據林氏所指，之弘治家族早在 1717

3 　年已開始在孟買經商，此點與其他分析頗有出入（林準祥，2016：74）。

除海爾治收養的之漢格里外，本家的發展未見突出，可能是文力治沒有子嗣，又或是他們能力不出眾，這亦是家族傳承中常見的現象。

4 　據 Vaid（1972: 53）記述，此公司乃孟買「顧錫治寶文治公司」（Cursetjee Bomanjee & Co）的附屬公司。在這家公司之後，則有一名叫卡馬（H.E. Cama）的巴斯商人在 1786 年踏足廣州，開始經營生意（Hinnells, 2005: 160）。

5 　由於這些中國化的洋行名稱讓人無法辨認他們的身份與家族聯繫，本研究在討論時，寧可採用帶有家族色彩的翻譯，特別引述者除外。

6 　據 Smith 所述，澳門巴斯墳場於 1829 年創立，首名葬於該地的巴斯人為同年去世的范蘭治（Cursetjee Framjee），他去世時享年 50 歲，乃美資福布斯洋行（Forbes & Co）的代理商，而另一身份或家族關係，則是他乃巴斯船塢巨子華地亞家族（Jamestjee Bomanjee Wadia）的外甥（Smith, 1995: 390），即是范蘭治與華地亞家族屬於姻親聯盟。

7 　有說法指，第一位葬於澳門的巴斯商人為顧錫治·范蘭治·華地亞（Cursetjee Framjee Wadia）（Palsetia, 2008: 673）。無論哪位首先葬於中國，他們明顯都沒有採取「天葬」儀式，因為在古吉拉特和孟買以外的地方，似乎沒有適合環境讓他們建立「寂靜之塔」。

8 　此點實是誤解，應是指他日後投靠舅父的人生與事業發展狀況，見下文討論。

9 　另一說法指吉吉貝一家原籍瑙薩里（Mody, 191959: 10-14），因此父母回到那裡居住。

10 　另有說法指吉吉貝 7 歲便要自力更生，那時父母已雙亡。然而吉吉貝精通英語，不但能與英人會話及書信往來，日後亦與渣甸洋行（Jardine Matheson & Co）的股東們有深入交往，可見吉吉貝應有不錯的教育水平，家境就算不是大富之家，亦非赤貧之戶。

11 　Battliwala 這個姓氏在英語的意思是「瓶子經營商」（bottle trader），可能代表其祖輩與瓶子生意有關，令吉吉貝因此被指乃「收瓶佬」（Kulke, 1974: 51）

12 　全名應是范蘭治·卡華士治·班拿治（Framji Cowasji Banaji），在華經商時，相信為方便稱呼，故拿掉了姓氏，加上尾音 e 有時會拼寫為 i，因此常有人誤以為是兩個不同的巴斯商人。

13 　Kulke 指出，孟買的巴斯人於 1865 年按巴斯人的繼承傳統，訂立遺產繼承法，原則是：「子比寡妻多一倍，女是寡妻之一半」（Kulke, 1974: 68），即是近乎「諸子均分」的模式，並非單子一人全數繼承。

14 　據統計，直至 1946 年印度獨立前，共有 63 名巴斯人獲封爵士頭銜，人數不少。另一方面，在 1905 年前，印度有 4 個可承襲的爵位，其中 3 個由巴斯人擁有（Kulke, 1974: 139）。以上兩者可作為巴斯人深得大英皇室或英國政府器重的註腳。

15 　有關這點，可參考 Grace（2014）在威廉·渣甸和占士·馬地臣一書的綜合探討。

16 　律勞卑去世後，鴉片走私之勢未止，巴斯人仍佔據吃重位置。舉例說，在 1836 年，當時有 9 名洋商被視為「焦點人物」，屬廣州的「坐地夷人」，當中 3 人乃巴斯人，佔三分一（郭德焱，2001：117）。

17 　兩名合夥人為：打打貝·律唐治和文力克治·律唐治（Maneckjee Rustumjee），相信二人是兄弟，揭示這家洋行屬於「兄弟班」組合。

18 　惟該墳場到 1847 年才投入使用。值得注意的是，早年在華的巴斯人似乎享壽甚短。就以葬於黃埔巴斯墳場的死者資料為例，自 1847 至 1918 年間，共建了 12 個基地，當中 5 人去世時不過 40 歲，其中一人只有 21 歲，不少都屬於英年早逝，可能反映他們不適應本地氣候環境，以及其時醫療衛生條件欠佳（Hinnells, 2005: 166）。

19 　有關買辦制度與發展的討論，可供參考的資料不少（Hao, 1970; Smith, 1983）；有關混血群體的特質和發展的研究，同樣為數頗多（鄭宏泰、黃紹倫，2007；丁新豹、盧淑櫻，2014），有興趣者可進一步查看。

第三章

打笠治家族

整餅起家惜兩代而斬

巴斯商人乃英國向華走私鴉片的「前鋒」,在東印度公司仍然擁有對華貿易專利之時扮演了極為吃重的角色,甚至在游說英國發動鴉片戰爭一事上身先士卒,聲音響亮。儘管如此,仍有部份巴斯商人不願或沒有參與鴉片生意,而是循正常商人的發展道路前進,建立事業,其中一位成功在香港發跡的,便是本文重點探討的打笠治‧那路之‧米泰華拉(Dorabjee Nowrojee Mithaiwala,由於他慣用打笠治之名,本文以此作稱呼)。

第一次鴉片戰爭後,滿清簽訂了屈辱的不平等條約,香港島被迫開埠,接著又因第二次鴉片戰爭而增闢九龍半島,到 1898 年又有強租新界,令香港的幅員、資源及人口不斷增加,但本質上無法擺脫鴉片貿易及侵略的底色。巴斯商人雖是英國忠誠「前鋒」,協助英國向華擴張勢力,但亦有像打笠治般的商人,在香港開埠後隻身東來尋找機會,並在胼手胝足的打拚過程中積累財富,創出事業,因此備受注視,成為其中一個在香港白手興家的例子。[1]

移民與打工的人生道路摸索

雖說打笠治白手興家，但要說他毫無背景或家境赤貧，恐怕是言過其實。因為儘管他在香港期間只用打笠治之名，沒有提及家族姓氏，但他於遺囑中透露，他在孟買時的姓氏是「米泰華拉」（Mithaiwala），揭示其家族的商業背景。在古吉拉特語中，Mithai 是糖果或甜品，wala 則指商人，兩字合在一起的意思便是糖果商或甜品商，故他的家族應該是經營相關食品的生意。不過，糖果商或甜品商在當時不如羊毛商（Unwala）或珠寶商（Motiwala）般需要投入大量資本，反而較像是街邊小店，所以推斷他應來自小商販家族，財政實力不會太雄厚。既然打笠治的「祖業」是買賣糖果糕餅，或許解釋了為何他來港後會選擇經營麵包店，且日後憑「整餅」起家。

此外，打笠治作為巴斯人，他們在古吉拉特或孟買的經濟基礎遠比印度人高。例如有學者引述 1864 年孟買的人口統計數據指，「在 1860 年代，巴斯人已沒乞丐了」（Kulke, 1974: 74），可見巴斯人是最先全民脫貧的民族，與印度人相比尤其突出。雖然打笠治只是巴斯小商人家族出身，但由於巴斯人的財富整體上已大幅高於印度人，他自然也不會「一窮二白」，並擁有一定營商知識、經驗和商業網。

對於打笠治的來歷，據 Shroff-Gander（2012a: 322）所言，他是一名「年輕偷渡者」（young stowaway），[2] 藏身船倉時被葡萄牙籍船長發現，卻沒有被重罰，反而同意他隨船到港，條件是要在船上做廚師，為船長和船員們煮菜做飯。因為這份經驗，打笠治到港後據說進入都爹利洋行（Duddell & Co），擔任廚師工作（Johnson, 1998: 15）。都爹利洋行的東主都爹利（George Duddell），乃當時人盡皆知一位具實力的房地產炒賣者，同時兼營多種生意，如入口貿易、麵粉與麵包等，亦曾與渣甸洋行（Jardine, Matheson & Co.）合作，取得鴉片專營權，並曾擁有太平山市場的管理權（Munn, 2001; England, 2012）。

不過，綜合各方資料，打笠治應該生於 1824 年，這意味著他於 1852 年來港時已經 28 歲，在那個年代實在不算「年輕」。事實上，他早已結婚，且有一名四歲的兒子，名為段之貝‧打笠治‧那路之（Dhunjibhoy Dorabjee Nowrojee，下文一律稱為段之貝）。另外，有資料指打笠治在家鄉孟買時已任職藍也洋行（Lyall Still & Co），是洋行旗下輪船的服務員或管理員（Steward），工作多年，常隨船來華，後轉投都爹利洋行，成為「助理」（assistant），在當時屬於中層位置（*South China Morning Post,* 9 July 1904）。

打笠治

這裡補充一點藍也洋行的背景。與渣甸洋行和顛地洋行等英資洋行一樣，藍也洋行亦是東印度公司壟斷東方貿易時期的自由商，早期立足孟買，至東印度公司壟斷地位終結後，大力開拓在華貿易與航運生意，具有相當實力。洋行的合夥人喬治‧賴奧爾（George Lyall）曾於 1857 年擔任定例局（日後稱立法局，即現時的立法會）議員，如渣甸洋行般進入早年港英政治核心，可見亦具備政治實力。而賴奧爾家族與渣甸洋行合夥人之一的馬地臣家族有姻親關係，曾在加爾各答合組「藍也馬地臣洋行」（Lyall Matheson & Co），反映藍也洋行的規模不少，大有來頭（Le Pichon, 2006: 140）。打笠治能進入有實力的藍也洋行，而且工作多年，獲得一定經驗或表現後，才大約在 1850 年代轉到都爹利洋行，[3] 正正說明雖然他不是來自富裕家境，但絕不是一名「窮光蛋」，擁有一定工作閱歷及知識，更不是需要冒著生命危險東來的「偷渡者」。

綜合各方資料，相信打笠治的真實背景如下：他來自巴斯小糕點商家族，

早已成家立室，育有兒子。他在具規模的薀也洋行工作多年，有一定經驗，工作穩定，且已是中層人員。當他跟隨輪船到華，在開埠初年的香港看到機遇，認為留下來會有更好發展，於是「棄船上岸」，轉投香港第三大的都爹利洋行（England, 2012: 130），開始新的事業。從某層面上說，都爹利洋行應是打笠治的貴人，不但提供更好的發展機會，還讓他掌握香港商場不少資訊，為日後飛黃騰達奠下基礎。

在打笠治加入都爹利洋行時，香港再次出現巨大變化。第一次鴉片戰爭後，英國見滿清積弱，有機可乘，於是藉「亞羅號事件」（Arrow Incident）再挑戰事，連同法國一同向清廷開火。結果英法聯軍長驅直進，火燒圓明園，滿清簽訂《北京條約》，割讓九龍半島、賠款及進一步開放通商港口，香港的幅員與發展資源亦因此倍升。更重要的是，本來分別屬於英國及滿清領海的維多利亞港，自此全部納入港英政府統治之中，在對外交通方面發揮極為巨大的作用。

一個人的際遇總與大時代的發展環境相結合，打笠治的例子也是如此。當他決定不再做漂泊無定的「輪船服務員或管理員」，選擇在香港上岸，加入都爹利洋行後，香港的幅員及經濟底子突然倍增，有更多機會和空間讓他可以好好發揮，才有後來拾級而上的事業。而新割讓的九龍半島，則成為他生意和事業的重大舞台。

特殊環境下創業的麵包店

第二次鴉片戰爭之後，英國以戰勝者姿態，攫取了九龍半島等諸多利益，華人的民族情緒再次被挑動，華洋關係外弛內張，猜忌難消。在互信薄弱的環境下，哪怕一些風吹草動，亦容易捕風捉影，如 1857 年 1 月發生一宗轟動華洋社會，史稱「毒麵包案」的事件，正正是洋人內心虛怯，對華人不信任的最

好說明。

扼要地說，當時
有一家專為洋人供應
麵包的「怡成麵包店」
（E-Sing Bakery，譯
音），客戶食用後竟出
現嚴重的腹痛、嘔吐
等症狀，受害者多達
數百人，甚至港督夫

Illustrated London News 於 1857 年 3 月 28 日刊
登的香港毒麵包事件插圖

人亦受其害，觸動了洋人社會的神經。後來麵包被驗出含有大劑量砒霜，令不
少洋人都狐疑華人基於民族仇恨，意圖毒殺洋人，令港英政府大為緊張，高度
重視，決定要揪出下毒者。

令猜疑進一步升溫的，是事件發生時，怡成麵包店東主張亞林（Cheong
Alum，譯音）已乘船離港，打算外遊，於是被當作他下毒後畏罪潛逃的「罪
證」。結果，張亞林被警方拘捕，並被送上法庭。惟案件在深入聆訊中揭露，
張亞林當時並非「外逃」，外遊行程早已安排好，而且他和家人亦有吃那些麵
包，同樣出現腹痛、嘔吐等症狀，令法官相信他沒有「落毒」然後「潛逃」的
意圖。儘管刑偵人員想治張亞林死罪以結案，但法庭最後判張亞林無罪，算是
還其清白。雖則如此，礙於洋人猜疑難消，法庭下令遞解張亞林出境。毒麵包
事件雖然告一段落，但歐洲人消費者對華人生產及供應麵包的信心一時三刻無
法恢復，麵包市場因此發生重大變化（Johnson, 1998; England, 2012）。

由於都爹利洋行亦有經營麵粉與麵包供應，因此成為事件的最大受益人，
一躍而成香港主要的麵包供應商。都爹利於是入口大量麵粉，儲存起來，打算
大展拳腳，搶佔香港麵包市場。可惜人算不如天算，同年 3 月 6 日，洋行存

放麵粉的貨倉遭遇祝融，令多達 800 桶麵粉付之一炬，洋行損失慘重。[4] 到了 1858 年，都爹利黯然離開香港，[5] 直至 1881 年才再回來，惟那時的香港又有另一番景象了（England, 2012）。

都爹利離開香港那年，打笠治的事業亦發生變化。經過多年工作，他已積累了一定資本、經驗和市場與人脈關係，故選擇在那個時刻自立門戶創業，而他開展的生意，便是與祖輩姓氏含意略帶相關，同時亦令都爹利慘遭滑鐵盧的麵包。打笠治新開張的麵包店，英文名為「香港麵包」（Hong Kong Bakery），中文則慣以東主之名相稱，故名為「打笠治麵包公司」，並附有 Ta-lab-chee-min-paw-kong-se 的粵音標示（*Hong Kong Directory*, 1862; 1872, 1888），「Ta-lab-chee」應是 Dorabjee 一字的音譯，有時亦稱作「多笠治」（見下文進一步分析）。自此之後，打笠治的名字隨著其麵包生意日旺、客戶日多而為人所認識。

打笠治選擇創業的時間可謂有危有機。扼要地說，這時經營麵包生意，起碼有兩項因素需要克服：一是經過「毒麵包案」後，以洋人為主的市場更重視麵包品質的可靠性，供應商必須具信譽與實力，才能令消費者回復信心；其次

SEXTANT GLASSES SILVERED & ADJUSTED.
48, *QUEEN'S ROAD CENTRAL,*
HONGKONG.
D. NOWROJEE,
HONGKONG STEAM BAKERY,
ESTABLISHED 1858,
H.B.M. NAVY CONTRACTOR,
HONGKONG.
Family and Fancy BREAD, ROLLS, &c., &c.　Wedding and Assorted CAKES and PASTRY.　Cabin, Ship, and Assorted BISCUITS.　Flour, &c. of the best guaranteed quality.
AT THE GROUND FLOOR, VICTORIA HOTEL BUILDINGS, QUEEN'S ROAD.

1889 年 *Chronicle and Directory for China* 上的廣告，指明打笠治麵包公司創立於 1858 年。

是由於都爹利洋行的大量麵粉被焚毀，市場原料供應緊張，令價格飆升，麵包成了「搶手」之物。換言之，那時的麵包生意需求大，價錢好，若能贏得消費者信心，同時有本事取得麵粉貨源，自然會門庭如市，生意不絕。

由於打笠治是巴斯人，是英國人眼中「忠誠的群體」（Valentia, 1809: Vol 2, 187），加上他曾在兩家具規模的英資洋行工作多年，算「半個自己人」，他出品的麵包對洋人而言自然有一定信心保證。麵粉供應方面，打笠治可能運用了在都爹利洋行工作時建立的人脈，又或是父祖輩經營糖果糕餅店的關聯，成功取得貨源，才能在那個麵包供應緊絀的時機打進市場，邁出事業成功的第一步。

從打笠治決心捨棄洋行穩定的工作自立門戶，看準時機投入有潛力的生意，又有本事在原料缺貨時取得供應，均反映他具有相當的野心、眼光及能力。而他在順利開創麵包公司後，亦不停改進生產品質及種類，包括引入「蒸汽機械化餅乾生產機」（steam biscuit-making machinery），產品深受客戶歡迎，生意乃不斷改善（Johnson, 1998: 17）。在創業後不久，他便獲選為駐港英軍（海軍）的麵包供應商（*South China Morning Post,* 9 July 1904），代表他的信譽及產品品質有保證。有了英軍的背書，生意自然更是暢旺。

經營麵包生意多年後，打笠治應該建立了一定名聲，名字開始出現在商業名錄中。例如，在 1862 年《香港商業名錄》（*Hong Kong Directory*）的「洋人在華居住名單」（List of Foreign Residents）中，可見「Dorabjee Nowrojee, baker, Queen's Road」的記錄。有趣的是，這份名單是按姓氏的英文字母排序，但打笠治的名字被放在「D」的組別，即是這本商業名錄的編輯，將 Dorabjee 視為其姓氏，可見無論對英國人或中國人來說，要搞清楚巴斯人的姓與名，從來不是一件容易之事。

到了 1865 年，「洋人在華居住名單」D 字母下仍有「Dorabjee Nowrojee,

baker, Queen's Road」的記錄,「商號」一欄則出現兩家 Nowrojee 的資料, 並配上中文名稱及其音譯。其一是「那路之(No-row-che)」,名字之下為公司地址「Nowrojee & Co , Hollywood Road」,公司代表或職員只有 Nowrojee Pestonjee 一人;另一家是「地那路之(Tie-no-row-che)」,[6] 名字之下的公司地址為「Nowrojee & Co., D., Peel Street」,代表或員工有三人,分別是 Dorabjee Nowrojee、Ebranhimbhoy Kassumbhoy(Shanghai)及 Dodabhoy Furdonjee。由於當時在香港的巴斯商人人數不多,出現同名同姓的可能性甚微,較合理的推斷是那時打笠治在經營麵包生意外,還創立了另一公司,共有三名合夥人或高層員工,一人更進駐上海。

1867 年,「商號」分類的「麵包師」(Bakers)一項中,有四家寶號,打笠治的名字排在最前,僱員人數亦最多,看來規模最大。當時的稱謂是「Dorabjee Nowrojee, merchant, Queen's Road」,之下有八個人的姓名,依次為:D.F. Guzder、Framjee Cavasjee、D. Dorabjee、[7] Mahamud Madar、P. Pascole、E. Muncherjee、Jamsetjee Jamasjee 及 F. Rustomjee,最後二人註明為經紀(*China Directory*, 1867: 13A)。翌年,公司名稱加上中文「打笠治麵包公司」及粵語譯音「Ta-lab-chee-min-pow-kong-se」,下為「Nowrojee D., Queen's Road」,此一寫法未知是否「Nowrojee & Co., D」的誤植,而公司成員仍為八人,首位為打笠治,其他成員部份如舊,部份有變動。

綜合以上資料,打笠治並非來自赤貧家族,不需要冒險以偷渡方式來港,但一開始仍只是一名「打工仔」,要為他人工作多年,積累一定資本、經驗、人脈及市場網絡後才能創業。他憑著眼光與拚勁,抓緊機會創立麵包店,不但恢復一般民眾吃麵包的信心,更獲得英軍垂青,成為指定麵包供應商,生意因此逐步壯大起來,個人財富亦日漸增多。

躍升酒店大亨

但凡有抱負、有野心的商人，共通點是不會滿足於目前的生意規模，總是時刻注意市場動態，物色更多商機，當目前的生意取得成功、獲得更多資本之後，便會馬不停蹄，投入其他具潛質的業務，力求開拓更多生意，賺取更多利潤。打笠治亦是這類「有抱負、有野心」的商人，所以在打笠治麵包公司闖出名堂後，他仍沒有停下腳步，而是不斷尋找門路。而令他身家財富大增的另一重要生意，便是酒店經營。

這裡補充兩點背景資料，其一是大約於 1866 年，打笠治的獨子段之貝來到香港（*South China Morning Post*, 24 August 1911），那時他約 18 歲。打笠治安排兒子來港，相信是因為兒子年紀漸長，需要學習生意經營，以便將來接管公司，同時也反映生意規模漸大，他需要一個可以信賴的助手。其二是那個年代，由於輪船班次疏落且航程漫長，交通極不方便，來港公幹或旅遊的人士雖然不多，但來的人都會停留較長時間，一般住上三個月或以上才是常態。這些有能力外遊者，多非一般市民，而是腰纏萬貫的官商巨賈，因此，無論普通的商務旅館或較高檔的酒店生意，均有相當需求。打笠治便是看中酒店業的發展潛力，與友人合作開展了新的投資。

資料顯示，大約在 1873 年，即經營麵包生意 15 年後，打笠治與一位名叫彭炎（Pang Yim/Im 或 Pang A Yim，有時誤譯為 Pang Him 或 Pang A Him）的華商合組公司，獲得香港大酒店（Hong Kong Hotel Company，中文原名「香港客店公司」）的管理經營權。這家酒店在 1866 年 3 月 2 日由得忌利士洋行（Douglas Lapriak & Co.）的勒柏克（Douglas Lapriak）聯同波時文公司的何仕文（Charles H.M. Bosman，即何東生父）及庇理羅士（Emanuel R. Belilios）等洋商創立，但之後表現一直欠佳，連年虧損。到了 1873 年，管理層決定以「出租經營」方式把酒店交予外人打理，公司既可獲得穩定的租金收入，又能封了

蝕本之門。[8] 在這情況下，打笠治和彭炎大膽地「人棄我取」，開始進軍酒店行業（Hongkong and Shanghai Hotels Limited, no year）。

這裡先簡單介紹打笠治的合夥人彭炎，以及二人相識合作的經過。彭炎是少數在香港開埠初期已積極配合港英統治的華人，他似乎對西方世界有一定認識，明白外國的力量遠較清朝強大。根據 1883 年他去世後報章對他的生平回顧，指他在第二次鴉片戰爭期間已認定洋方必勝，因此「押注洋人一方」（placed himself on the side of the barbarian），並獲得了回報（*China Mail*, 5 June 1883）。不過報紙沒有提及具體的押注方法，亦沒提及有何回報。

或許是因彭炎表現忠誠，樂意為港英政府所用，他獲聘為殖民地政府軍需處（Commissariat Department，時譯「金些厘」，視作洋行看待）的買辦，為駐港英軍提供各種物資（*Hong Kong Daily Press*, 3 April 1873）。其家族中不少親人也在他安排下進入金些厘買辦部門，例如其子彭芳甫（Pang Foong Poo）及親屬彭亞洲（Pang Achow 譯音）等（*Hong Kong Daily Press*, 3 April 1873 and 16 October 1878），相信因此賺取了巨大的財富。

除買辦工作外，彭炎還有不少投資，包括經營一間名為「興記」（Hing Kee）的公司，[9] 同時又在香港、廣州及河南（Honam）等地大量置業，他首個在港購置的物業，據說早於 1868 年。他在中央市場（Central Market）亦擁有一個攤檔（第 12 號），主要出售牛羊等肉食。而他較引人注目的投資，應是在 1870 年代末，打算斥巨資收購位於灣仔的「東方煉糖廠」（Oriental Sugar Refinery），惟此收購因捲入貪污及詐騙問題而夭折，事件更曾告上法庭，轟動一時（*China Mail*, 15 and 24 May, 4-5 June 1879）。由此可見，彭炎擁有雄厚的財力，而且投資相當多元化，他與打笠治合作經營酒店，應是擴展投資的其中一環。

晚年的彭炎進一步靠攏英國，在 1881 年正式歸化為英國籍（CO 129/193,

1881: 583），在當時的華人社會極為罕見。他這個「明目張膽」的舉動，除了為表達自己及家族對英國的忠心外，還可能是擔心安全問題，希望爭取英國及港府保護，加上他身為金些厘買辦，地位與角色十分敏感，歸化英國籍對其業務發展有幫助。

至於彭炎與打笠治合作經營酒店，相信亦創了華洋商人合作的先河。根據記錄，類似的個案大約在 20 年後才再出現，那便是遮打牽頭成立香港置地公司時，邀來華商李陞、潘邦等人投資，並加入董事局。但相較於彭炎和打笠治實實在在地合作營運酒店，李陞等華商應只屬投資人，沒有真正參與到置地公司的日常管理中。令人好奇的是，打笠治與彭炎這兩位國籍不同，生意投資又沒有重疊的商人到底如何認識，又為何能建立深厚的互信呢？

如前文所述，彭炎乃軍需處買辦，打笠治則是駐港英軍的麵包供應商，二人應是透過這層關係認識的。他們在長時間合作後，對對方的行事及經商方式有更深入的了解，增加了互信。再加上彭炎擁有不同類型的生意，包括在中央市場持有一個售賣肉食的檔攤等，相信他擁有特殊的供應網絡，增加了打笠治與之合作的誘因。故當 1873 年出現合適的發展及投資機會時，雙方一拍即合，聯手取得香港大酒店的經營權。

打笠治經營麵包店時，事無大小均親力親為，並注重營運細節，控制成本，才能提升效率。他接手酒店後，亦將這一套營商經驗和哲學應用其中，令香港大酒店逐步走出經營困境。至於酒店業牽涉龐大的生活物資供應，二人的麵包及肉食生意與此相輔相成，既可降低酒店生意成本，又能擴大各自公司的生意額，實在一舉兩得。

打笠治與彭炎初次涉獵酒店生意便取得成功，接手不久便轉虧為盈，利潤不斷增加。之後，隨著內外經濟環境改善，訪港旅客日多，香港大酒店更重拾發展活力，人氣更旺，為二人帶來豐厚的回報。自從打笠治擴張了生意投資

由打笠治和興記承租經營的維多利亞酒店廣告

的層面後，身份亦由原來的「麵包師」轉為「商人、麵包師」，日後更變成「酒店東主」（hotel proprietor），這無疑是他社會階層往上流動的重要證明，名望與社會地位必然同步上揚。

正如俗語「瘦田無人耕，耕開有人爭」，香港大酒店的發展便是很好的例子。在它生意不景時，庇理羅士等股東無心打理，便以「出租經營」方式將酒店交予他人主持，自己只收取租金。但當他們發現打笠治已為酒店建立起良好的營運制度，亦有一定的市場知名度和固定客戶源時，便決定收回這隻「會生金蛋的鵝」，在 1883 年終止合約，重新接手經營。

打笠治二人或許對這種過河拆橋的行為感到氣憤不甘，但亦只能無奈接受。不過，他們在經營香港大酒店的十年間，顯然了解到酒店業的發展潛力，亦積累了豐富經驗和巨大財富，於是想到，與其繼續為他人作嫁衣裳，不如自己做東，另起爐灶開設酒店。但在這段期間，彭炎突然去世（*China Mail*, 5 June 1883），[10] 生意及買辦工作由兒子彭芳甫接管。[11] 他的離世並沒影響兩家合作，打笠治與彭芳甫繼續按原定計劃投資，在砵甸乍街轉角位置購入一棟建築，將之整頓成酒店格局。在 1883 年 12 月，這間「維多利亞酒店」（Victoria Hotel）正式開張營運，合夥人是打笠治與彭芳甫（*Hong Kong Daily Press*, 3 December 1883）。

維多利亞酒店投入經營大約一年後，打笠治計劃回孟買一趟。或許是因為他打算留在當地一段時間，擔心路途上的風險或變故，又或許是想進一步確立

兒子在公司的身份，讓兒子能名正言順地參與酒店經營，於是向政府申請，把酒店持牌人的身份轉給年近 37 歲的兒子段之貝（*Hong Kong Daily Press*, 2 September 1884，參考另一節討論）。由是觀

打笠治與彭芳甫合伙的維多利亞酒店

之，在 1880 年代，打笠治和彭炎均進入關鍵的接班期，而兩人的兒子段之貝和彭芳甫，看來仍能如父輩般互相合作，繼續拍檔發展。

到了 1889 年，兩家公司再度聯手，斥巨資在九龍半島購入約 15 萬平方呎地皮，興建新酒店（*Hong Kong Daily Press*, 6 September 1889）。這幅土地介於威菲路軍營（Whitefield Barracks）與水警總部之間，當時為「九龍會」（Kowloon Club）用地。[12] 尖沙咀今日自是黃金地段，人潮如鯽，但這幅被稱為「花園地段」（Garden Lot）的土地，當時仍人跡罕至，甚為荒蕪，他們之所以選址在此開設酒店，相信是打算以軍隊及政府相關人士作基本客源，而能成功買入與軍事用地毗連的土地，則反映他們與軍隊關係良好，深受信任。該酒店建成後稱為「九龍酒店」（Kowloon Hotel），初期由歐士邦（James W. Osborne）負責日常打理（*South China Morning Post*, 19 December 1903），後來則改為「律唐治」（M. Ruttonjee），他應是打笠治麵包公司的僱員（Johnson, 1998: 20）。

正當打笠治二人籌劃興建九龍酒店期間，於 1873 年開業的山頂酒店（Peak Hotel）如早年的香港大酒店一樣，經營出現虧損，無以為繼，於是打算同樣以「出租經營」方式解困，並曾接觸香港大酒店管理層，但似乎沒有獲得正面答

覆，結果在 1892 年初，由打笠治與興記聯手獲得經營權。而自他們接手後，山頂酒店亦逐漸恢復發展活力，打笠治「酒店東主」的形象或身份，亦在連番擴張行動中變得更為突出。

打笠治能夠由經營麵包生意轉為酒店業，主要得力於人脈網絡及機會湧現。一開始時，他對酒店營運全無認知，卻大著膽子接手，並將經營麵包生意那一套運用在酒店業上。對他這些不怕冒險的商人而言，字典中顯然沒有「不懂」或「做不來」等字眼，當機會湧現時，先緊緊抓住，再邊做邊學，在過程中不斷糾正，不斷累積經驗。正是這種勇於嘗試、敢於開拓的精神，令他們能夠闖出人生與事業的一片天。

組織渡輪運輸公司

由為薀也洋行及都爹利洋行打工，到自立門戶經營麵包店取得成績，積累一定資本後，打笠治開始涉獵酒店經營，同樣表現突出。這個發展過程，不但增加了他個人的身家財富，還壯大了他在商界的人脈關係與商業網絡。至於在經營麵包和酒店生意之時，又有另一個投資機會湧現，為他帶來財富收入之餘，亦在社會上留下美名，那就是渡海小輪服務。

在討論打笠治的新投資前，先簡介一下當時的社會環境。大英帝國在 1841 年先取香港島後，受山多平地少的限制，只能重點發展港島西北端沿岸。至 1860 年奪取九龍半島界限街以南後，因那裡平地較多，乃逐步發展。惟港九兩地卻被維多利亞港分隔開，不但市民往來不便，貨物運輸更需付上昂貴費用。

自經營麵包生意後，打笠治的客戶群不斷增加，除了取得駐港英軍主要食品的獨家供應權外，還為不同檔次的酒店、飯館，以及那些停泊在維多利亞港的遠洋輪船，提供伙食及日常必需品，成為多間機構的膳食和物資供應商

（Johnson, 1998: 17）。而自英國取得九龍半島，並於尖沙咀設立了威菲路軍營後，他亦為駐紮當地的英軍供應麵包和日常必需品。打笠治的麵包店位於港島的皇后大道，每日均需要強大的後勤運輸，如擁有自己的貨船，並建立一套屬於自己、可以掌控的支援及物流隊伍，才能更好地提供服務，降低成本，令他有了發展海上運輸生意的想法。

據說，早在 1871 年，一位名叫史密夫（John Grant Smith）的英國人，買入蘇格蘭製的輪船引擎，在香港建造了一艘船身長 55 英尺的蒸汽輪船，取名「早鳥號」（Early Bird）投入服務，航行於維港兩岸。惟當時九龍半島仍然人煙稀少，商業活動不是很繁盛，渡輪生意並不理想，史密夫因此有意出售蒸汽船。打笠治因本身生意有實質需要，故於 1872 年購入該輪船，開始了他與渡輪運輸的不解情緣（Johnson, 1998: 18-19）。

初期，這艘蒸汽輪船主要用於運送公司的貨物，有需要時亦會當作駁船，接載搭乘遠洋輪船到埠、入住香港大酒店的旅客。若仍有剩餘的倉位或航程，則會運載其他公司的貨物及乘客，往來港島與九龍半島之間。由於打笠治自己公司的貨物已佔了不少比例，輪船生意基本上已封了「蝕本門」，加上額外的貨運和客運生意，經營起來自然比史密夫更有優勢，因此取得不錯發展。

據 Johnson（1998: 20）記述，在 1874 年，有一家名叫「榮記」的華人煤炭與船泊雜貨供應公司，在報章刊登了一則渡輪運輸廣告，輪船名為「金星號」（Cum Sing），[13] 往來九龍與香港島的單程船票為 5 仙，有需要的乘客「可向船長或香港大酒店購買」，反映香港大酒店有份代理「金星號」的船票銷售。這裡有一點值得注意，就是那時開始有了固定航班的雛形，渡輪每日依時往來，令有意乘搭的市民更容易預算，乘客人數進一步上升，有利渡輪生意的長遠發展。

Johnson 進一步指出，「金星號」船長布蘇（M. Buxoo）於 1877 年離開

榮記，轉為經營另外兩艘渡輪，名叫「晨星號」（Morning Star）和「晚星號」（Evening Star），同樣往來九龍半島與香港島之間，而背後的老闆相信則是打笠治。按 Johnson 推測，這兩艘以「星」字取名的渡輪，可能承襲或脫胎於「金星號」（Johnson, 1998: 20-21）。

直接加速渡輪生意發展的，是九龍半島自 1870 年代末的逐步開發，麼地（H.N. Mody）與遮打（Paul C. Chater）則是當中的關鍵人物。麼地生於 1838 年，與打笠治一樣是巴斯人；遮打生於 1846 年，乃亞美尼亞裔猶太人。這兩位同樣來自印度的商人，於 1860 年代末合組「遮打麼地公司」（Chater Mody & Co.），先後在尖沙咀一帶購入大量土地，計劃作大規模的發展（郭德焱，2003：128；參考下一章討論）。由於麼地與打笠治同為巴斯人，而打笠治年紀更長，來港較久，營商經驗也更豐富，故二人視他為前輩，對他相當敬重，開展了不少人情往來與生意合作。

雖然遮打年紀最輕，才能卻最為卓著，長袖善舞，最為突出的是他結交渣甸洋行（Jardine Matheson & Co.）及舊沙遜洋行（David Sassoon & Sons Co.）大班，與這兩間當時風頭最勁的洋行合組「九龍倉庫碼頭及貨船公司」（Kowloon Wharf, Godown and Cargo Boat Co.，簡稱九龍倉），[14] 進行大規模的交通運輸基建，在九龍半島海旁興建貨倉及碼頭等設施。由於麼地、打笠治與遮打關係深厚，他們在生意投資上相互合作，自是順理成章。

無論是遮打麼地公司投資尖沙咀，或九龍倉在尖沙咀海旁興建設施，同樣需要大量勞動力、建築材料和各類物資，當中不少要從香港島及其他地方以海運方式送達。經營航運一段時間，並已摸通門路的打笠治，則成為支援九龍半島建設的重要力量，生意滔滔。據 Johnson（1998: 17-20）記述，九龍倉各項工程的勞工不少居於港島，故打笠治與九龍倉達成一項安排，由打笠治的船隻負責接送那些建築工人，而九龍倉則提供渡輪停泊服務，大家均不向對方支付費

用，各得其所，達到真正的「互利共贏」。

1887 年時，打笠治旗下的兩艘渡輪，每日共有 25 班航班，來回港島與尖沙咀之間，其中 13 班由尖沙咀到港島，12 班由港島到尖沙咀。由尖沙咀出發的航班，每日首班船於早上 6 時開出；港島的首班船則是 7 時，[15] 輪船的燃料是煤炭（Johnson, 1998: 27），主要停泊於港島的畢打街碼頭和尖沙咀的九龍倉碼頭，都是當時的重點位置。

到 1889 年 1 月，航班已增加至 41 班，由尖沙咀開出的有 21 班，港島開出的則為 20 班。其中尖沙咀開出的首班船仍維持在早上 6 時，港島的則提早到 6 時 15 分；從港島開出的尾班船是 10 時 30 分，尖沙咀的則是凌晨 12 時正（China Mail, 15 January 1889）。從以上更動，可見港九兩地交流更頻繁，公司要增加航班來應付需求。從港島開出的航班提早了，相信是因為有不少民眾要到九龍工作。此外，這些市民的下班時間愈來愈晚，或開始出現兩班制，故需要將九龍開出的尾班船延至凌晨 12 時。

當時還有其他連結港島和尖沙咀的渡輪公司，不過大多是華商的小本經營。因應社會對渡海小輪需求日增，本為大律師的法朗西（J.J. Francis）發起創立「蒸汽輪船公司」（Steam Launch Co. Ltd.），並以公眾集資的模式籌集資金，添置蒸汽輪船，提供港島與九龍半島的渡輪服務（Johnson, 1998: 29-30）。新公司成立無疑帶來競爭，亦使打笠治必須深入思考如何更好發展渡輪生意。

為回應維港交通需求不斷提升、市場競爭日見激烈等問題，打笠治於 1888 年成立了「九龍渡海小輪公司」（Kowloon Ferry Co），把原來無心插柳的生意「正規化」，打正旗號開拓渡輪生意。為了配合這一發展，他向黃埔船塢訂造了一艘新船，取名「晨星號」，頂替因老化而退役的同名舊船；[16] 不久又因應市場需要，先後於 1890 及 1897 年再添置了兩艘船，是為「高星號」（Rising Star）及「導星號」（Guiding Star）。新增的輪船均是雙層和「雙尾船」

（Double-ender），令運載量大增，亦更便利在碼頭停泊及上落，揭示維港兩岸的交通往來更為緊密（Johnson, 1998）。從此，乘搭渡輪逐漸成為不少人工作與生活的習慣，而乘坐渡輪觀看維港兩岸景色，呼吸海風，近距離感受浪濤拍打船身的震撼，則成為價廉物美的旅遊節目。

　　九龍渡海小輪創立十年後的 1898 年 4 月 5 日，年屆 74 歲的打笠治將之出售予九龍倉，此舉除了年老退休的考慮（見下文討論），亦可能是他相信渡輪生意在九龍倉手上能得到更好的發揮（Johnson, 1998: 15-21）。事實上，公司易手不久，遮打成為九龍倉主席，在他的領導下，渡輪業務取得了更亮麗的發展。例如，為了加強保障公司的利益和經營，遮打以個人政治力量，爭取到殖民地政府訂立專門法例──《1902 年第 46 號條例，天星小輪公司》（*Ordinance 46 of 1902, Star Ferry Company*），容許船公司訂立具法律約束力的附屬條例，規管乘客行為，便利自身的行政管理（CO 129/316, 1903）。

　　購入蒸汽輪船之初，打笠治可能只是打算配合麵包與酒店生意的需要而已，然而城市發展與經濟內涵的不斷改變，令渡輪服務變得有利可圖，頭腦精明的打笠治看到當中商機，決定打蛇隨棍上，購入輪船，拓展業務，開創「維

尖沙咀碼頭與天星小輪

港渡海輪」生意的風氣之先，九龍渡海小輪公司及其「星」字號輪船，成為了渡輪服務的代名詞，其市場價值吸引九龍倉垂青，不惜重金收購，令打笠治的名字與「天星小輪公司」一起，刻印在香港的交通發展史中。

把財富積累投放到地產上

香港地少人稠，寸土尺金，無論普通市民或高官巨賈均深明土地的重要性，不少人更把財富投入其中，作為長遠投資，期望帶來更大回報。另一方面，物業地皮被視為搬不動、不會變的「恆產」，既是長久扎根的象徵，亦是能傳之後世、最為保值的資產。在生意經營上極為精明的打笠治自然不會落於人後，所以當他在麵包、酒店及渡輪生意中賺到利潤時，除部份用作再投資，開展新生意外，還將極大部份投入到物業地皮之中，藉以分散風險。而他早年在都爹利洋行工作時，相信亦從都爹利身上學到一些炒賣房地產的「財技」，有助他在這方面的投資。

據 Johnson（1998: 25）介紹，因為發展渡輪服務關係，打笠治於 1881 年買入位於九龍貨倉旁邊的地皮（九龍內地段 211 號），後來九龍倉有意擴大發展範圍，打笠治便於 1887 年以 14,000 元將地皮轉售，成人之美。此舉既可給遮打做個順水人情，亦讓打笠治獲利不少，因為那塊地皮本來乏人問津，但當納入公司組織的發展大計時，即變得炙手可熱。

打笠治持有的物業地皮當然不止於此。值得指出的是，由於他乃當時香港大地主之一，當殖民地政府於 1885 提出增加九龍半島的「市政差餉」（municipal rate）時，他曾聯同其他大小地主，於同年 11 月向政府提出反對，原因是九龍仍屬荒蕪之地，不應徵收「市區」水平的差餉，惟呈請最終沒被接納（Legislative Council, 1885）。

為了更好說明打笠治在物業地產方面的投資情況，筆者以香港歷史檔案館

「施其樂收藏」（Carl Smith Collection）中，有關打笠治買賣物業地皮的不完整記錄，整理出表 3-1 及表 3-2，粗略說明打笠治的部份地產投資。先看表 3-1，可以看到早在 1861 年，即是打笠治自立門戶大約三年後，他已開始購入或承租物業地皮，可見其生意很快便打開局面，有財產可以參與地產買賣。

從表格中，可以發現多項值得注意之處：其一是大多數物業地皮位於香港島，且多為內地段，只有小部份屬海旁地皮，這與早期港島發展由海旁向內延伸的狀況基本一致；其二是早在 1870 年代，他已開始涉足九龍地皮與物業，主要集中於尖沙咀的花園地段。早期的尖沙咀相當荒蕪，人跡罕至，而他作為英軍生活物資的供應商，基於生意便利，購入附近不少土地，後來更在威菲路軍營旁興建九龍酒店，使當地興旺了不少，亦令他成為開發尖沙咀的先驅之一。此外，表上列出的有不少是承租物業，部份更是連同生意經營一起承租，反映他有不少業務是代人管理，如香港大酒店一樣，在租期屆滿後通常再續租，反映他經營有法，且獲別人信任。

表 3-1：打笠治購入或承租的物業或地皮（部份）

登記號	登記日月年	種類簡述	所在地段	條件	出售或出租一方
1956	7/1/1861	資料不詳	IL 598	$850	Francis X. dos Chagas
2007	23/3/1861	20 年租約	IL 390, 391, 344	租金 $200	Shaik Madar
2029	1/5/1861	資料不詳	IL 174	$7,600	Albino A. da Silva
2078	1/7/1861	租約	IL 21		Pestonjee Dhunjeebhoy 等
2159	25/10/1861	資料不詳	IL 165	$24,500	Anna J. Smith
2749	14/4/1863	資料不詳	IL 827	$900	Dossabhoy Cursetjee
2750	14/4/1863	資料不詳	ML 182	$4,500	Qouke Acheong
3009	31/12/1863	轉續契約	IL 650	資料不詳	Alex Perceival

3115	13/4/1864	20 年租約	IL 344, 391, 390	租金 $10,000	Shaik Madar
3269	2/11/1864	資料不詳	IL 389	$1,650	Cheong Yok
3299	6/1/1865	資料不詳	Sec A, IL 390	$1,330	Guilherme Silveira
3302	9/1/1865	按揭	IL 694	$2,000	Granville Sharp
3385	18/3/1865	資料不詳	Sec C & D, 392	資料不詳	William J. Bain
4034	12/10/1866	資料不詳	Sect A, IL 348	$2,650	Peerbhoy Khalukdinah
5800	20/10/1873	5 年租約	ML 3, 5	租金 1,900	Hongkong Hotel Co Ltd
6625	22/4/1876	資料不詳	IL 707, 708, 390, 391, 716, 389	$7,000	Framjee Cowasjee
6890	16/12/1876	資料不詳	Sec A, IL 348	$500	Jose M. da S. Silva
6891	16/12/1876	資料不詳	Sec X, IL 348	$500	Jose M. da S. Souza
7452	8/1/1878	資料不詳	ML 196	$8,000	Pestonjee Dhunjeebhoy
7601	12/4/1878	再續契約	KGL 15	資料不詳	Matthew J. D. Stephen
7860	24/9/1878	再續契約	IL 722	資料不詳	George N. Minto
7889	7/10/1878	再續契約	IL 650	資料不詳	George N. Minto
9676	4/6/1881	再續契約	ML 196	資料不詳	Guilherme Burno
9769	23/6/1881	再續契約	KGL 15	資料不詳	Fernando Sainz
12322	4/4/1884	資料不詳	KGL 14 & KGL 69	$1,500	Pang Yim
13033	4/6/1884	連按揭出售	FL 51	$1,450	Dorabjee B. Tata
14244	6/5/1886	資料不詳	KGL 55	$3,000	Jehangherjee P. Krass
14592	9/10/1886	資料不詳	KGL 24, 70	$6,250	Christian Wagner

註：IL 指 Inland Lot（內地段）；ML 指 Marine Lot（海旁地段）；FL 指 Farm Lot
（農耕地段）；KIL 指 Kowloon Inland Lot（九龍內地段）；KGL 指 Kowloon

Garden Lot（九龍花園地段）。
資料來源：Carl Smith Collection, no year.

接下來看表 3-2。同樣，他最早於 1861 年開始出售物業，揭示他應早於這個時期已涉獵地產。交易的物業地皮主要集中於香港島，大多在內地段，小部份在海旁地段；到了 1870 年代中，延伸至九龍區，地點集中在尖沙咀。

表 3-2：打笠治出售或出租物業資料（部份）

登記號	登記日月年	種類簡述	所在地段	條件	購入或承租一方
2030	1/5/1861	卑利街兩住宅	Sec A, IL 174	$4,300	William K. Stanford
2253	29/1/1862	資料不詳	IL 446	$1,000	James P. Cook 及 James B. Endecott
2582	15/11/1862	資料不詳	IL 667	$900	Soranjee D. Subador
2665	30/1/1863	資料不詳	IL 568	$13,000	Qouke Aching
2681	9/2/1863	資料不詳	IL 165	$35,000	Qouke Acheong
2719	27/3/1863	按揭	IL 650	$9,000 - 1%	Alex Perceival
3010	31/12/1863	按揭	IL 650	$10,000 - 1%	John Smale
3057	12/2/1864	按揭	IL 174	$5,000 - 1%	John Smale
3059	20/2/1864	資料不詳	IL 478	$500	Granville Sharp
3060	20/2/1864	資料不詳	IL 479	$700	Granville Sharp
3061	20/2/1864	資料不詳	IL 480	$800	Granville Sharp
3062	20/2/1864	資料不詳	IL 693	$2,000	Granville Sharp
3245	30/9/1864	資料不詳	IL 768	資料不詳	Eduljee Nasserwanjee
3254	5/10/1864	資料不詳	1/2 of IL 768	$2,025	Charles H. Morgan 及 Robert C. Lambert
3288	17/12/1864	按揭	ML 178	$5,000	Dadhabhoy Eduljee
3303	9/1/1865	資料不詳	IL 705	$1,700	Granville Sharp
3289	11/1/1865	按揭	IL 391 & E 1/2 of IL 390	$10,000	Dadhabhoy Eduljee
3290	11/1/1865	按揭	IL 74	$10,000	Dadhabhoy Eduljee

3306	11/1/1865	按揭	ML 178	$5,000	Dadhabhoy Eduljee
3307	11/1/1865	解除按揭	IL 391, 390	資料不詳	Dadhabhoy Eduljee
3308	11/1/1865	解除按揭	IL 745	資料不詳	Dadhabhoy Eduljee
3310	17/1/1865	按揭	IL 745, 716, 389, 391, 390	$20,000 - 13%	Ardaski Pestonjee
3491	23/6/1865	按揭	ML 178, 179, 182, IL 692, 693, 694	$16,000	Victor Kresser
3662	20/11/1865	再抵押	ML 178, 179, 182, IL 692, 693, 694	$14,000	Victor Kresser
3784	6/2/1866	解除按揭	IL 745, 716, 389, 391 & IL 390	$20,000	Ardashir Pestonjee
3787	24/2/1866	按揭	IL 389, 391, 716, 745, IL 390	$20,000	HSBC
3793	16/3/1866	解除按揭	IL 650	$10,000	John Smale
3795	16/3/1866	解除按揭	IL 174	$5,000	John Smale
3796	16/3/1866	轉續契約	IL 174	$5,000	John Smale
3797	16/3/1866	按揭	IL 650, 72; IL 174	$15,000 - 1%	Ng Ah Chong
4056	7/11/1866	資料不詳	Sec A, IL 348	$680	Comba B. da Roza
4147	28/1/1867	按揭	IL 828	$500 - 12%	Granville Sharp
4165	18/2/1867	資料不詳	Sec V & A IL 348	$650	Jose M. da S. Souza
4469	6/3/1868	按揭	IL 708, 709	$15,000	Hormusjee B. Dankan
4599	15/9/1868	資料不詳	Sec A, IL 348; Sect C & D, IL 392	$2,000 - 2%	Jafferbhoy Budrooden
4738	18/5/1869	連按揭出售	Sec E &A, IL 348	$430	Jafferbhoy Budrooden to Pascaol Pereira
4744	26/5/1869	連按揭出售	Sec C, IL 39	$520	Fafferbhoy Budrooden 及 Jafferbhoy Budrooden

4753	31/5/1869		IL 458, 459	$120	John Jack
7457	4/6/1869	解除按揭	Sec A, IL 348, Sec C & D, IL 392	資料不詳	Jafferbhoy Budrooden
4982	29/3/1870	資料不詳	IL 3	$265	Mook Cho Kee
5449	8/8/1872	解除按揭	IL 707, 708	資料不詳	Hormusjee B. Dankan
5451	8/8/1872	資料不詳	IL 707, 708, 391, 190, 716, 389	$7,000	Hormusjee B. Dantre
6626	22/4/1876	按揭	IL 707, 708, 390, 391, 716, 389, & KGL 25	$4,500 - 10%	Matthew J. Stephen
6892	16/12/1876	資料不詳	Sec X & Y, IL 348	$1,200	Pascoal Pereira
7614	24/4/1878	按揭	ML 196	$7,500 - 8%	Guilherme Burno
7861	25/9/1878	資料不詳	IL 722	$1,000	Chatick P. Chater
8128	12/3/1879	按揭	KGL 15	$4,000 - 8%	Ferand Sainz
9714	10/6/1881	資料不詳	ML 196	$25,000	Chatick P. Chater 及 Edward George
13200	15/8/1884	按揭	IL 389, 390, 391, 716, 707, 708	$7,000	Henry W. Davis
14832	21/1/1887	資料不詳	KIL 211	$14,000	HK & Kowloon Wharf & Godown Co Ltd.
15061	2/5/1887	資料不詳	FL 51	$2,000	Eduljee Sapoon
16831	16/2/1889	再抵押	IL 389, 390, 391, 716, 707, 708	資料不詳	Henry W. Davis

註：同表 3-1 註。
資料來源：Carl Smith Collection, no year.

　　單從以上兩表的資料，已可看到打笠治投資的物業地產，數量多且交易頻繁，是當時的大地主之一。尤其必須指出的是，他乃開拓九龍的商人先驅之一，集中於尖沙咀九龍貨倉碼頭一帶，對尖沙咀的發展居功不少，亦難怪他會

反對殖民地政府在九龍徵收「市政差餉」。香港歷史愛好者林友蘭曾特別提到，「九龍半島西南端的海岸，是九龍倉碼頭和巴斯人多拉支（Dorabjee，原註，即本文的打笠治）經營的渡海碼頭的所在地」（林友蘭，1975：124），可見其身影之突出。

事實上，單就尖沙咀的發展而言，打笠治早期創立的小輪公司，船隻停泊在九龍貨倉碼頭的海旁，這地方日後成為天星碼頭。至於打笠治原本持有的九龍內地段 211 地皮，則於 1887 年出售予九龍倉，初期發展為一層樓的貨倉，後來數度易手（*South China Morning Post,* 27 February 1913 and 14 February 1917），現今成了新港中心及力寶太陽廣場。另一方面，九龍酒店原址，即今日樂道、漢口道、海防道及北京道之間的地皮，現已建有多棟大廈。原來稱為「花園地段」的尖沙咀，今日已人煙稠密，盛極一時。

從以上記錄中，我們可以看到打笠治發財致富的過程，和業務擴展的軌跡：由創立麵包店、成為英軍的物資供應商、經營酒店至開創渡海小輪公司等，當積累了一定財富後，便投入物業地產市場。可惜的是，那些本來可以長傳子孫的基業，卻在傳給兒子後不久滑落，至兒子去世後更迅速流散，這個曾

早期的尖沙咀鐘樓和碼頭

經顯赫一時的巴斯商人家族，逐漸淹沒在香港商業舞台。

兒子接班的轉變與沒落

相對於憑一己實力闖出天下的打笠治，其子段之貝沒有做出什麼驚人事業或亮眼成績，因此不如其父般吸引社會和傳媒視野，留下的資料亦較少，這雖是正常現象，惟對後世研究者而言則相當不利。事實上，有關段之貝的資料記錄只有寥寥數項，較早期的，是前文曾提及他大約在 18 歲時到港與父親團聚，加入家族生意，為未來接班作準備。之後或許由於打笠治繼續領導公司，段之貝一直居於後台，擔任輔助角色，甚少現身人前。

到了 1890 年代，打笠治已年屆七旬，精神體力大不如前，於是決定將公司交予其子。他成立了「打笠治父子公司」（Dorabjee & Son Co.），讓兒子名正言順成為公司合夥人，有更大權力管控生意。而原來的「地那路之公司」改為「打笠治公司」（Dorabjee Co.），主要經營於 1902 年落成、位於德輔道中 3 號（即現時太子大廈位置）的「英皇愛德華酒店」（King Edward Hotel）（*Hong Kong Daily Press*, 17 and 23 September 1902; Gwulo: Old Hong Kong, no year）。「打笠治麵包公司」的中文名字看來沒有再用，而是改用原來的「香港麵包公司」（Hong Kong Bakery Co），主要集中麵包食品生意。這些改動，一方面完善了公司的架構，同時也確立了兒子的接班地位。

在將生意交給段之貝之前，打笠治作出了兩項特別安排，或多或少反映他對生意的未來發展有疑慮。那時的段之貝已年近 50，跟隨父親工作超過 20 年，理應有足夠經驗或威望接管公司，不過，未知是打笠治覺得兒子能力有限，不放心將整盤生意交託；還是段之貝體弱多病，他擔心生意類別太繁，兒子沒有足夠精力應付；又或是見兒子老大不小仍沒有子嗣，怕生意將來後繼無人……現在當然已無法得悉他的考量，但肯定的是，他的安排基本上都是為了

確保企業之後有更好的發展，家族財富可以久存。

打笠治的第一個安排，是精簡生意投資。他當時的生意包括麵包及日用品供應、酒店管理、渡輪及物業投資等。其中，麵包及酒店是家族發跡的起點，經營多年，十分穩定；物業可作為不動產，無須花太多心思管理。但最後發展起來的渡輪生意，一方面只屬蠅頭小利，又有「行船跑馬三分險」的不穩定因素，而且競爭對手強大，可謂利小事煩。因此他將渡輪業務售予九龍倉，讓兒子可專注食品、酒店生意及地產投資之餘，也讓渡輪公司有個更好的「歸宿」。

其次是引入合夥人，打笠治從合作多年的夥伴中挑選了伊士梅・馬打（Ismail Pillay Madar），[17] 成為打笠治父子公司、打笠治公司及香港麵包公司的合夥人，擁有一定股份及管理權。事實上，打笠治各項生意均十分穩健，利潤豐厚，也沒有什麼大計劃需要融資，他在退休前引進新合夥人，顯然不是資金上的需要，反而較可能是想為兒子找一個忠誠又有能力的輔助者，在需要時提供建議或諫言。

細心一點看，打笠治晚年的安排，無論是公司名字變更、出售生意，或是股權重新組合，引入合夥人，無非都

1920 年代英皇愛德華酒店

是為了讓兒子接任後更好管理，令生意延續。然而，哪怕打笠治已為兒子鋪平了不少道路，但智者千慮也沒法掌控未來，當打笠治去世後，局面很快便發生變化。

從資料看，打笠治出售渡海小輪業務後，應尚留在香港一段時間，直到約 1903 年才返回孟買，並在 1904 於孟買格蘭特道（Grant Road）的家族大宅「吉哇地」（Khetwaddy）去世，享年 80 歲（*Hong Kong Telegraph*, 8 July 1904; *South China Morning Post*, 9 July 1904）。他在遺囑中，委託了遮打、麼地、伊士梅‧馬打、戴拉提（Pestonjee Framjee Talati）及獨子為遺囑執行人，名下財產和生意主要交給獨子段之貝，亦有部份遺贈寡妻白毛蒂白（Bai Motibai）及親屬，包括侄兒佩羅士梭（Pherozeshaw Bhicajee Mithaiwala）、侄女白雪蓮白（Bai Shirimbai）及媳婦白姑白（Bai Goolbai），遺產安排上與很多巨富沒有什麼大分別。唯一值得注意的，是他在遺囑的最後部份，再三囑咐兒子要盡最大努力，經營好他一生建立下來極為珍惜的事業和關係，尤其提及與英國海軍的合約、麵包生意以及酒店等投資（Probate Jurisdiction－Will Files No. 137/04, 1904）。

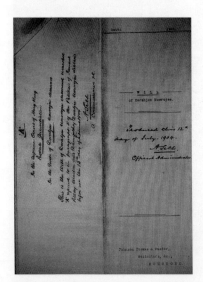

打笠治的遺囑

打笠治去世後，香港巴斯人社群為他舉辦宗教追悼儀式（Uthamna），由麼地主持。儀式上，麼地高度稱讚打笠治，指他具有善良的心，胸襟闊大，一生勤奮，致富後樂善好施，不論各階層與族群均大力扶助，又指他與人為善，沒有敵人，令人敬仰。最後，麼地提議創立「打笠治基金」

（Dorabjee Nowrojee Fund），用於支持善慈事業，他本人更率先捐款，以示支持（*South China Morning Post,* 11 July 1904）。

至於打笠治心存掛念的生意，原來設計的精簡投資與輔弼安排，似乎沒有發揮作用。在他去世大約五年後的 1909 年 6 月，本地報紙出現一則告示，指伊士梅・馬打退出英皇愛德華酒店和香港麵包公司，不再是公司合夥人，代表這兩家公司從此由段之貝獨自經營（*South China Morning Post,* 16 June 1909），令不少人大感意外。打笠治當初精心挑選伊士梅・馬打作輔弼，相信是因為他與馬打家族的成員早於 1867 年已一起工作，[18] 雙方合作超過 40 年，人品及能力有保證。但想不到段之貝與伊士梅・馬打合作不過五年，便沒法繼續，要各走各路。無論拆夥是基於什麼原因，均大大破壞了打笠治的佈局，也預示他的如意算盤恐怕會如竹籃打水，落得一場空的結局。

段之貝與伊士梅・馬打分道揚鑣後兩年，出現了更令人意外的變故，在 1911 年 8 月 23 日，突然傳出段之貝在港島羅便臣道大宅去世的消息，享年 63 歲（*South China Morning Post,* 24 August 1911）。親友按其意願，將他安葬於香港快活谷的巴斯墳場內。由於段之貝無子嗣，自他去世後，家業無以為繼，全數脫手套現，按遺囑安排分配出去，打笠治一生辛勤建立的事業，瞬即付之東流，兩代而止。

家族企業的傳承接班問題，長期以來困擾不少創業家長，打笠治相信亦是其中一人。白手興家，由無到有，再由小到大，打笠治無疑創立起驕人事業，積累了巨大財富，但他明顯沒太大信心家業可以長久傳承，一方面是他了解兒子的能力，更重要的是兒子沒有血脈，令家業無法延續。而他晚年為兒子接班做的準備，無論是出售渡海小輪業務、引入合夥人等，顯然都沒有發揮預設的功能，家族的故事最後湮沒於香港的歷史長河中。

結交本地女子與變賣家產的結局

由於香港深受西方影響，在那個年代，不少背景西化且名下擁有豐厚資產——尤其是物業——者，多會以遺囑方法，安排財產如何分配、傳承和遺贈。其中無論是打笠治、段之貝，或一些和他們有交往的人物亦是如此，彼此間更有向對方遺贈，或是成為執行人或見證人的情況，揭示他們既有共同的語言與想法，人際交往亦有不少重疊，加深我們對巴斯這個信仰瑣羅亞斯德教、強調族內婚的民族的認識。

這裡先看一份在 1900 年由一位華人女子所訂立的遺囑。該遺囑刊登於筆者與受業師黃紹倫教授於 2010 年出版的《婦女遺囑藏著的秘密：人生、家庭與社會》一書中，提及一位名叫「高吔」的華人婦女，竟然找來了一位「唉咔馬吖」作遺囑執行人，見證人則有「Dorabjee」及「H.N. Cooper」，這情況對一個華人婦女而言顯然極不常見。[19]

遺囑中的那位「唉咔馬吖」，應該是前文提及的伊士梅・馬打；兩位見證人中的 Dorabjee，可以是打笠治父子其中一人，但由於遺囑訂立於 1901 年，那時打笠治仍在香港，故相信是打笠治本人，因只有他才會自稱打笠治，兒子一般自稱段之貝；至於 H.N. Cooper，他是「谷柏洋行」（Cooper & Co）的東主，亦是一名巴斯人。從遺囑的執行人及見證人都是巴斯人看來，高吔的生活應與巴斯人有極多接觸，關係耐人尋味。她名下財產包括不少物業及珠寶、玉器之類較為珍貴的首飾，更畜有婢女，服侍她起居飲食（鄭宏泰、黃紹倫，2010：45-46）。

高吔的遺囑，其實反映了早年香港社會一個特殊現象：涉外婚婦，即由外籍人士保護或包養的華人婦女。當時到華經商的外籍商人，大多是壯年男性，他們隻身東來，停留的時間又數以年計，故無可避免會出現跨種族婚戀，部份人更因此誕下混血子女，例如何東、何福和何啟佳等，形成特殊的歐亞混血

兒群體（Smith, 1995; 鄭宏泰、黃紹倫，2007；另可參考羅旭龢家族一章的討論）。儘管未能確定高咃的身份，但若她只是一位三步不出閨門的華人婦女，根本不可能結識巴斯人，甚至把財產交予他們代為處理，反映彼此之間關係匪淺。

而段之貝的遺囑，便清楚顯示涉外婚婦的存在，帶出不少值得參考的資料。在 1909 年去世前，段之貝立下遺囑，就後事作好安排。他委託遮打、麼地、格茨（Robert J. Gedge）及梅塔（Behram K. Mehta）為遺囑的執行人，前兩者名聲響亮，後兩者不見經傳，應是巴斯好友。他把大部份遺產留給妻子白姑白，並指她居於孟買，即沒有在香港一起生活；小部份則分贈親屬及服務多年的僱員、僕人等，顯示他念舊重情的一面。他在遺囑中還交待遺產執行人要盡快以適合價錢出售其資產，並把所得金錢按指示交給受益人（Probate Jurisdiction－Will File No. 167/11, 1911）。遺囑中沒有提及任何子女，進一步

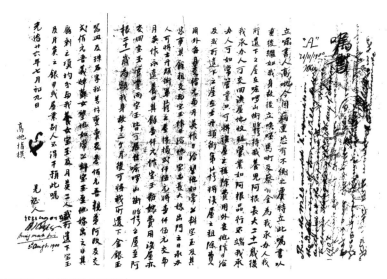

高咃的遺囑，由打笠治作見證人。

肯定段之貝沒有血脈，無後而終。

特別惹人注意的，是段之貝將 2.5 萬元贈予一位「陳亞寶小姐」（Miss Chan A Po 譯音），並指示執行人在九龍酒店的租金中每月撥出 250 元，作為她的生活費。這位「陳亞寶小姐」獲贈的財產遠高於服務段之貝多年的員工，而且每月還額外可得「生活費」，反映段之貝對她特別照顧，甚至打算在死後繼續供養對方，故她十分可能是段之貝在港的情婦，這與施其樂及筆者過去研究中的異族婚戀，或是「涉外婚婦」情況相當吻合（Smith, 1995; 鄭宏泰、黃紹倫，2007）。

對於早期巴斯人在香港或其他「通商口岸」（treaty ports）營商生活期間，與華人女子私下交往，甚至誕下混血子女的問題，當時的報紙曾有辛辣批評，以下一篇刊發於香港英文報紙的文章，便是其中的例子。

巴斯人在中國並沒攜同妻子——一種並不光彩的做法，當沒有巴斯婦女時，一項嚴重問題便容易在中國衍生，所以巴斯人常會被連結到與不正經婦女或娼妓在一起的問題。（*Hong Kong Daily Press,* 7 February 1865）

文章最後更呼籲，有名望的巴斯商人應攜眷到華生活，背後的潛台詞，似乎是指巴斯人故意不把妻子接來，才會與不正經的女子扯上關係，滋生嚴重問題。

事實上，當時不少巴斯人的生意已做得很大，有足夠能力在港供養妻兒，但他們仍選擇獨自在華生活，難免予人故意不想妻子在身邊的感覺。再加上前文提及，巴斯人信奉的瑣羅亞斯德教強調純潔，對婚姻忠誠，英國人亦對他們沒有宿娼或收養情婦等惡習大加讚賞（Valentia, 1809 Vol 2）。但部份巴斯人來

華後卻打破宗教禁忌及傳統，包養華人婦女，甚至誕下混血子女，「污染」種族血統，自然招來族內外人士的側目及批評。

從宗教教義及婚姻忠誠等角度看，這些包養涉外婚婦的人自然難辭其咎，但若從另一角度考慮，他們亦有不少為難之處。報章雖呼籲他們攜同妻子來華，但說時容易做時難，巴斯人的家鄉始終遠在孟買等地，或許當地有年邁父母或幼小子女不適宜來華，需要妻子留下照顧；加上兩地之間路途遙遠，體力較弱的女姓在旅程中或會吃上不少苦頭，甚至遇上危險；更不用說無論在香港或中國內地，外籍人口始終是少數，巴斯社群人數更少，巴斯婦女根本沒有合適的生活圈子，來華後日子恐怕更難過。

以打笠治父子為例，打笠治28歲便孤身一人到港打拚事業，正值青壯，卻長年與妻兒分開，必然有很多思念妻兒的無眠日子；至於段之貝在18歲來港，已達適婚之齡，但未知當時是否已婚，又或是稍後回到孟買再成家立室。他們與不少在華的巴斯人一樣，與妻兒分居異地，在生意或生活上遇到困難亦無人可以傾訴，必然感到孤單。加上情感與慾望難以滿足，當他們遇到具吸引力的華人女性時，難免會忍不住產生感情，甚至與對方一起生活，如同夫妻一樣。高咄與段之貝在遺囑中提及的不同受益人與財產遺贈等，均反映了當中的情感糾纏，折射出異地婚姻難以維持的困境，以及涉外婚婦及混血族群的問題。

居港巴斯族群較英美等西方人更多了一些為難之處：他們本身人口已不多，卻十分抗拒與異族通婚，故一旦離開聚居地，可以通婚的對象就變得極為有限，必然會碰到一連串關於事業與家庭的兩難選擇：若要到外地打拚事業，就難以成家立室；若想成家立室，又不能異族婚戀，便只能回到孟買或巴斯族群的聚居地；若成家後想與妻子一起，或多生子女，便只能放棄在外地辛苦打拚下來的事業；若不願放棄事業，便只能將少妻幼兒留下，一家人長久分開。

無論作出什麼選擇，個人情感、家人關係、血脈延續、建立事業，總有一項會被迫犧牲。

從某層面上說，巴斯人與謀生地的婦女發生包養關係，應是他們選擇事業之後為了滿足生理與心理需要的「折衷」做法——雖然這不為社會及道德所接受。而打笠治與段之貝基本上仍堅持族內婚，沒把「涉外」感情公開，不影響妻子正室的地位（如大部份遺產都是留給妻子），亦沒誕下混血後代，因此他們的行為，相對而言只算是個人私德有虧，對社會或族群沒帶來什麼公開問題或衝擊。

打笠治與段之貝離世後，因為沒有子嗣，生意無以為繼而迅速消亡的結局，反映家族企業的一些特質：事業建立與財富積累是一步一腳印，十分艱難，但滑落消亡卻可能只在一瞬之間。段之貝在遺囑中，要求執行人將其名下遺產盡快以合理價錢出售，轉為現金交給受益人，執行人在完成其喪禮並辦理好手續後，開始了連串公開拍賣物業地皮的舉動，並於 1911 年 10 月及 1912 年 1 月在本地報紙上刊登公告，招標出售段之貝名下多項物業地皮（*South China Morning Post*, 16 October 1911 and 10 January 1912）。

港島方面，出售的主要是德輔道中 8 號英皇愛德華酒店及相關物業，包括「皇家大廈」（Royal Building，相信是現時歷山大廈所在位置）及「太子大廈」（Prince's Building，日後重建仍稱太子大廈）的地庫、地舖及部份樓層的房間，以及酒店的床、桌、椅、廚房等設備及生財工具。至於九龍方面，被拍賣的除了九龍酒店的物業及相關設備、生財工具外，還有如下多幅地皮及地皮上的物業：

1. 佔地 88,824.5 平方呎的「九龍內地段 410 號餘下部份地段」；
2. 佔地 756 平方呎的「九龍內地段 410 號 A 分段之 1 次分段」；

3. 佔地 5,253 平方呎的「九龍內地段 1215 號」；

4. 佔地 182.9 平方呎的「九龍內地段 450 號 A 分段之 1 次分段」。(*South China Morning Post,* 10 January 1912)

　　除了兩間酒店及相關地皮外，擁有駐港英軍物資供應專營權的香港麵包公司，相信日後亦轉手他人，具體在何時則不詳。1916 年的商業名錄顯示，香港麵包公司仍然存在，但負責人換成「拉文」(A.K. Rahman)，門市亦改在威靈頓街，並留有電話號碼 1179 號 (*Chronicle and Directory for China,* 1916: 1062)。

　　打笠治用超過 60 年建立的商業王國、窮一生精力積蓄下來的財產，在他去世後不過七年光景，便因家族生意無血脈繼承，被迫脫手出售，悉數轉為現金轉交受益人而四散，令人不勝唏噓。20 眾多事業中，反而是規模最小，一早已轉手賣出的渡海小輪生意，卻令打笠治的名字以「奠基人」的身份留傳了下來。每當香港社會懷緬昔日「美好時光」，或是大小學生研究香港歷史或交通變遷時，便會重溫起這位巴斯人在香港的點點滴滴。

結語

　　與那些憑經營鴉片發跡的巴斯商人不同，遠道而來謀求發展的打笠治，並沒投身鴉片生意，而是走上

段之貝去世後的遺產拍賣廣告

一般人創業的必經之路，先由「打工」開始，積累到一定經驗、行業知識與人脈網絡後，抓準機會自立門戶。他由小規模的麵包店開始，再到投資酒店、渡海小輪與地產，在他細心經營下，各項生意均取得成功，愈做愈大，財富滾存日多，身份亦由「麵包師傅」逐步提升為酒店大亨、地產大戶，成為當時最成功的商人之一。可惜，這份家族基業卻未能傳承久遠，而是在獨子去世後，因沒有留下血脈，只能兩代而止，是人們常說的「富不過三代」。

打笠治與段之貝兩父子大半生在香港打拚事業，打笠治最後返回孟買終老；段之貝則在香港去世，長眠香港巴斯墳場。兩父子最後的歸宿不同，但他們創業、守業及在香港生活的獨特經歷，既折射了香港早期社會的發展，同時亦揭示了巴斯人堅守族內婚傳統帶來的問題。雖然兩父子均迎娶巴斯人的妻子，但因長期與妻子分離，影響他們生兒育女的機率，甚至牽扯到「涉外婚婦」問題。打笠治一生只有一子，段之貝更沒孩子，成為家族企業無以為繼的主要障礙。打笠治父子的情況，在某程度上反映了巴斯族群因強調族內婚而必然面對的困難。他們作為少數民族，人口多年來無法增長，極不利其存續，一旦遇上瘟疫、戰爭等巨大天災人禍，整個族群可能會消失於瞬間。

註釋

1　本文的部份內容，曾於 2020 年 12 月份香港歷史博物館的公開講座上發表，並草擬成〈摘下「天星」組小輪：打笠治發跡故事〉一文，收錄於鄭宏泰、周文港（編）《彌敦道上：金光舊夢換新顏》（頁 219-250）一書中。

2　Johnson（1998: 15）亦指，打笠治是「藏身船倉暗角偷渡」（stowaway）而來，藉此説明打笠治出身貧苦家族，但這説法可能由於參與相同資料來源之故。

3　打笠治應於 1852 年首次踏足香港，相信在多番思考後才決定改變工作環境，轉投都爹利洋行懷抱，即那應是 1852 年之後的事。

4　據説都爹利洋行曾爭取保險賠償，更為此打官司，但不成功（England, 2012: 130），可説是「賠了夫人又折兵」，蒙受雙重損失。

5　那時有報導稱都爹利去世了（*South China Morning Post*, 9 July 1904），相信是一場誤會。

6　本文因此把「Nowrojee」一字譯為「那路之」，以示尊重那時的音譯。

7　這名 D. Dorabjee，可能是打笠治兒子段之貝，因為按傳統寫法，段之貝姓名為 Dhunjibhoy Dorabjee。

8　香港大酒店當時的董事局主席為庇理羅士，董事包括賴理（P. Ryrie）及賀飄士（H. Hoppius）等，均屬有實力的著名商人。

9　有關彭炎及興記的故事，有日本學者指梁興記（Pedro Leung Hing Kee）曾於 1870 及 1880 年代經營香港大酒店及維多利亞酒店（Kaori, 2018: 49-50 and 86-87），惟這資料應不正確。在當時的港澳，以「興記」為名的公司為數不少，梁興記應是其中之一。此家族發跡澳門，曾任買辦，主要經營「興記酒店」，亦涉獵其他生意，投資遍佈香港、上海等。由於興記和梁興記同樣經營酒店及任買辦之故，很可能出現張冠李戴情況。但其實，這個梁興記並非彭炎的「興記」，因為彭炎於 1883 年已去世。另一點可作補充的是，由於梁家的「興記」公司做出成績，有一定知名度，又因擔任買辦而較為西化，家族後人以「梁興記」作姓氏，子孫的姓名改作 Anthony Leung Hing Kee、Augustus Leung Hing Kee 及 Mary Leung Hing Kee 等（*Hong Kong Telegraph*, 19 April 1911; *South China Morning Post*, 2 November 1916 and 9 January 1924）。情況就如買辦何東的家族，部份子孫的英文姓氏改為何東，如何鴻卿和何鴻章（英文寫法是：Joseph Hotung 或 Eric Hotung），部份仍維持姓何，如何鴻毅（英文寫法是：Robbie H.N. Ho）。

10　彭炎生前留下了一份以英文草擬的遺囑，可惜破損嚴重，無法看清內文，只能看到最後一頁有他的中文簽名「彭炎」二字，以及一位見證人「彭勉高」，同樣以中文簽名，並在旁註有「大酒店」三字，相信是指他任職於香港大酒店（Probate Jurisdiction－Will Files No. 34/83, 1883）。

11　彭芳甫又名彭思棣，字萼生，曾於 1890 年擔任東華三院總理（東華三院，沒年份），在華人社會具有一定地位。

12　即現在尖沙咀九龍公園旁邊樂道一帶。

13　此船採用粵音命名，所以英文為「Cum Sing」，Johnson（1998: 21）在文章中補充，「意指金星」（means Golden Star），與日後天星小輪公司的「金星號」（Golden Star）不同。

14　在遮打的帶領下，九龍倉於 1886 年進行重組，主要收購了渣甸洋行位於港島西角（即西環區）的貨倉及碼頭業務，令其本來只集中於九龍的業務伸延到港島。

15　當時航班從九龍率先開出的主要原因，相信是九龍仍有農業，民眾會將蔬菜及家禽等運到港島市場出售。

16　此船到 1898 年退役，改由另一艘新船頂替，仍保留「晨星號」的名字。新船沿用舊名的傳統代代承襲，經歷過世界大戰、大罷工、大暴動、海底隧道落成及地下鐵路通車等變遷，到了今天，「晨星號」仍如打笠治當年經營渡海小輪生意時般，游走於維港兩岸，

17　這位伊士梅‧馬打，應是前文提及最早與打笠治一起打天下的 Mahamud Madar 之子弟。

18　在 1867 年《香港商業名錄》的「商號」欄中，打笠治的公司便出現馬打家族的成員 Mahamud Madar。

19　此遺囑訂立於光緒二十六年（1900 年）七月初九日，呈交法院核實的日期為 1900 年 11 月 21 日，負責翻譯的人員為 Wong Kwok U。立遺囑人應該目不識丁，只在遺囑中印上指模，執行人和見證人均以英文簽署。

20　英皇愛德華酒店易手後，於 1929 年曾遭遇火災，造成人命及財產巨大損失，業權因此數度易手（Gwulo: Old Hong Kong, no year）。

第四章

麼地家族
由盛極一時到迅速滑落

在香港，如果提及「麼地」（Hormusjee Naorojee Mody，本書簡稱麼地），[1] 一般人或許未必太認識，只會想到尖沙咀的麼地道；香港大學的師生，或會知道香港大學的創立及本部大樓的興建均與麼地有一些關係；但對香港歷史和社會有深入了解的人，必定知道麼地其人其事絕不簡單，他的發跡可以說與香港的發展史緊密相連。這位巴斯富商在香港開埠不久後東來，成為這個小島東西貿易的橋樑，並把握商業機會，從事經紀及金融生意；在英國獲取九龍半島後不久，即大力推動尖沙咀的發展，把香港視作建立事業的重大舞台，結果憑著突出的才幹左右逢源，賺得盆滿缽滿，富甲一方，為個人及家族奠下基業，寫下了濃彩重墨的一筆。

問題是，身為巴斯人的麼地，如何在香港拚出成績？所憑藉的又是什麼？他幹出成績後，又怎樣不斷壯大，令個人及家族財富持續增加？他大做慈善，尤其是捐巨資創建香港大學一事，到底是純為好心抑或另有他圖？更令人不解的是，他並非膝下猶虛，而是育有四子一女，為何去世後生意投資卻未能發揚光大、代代相傳，而是無以為繼，迅速滑落？本文以他為案例，梳理當中問題，尋找答案，並作出一些系統探討。

家族背景與出身

要訴說麼地的人生故事，當然要從他的出身及家族背景談起。令人訝異的是，儘管他晚年時已富甲一方，名望及社會地位極高，但有關他早年生活的資料卻極為缺乏，他本人及後人對家族背景均諱莫如深，[2] 甚少向人提及，亦不太留下檔案記錄，與一般人發跡後都樂意談及出身，以光宗耀祖或強調自己乃白手興家的做法迥異。更令研究增添難度的是，現存僅有記述大都互有出入，或說法含糊，令人對麼地真正的經歷難有全面了解。

根據麼地去世時一份報章的報導，他的父親名叫紐羅治·麼地（Nowrobjee Mody），是一名校長（schoolmaster），母親名叫吉斯旺白（Jesvanbai），外祖父是范蘭治·百事（Framjee Buxey）；又指麼地生於 1837 年，至去世時已在香港生活了 53 年（*Hong Kong Telegraph*, 17 June 1911）。不過以上資料似乎有部份未必真確，至少其出生年份便與麼地墓碑上記錄的日子不同，反映就算是同時代的人，也對他的早年經歷了解不多，不夠全面。

較確定的資料，是他於 1838 年 10 月 12 日在孟買出生。由於他的長子默弘治·麼地（Merwanjee Mody，簡稱默弘治）生於 1858 年孟買，憑此推斷，麼地應早於 1858 年結婚，據記錄其妻子名為文內白（Maneckbai）。若他在 1858 年之前已結婚，即其時還不足 20 歲，很可能在中學畢業後已開始工作。他日後曾指自己「並非學者」（not a scholar），相信是指自己沒機會進入大學求學，並引以為憾（Chater, no year）。

一個未經確認的說法，指麼地完成中學教育後，在孟買開設了一間印刷公司，出版報紙（Sweeting, 2012: 322），但這裡說的報紙或印刷公司，不應視作今天社會那種規模，因為正規的印刷業或報業，均牽涉相當的技術和經營能力，一個年輕又沒工作經驗中學畢業生難以辦到，所以應只屬原始或非正規的類別。此外，假設他在 17 至 18 歲之間完成中學教育，即是 1855 至 1856 年

間，而他在 1858 或 1860 年來到香港，要他在二至四年間由籌備印刷公司到出版報紙，時間上亦不太可能。

因此，這個說法可能只是誇張的過譽，或是扭曲後的記述，但既有此說，可能代表他在畢業後做過一些相關的生意，加上他能在 18 至 19 歲結婚，妻子來自有一定家底的家族（詳見下文討論），反映他的原生家庭有一定社經地位。這情況符合巴斯人較為富裕的歷史現實，亦與其父親任職學校校長，乃巴斯族群中產階級的說法接近。

若麼地在 1858 年之前已經娶妻育兒，代表他應已脫離父母的庇護，需要自食其力，承擔養家的重責。這位有野心、具才華的青年人，可能在此時已起了往外闖、尋找更好發展機會的想法。而最終令他真正成行的觸發點，據說與其舅父（maternal uncle）吉漢之治·百事（Jehangirjee Buxey，簡稱為百事）有關。[3]

長久以來，有關麼地來港發展事業的起因，坊間存在兩個較多人提及的版本：一說他是獲百事邀請而來，另一說是他主動到來謀求發展。按第一個版本的說法，麼地是受百事邀請，在 1860 年來到香港的。據說，當時百事在港經商多年，創立了一間經營拍賣生意的「百事拍賣行」（Buxey & Co），到了 1850 年代末，百事年事已高，打算退休返回孟買，但他的子女卻沒興趣繼承生意，所以向麼地招手。麼地來港後，曾短暫在「慳度士丹中國日本滙理銀行」（Bank of Hindustan, China and Japan，又稱「利生銀行」和「溢本銀行」，本文統稱「溢本銀行」）[4] 工作，之後再接手百事的生意（Parekh, no year; Chater, no year）。

第二個說法則指，麼地早於 1858 年（可能在兒子出生不久）已主動由孟買東來香港。[5] 他選擇到香港謀求發展，相信是因舅父在此地有生意，能為他提供一定支援或擔保。來港後，他在「溢本銀行」工作，成為他人生事業的起

點，這一段工作經驗對他日後的生意發展大有幫助。至 1860 年，舅父決定退休離港，在舅父的交託下，他接管了拍賣行的生意（Parekh, no year; Lim, 2011: 354-355）。

除了來港動機及時間有差異外，兩個版本均一致提到，麼地來港後先到溢本銀行工作，再接掌舅父的拍賣行生意，後者更強調銀行工作是麼地事業發展的重要基石。不過，若細心考證現有的歷史資料，便會發現兩個版本都不可能是事實。首先，它們提及的溢本銀行，是由一班歐洲商人組成，總部設於倫敦市內銀行雲集的勞夫布里街（Lothbury），於 1862 年啟業，重點業務是為鴉片商人提供借貸、匯款等服務，至 1864 年才在香港及上海等地設立分行，因此，無論麼地來港的時間是 1858 還是 1860 年，當時都不可能在溢本銀行工作。

另一方面，關於其舅父百事在港經營拍賣行的說法，亦與現存資料不符。證據之一，是翻查當年有關洋人在華經商和生活的資料，會發現 1850 至 1860 年代的記錄中，沒有「百事拍賣行」的名字，只有「都爹利厘」（Duddell & Co）、「架律士」（Glatz Lammert & Co）及「羅弼」（Robert & Son Co）等多家拍賣行（*China Directory*, various years; *Hongkong Almanack and Directory*, various years），[6] 可見那時拍賣行的生意競爭相當激烈。若說「百事拍賣行」因規模太小而未被列入通訊名錄中，那代表它根本沒有接手的價值或需要，更不可能吸引麼地千里迢迢到來。

證據之二，是百事（Buxey）的名字曾出現在 1845 年的《英華年曆》（*Anglo-Chinese Calendar*）中，那時他登記的名字是 Jehangeer F. Buxey（日後的記錄有時為 J.F. Buxey，有時是 Jehangeerjee Framjee Buxey，有時則稱 Jehangir Buxey），並註明他是一名巴斯人。年曆的記錄指，他是沙遜洋行（David Sassoon & Co.，又稱舊沙遜洋行）駐廣州的助理，但 1845 年卻留在香港（*Anglo-*

Chinese Calendar, 1845: 20 and 27）。由此可見，百事確實早在 1840 年代中已到華打工，而且是在規模甚大的舊沙遜洋行。[7]

不久後，已不見百事之名出現在與舊沙遜洋行有關的記錄，在現存的多份「洋人在華名錄」中，他的名字亦多年沒有出現，可能代表他已辭去洋行的工作，甚至離開香港。到 1862 年，再次找到百事（J.F. Buxey）的登記資料，當時的身份是「卡馬治洋行」（R.H. Camajee & Co.）的合夥人（*China Directory*, 1862: 60），而這家洋行乃主要鴉片商之一。到了 1864 年，在另一份「洋人在華名錄」中，出現了兩位「百事」，其一相信是百事本人，居住在香港歌賦街（Gough Street），另一位名為 W · 百事（W. Buxey），身份是「製帆者」（Sailmaker），居住在上海（*Anglo-Chinese Calendar*, 1864: 142-143）。至於其他商業名錄，例如《中國日本及菲律賓等地編年名錄》（*Chronicle & Directory for China, Japan & the Philippines*）等，在不同年份中亦有相似記錄，直至 1874 年後，才沒再出現百事的名字，反映他那時才真正退休離港了。

當然，不能排除百事在 1845 年後辭去舊沙遜洋行的工作，成立自己的「百事拍賣行」，然後在 1860 年將公司交予麼地。不過，若他真的有意退休返回孟買，便不會在僅僅兩年後再與人合股開新公司，只需繼續經營自己的舊公司即可。總而言之，無論是麼地在 1858 或 1860 年加入溢本銀行工作，或他來港後接掌舅父拍賣行生意的說法，都沒有證據支持，亦不符合歷史。

然而，有分析根據以上兩個版本，推論出麼地在溢本銀行工作約兩年後自立門戶，經營鴉片生意。因為當時的商業名錄中，出現了一間「麼地公司」，且有經營鴉片（Coates, 1984）。不過，這推測亦與現實有出入，很大可能是誤以為「麼地公司」（D.N. Mody & Co 或 N. Mody & Co，有時簡稱 Mody & Co.，為免混亂，下文稱為「舊麼地公司」以作區分）是麼地開設的。事實上，這間「舊麼地公司」歷史悠久，早在 1832 年左右已在廣州設立據點，其時麼地根本

尚未出世。「舊麼地公司」經營進出口貿易生意，且如不少巴斯商人般染指鴉片走私業務，林則徐到廣州主持禁煙時，在被查禁並繳交鴉片的名單中，便有「舊麼地公司」（郭德焱，2001：118）。

「舊麼地公司」雖非由麼地創立，但二者之間是否毫無關係？以下會介紹「舊麼地公司」的一些資料，再據此分析可能性。首先，「舊麼地公司」應於 1832 年已在廣州開業，早期的名字為「打打貝‧紐塞弘治‧麼地公司」（Dadabhoy Nusserwanjee Mody & Co.，後來大多簡稱為 D.N. Mody & Co.），至香港開埠後，便與不少外資公司一樣轉至香港，後更以香港作為總部，繼續經營鴉片生意。正因如此，在早期的不同商業通訊錄中，均可找到與他們有關的記錄。舉例說，在 1845 年的《英華年曆》、《中國叢報》（*The Chinese Repository*）及 1846 年的《香港年鑑與名錄》（*The Hongkong Almanack and Directory*）中，便有該公司在華活動的資料，包括公司合夥人及職員的名字、擔任的崗位及公司所在地等。

在這些商業通訊錄中，可知當時公司的合夥人或高級職員包括：紐塞弘治‧寶文治‧麼地（Nusserwanjee Bomanjee Mody）、默卓治‧紐塞弘治‧麼地（Muncherjee Nusserwanjee Mody）、打打貝‧賀默士治（Dadabhoy Hormusjee）、律譚治‧打打貝‧卡馬治（Rustomjee Dadabhoy Camajee）、律譚治‧薄祖治（Rustomjee Burjorjee）以及薄祖治‧范文治（Burjorjee Framjee）等（*Anglo-Chinese Calendar*, 1845: 27; *Chinese Repository*, 1845: 430; *Hongkong Almanack and Directory*, 1846: 38）。一家洋行共有六名合夥人或高級職員，在那個年代算是一家中等規模的公司了。

名單中有兩人的姓氏是「麼地」，由於巴斯人習慣將父親的名字作為兒子的「中間名字」（Middle name），可推斷「默卓治‧紐塞弘治‧麼地」應是「紐塞弘治‧寶文治‧麼地」的兒子。另一方面，公司名稱包含「打打貝」的名字，

而合夥人或高級職員中又有兩個人以「打打貝」作姓或名，推測他們的關係同樣是父子。即「舊麼地公司」有兩對父子檔，應是由兩個或以上家族合夥的家族企業。[8]

到了 1862 年時，「打打貝・紐塞弘治・麼地公司」出現重大轉變，在「各方同意」（mutual consent）下拆夥，公司名稱亦除去「打打貝」（Dadabhoy），變成「紐塞弘治・麼地公司」（Nusserwanjee Mody & Co，簡稱為 N. Mody & Co.），中文名稱依舊是「舊麼地公司」。[9] 由此可見，打打貝家族的成員應是離開了，原來的麼地父子則留下來，並加入了兩名新的家族成員，分別是雅打沙・紐塞弘治・麼地（Ardaser Nusserwanjee Mody）和吉漢希・紐塞弘治・麼地（Jehangheer Nusserwanjee Mody），繼續經營鴉片生意。至 1867 年，「舊麼地公司」的登記合夥人與高級職員更增至八人，反映其生意保持良好發展。

在公司拆夥十多年後，由於父兄先後去世，雅打沙・紐塞弘治・麼地成為公司的領導人。[10] 在他後來訂立的遺囑中，可以看到較多資料。他表示自己在 1862 年成為「舊麼地公司」的合夥人，1872 年正式成為領軍人，並指公司由父親紐塞弘治・寶文治・麼地所創，當時在孟買、加爾各答和香港均設有分行，一定程度上反映了家族和公司在跨境貿易的網絡與佈局（Probate Jurisdiction—Will Files No. 40/14, 1914）。[11] 此公司之後延續了數代，至香港於 1941 年底淪陷前仍在經營。

回到「舊麼地公司」與本文主角麼地的關係上。從現存的資料，暫時找不到二者有任何直接關聯，當然亦不能排除麼地與「舊麼地公司」的成員有親戚關係。不過，從麼地來港後沒有投靠這間公司的記錄，很大程度上代表二者就算有關係亦絕不親密。日後麼地成立自己的公司時，以 H.N. Mody & Co. 為名，不少人都將它簡稱為「Mody & Co.」或「麼地公司」，容易與「舊麼地公司」混淆，弄出不少張冠李戴、錯把馮京當馬涼的錯誤，大大增加了研究麼地生平

的難度。

綜合而論，與麼地同姓的公司或人物（可能是家族成員或單純同姓），早於 1830 年代已在中華大地及香港營商，亦有牽涉鴉片，但他們均非本文聚焦的麼地。至於麼地在 1860 年投身溢本銀行，或接掌舅父的拍賣行生意等資料，亦沒有充足證據，反映麼地東來香港後的早年經歷，至今仍有極多空白之處，有待未來研究填補。

打工與創業的道路摸索

1909 年，港督盧吉（Frederick Lugard，任期 1907-1912 年）致函殖民地部時，曾提及麼地的一些資料，指他在香港生活已長達半個世紀（CO 129/2507363, 1909），按此推斷，他應約於 1858 至 1860 年東來香港。年輕的他初來甫到，人生路不熟，自然不會貿然立即開始投資，較可能的做法是先由

刊於 1905 年 *Twentieth Century Impression of Hong Kong* 上的麼地

打工開始，了解本地市場，看準機會再自立門戶，才是合理的人生與事業道路。有報章指他到港早期，曾在一家「印度公司」（Indian firm）工作，之後才自己開設公司，是一間「拍賣行與鴉片入口商」（auctioneer and opium importer）（*South China Morning Post*, 17 June 1911）。[12]

現在已找不到任何關於麼地早期工作的資料，但由於巴斯人開設的公司亦被分類為「印度公司」，他來港後很可能是先在同族的公司工作。

不過，在 1861 年，麼地的事業出現突破性的發展。從政府土地交易按揭檔案中，可以找到早在 1861 年 6 月，麼地已參與了土地買賣或按揭，而且在一年間多次為買地者按揭借貸，數額不小。

在政府土地登記「註冊摘要」（Memorial）的檔案顯示，一位名叫薛帝（Mossajee Dawoodjee Setty）的巴斯商人，以編號內地段（Inland Lot）255 號的地皮，向麼地作按揭，貸款 700 元，利息註明 2%，文件登記日期為 1861 年 6 月 25 日，見證者為小高和爾（H.C. Caldwell）（Memorial 2075）。[13] 同年，一位名叫林巴（Lambah）的旅館店主（boarding house keeper），[14] 把名下內地段 403 號的地皮作按揭，向麼地及蘇拉治（Framjee Sorabjee）借貸 2,000 元，利息同樣是 2%，見證人除了小高和爾，還有一名華人呂杜生（Lui Too Sang，譯音），文件登記日期為 1861 年 11 月 22 日（Memorial 2185）。[15] 接著的 12 月，一位名叫穆罕默德（Fakeera Mohamed）的商人，將其內地段 385 號 A 部份（Section A）的地皮向麼地和蘇拉治按揭 1,200 元，利息 2%，見證人同樣是小高和爾和呂杜生，文件登記日期為 1861 年 12 月 7 日（Memorial 2194）。[16]

由此可見，單在一年內，麼地單獨或聯同友人蘇拉治以按揭抵押的方式，一共借出了 3,900 元，在當時已經是一個相當大的銀碼。他來港才不過兩三年，為何有財力充當「放債佬」，又有門路可以做起按揭借貸的生意？若如上文所言，他的父親只是一位校長，屬中產階層，他理應沒有太多「家底」可作投資。難怪不斷有說法指他曾參與鴉片買賣，因為「舊麼地公司」乃重要鴉片商，當時又的確有不少巴斯人靠販賣鴉片快速致富，加上其舅父百事曾在舊沙遜洋行工作，後來是卡馬治洋行合夥人，兩家都是當時相當吃重的鴉片商行，麼地可能因此獲得相關的經營網絡及資訊，成為他投身鴉片生意的關鍵。

麼地的地皮按揭業務到 1862 年仍然持續，次數雖減少了，借出的金額卻大增。在 1862 年 4 月 5 日，一位名叫努柯．羅路治（Noor Mohamed Sallee

Merwanjee Nowrojee）的巴斯人，以內地段 348 號地皮作按揭，向麼地及蘇拉治借貸 6,000 元，利息 2%，承按者和見證者與之前屬同一「班子」（Memorial 2380）。該按揭貸款因於 1863 年 1 月 5 日清償，抵押獲解除。

　　1863 年，未見麼地再作按揭生意，原因可能是他不在香港。到了 1864 年，他再次大額放債，貸款人是一位名叫盧寧（Samuel B. Rawling）的建築師，在 1864 年 7 月 19 日將內地段 646 號 A 部份的地皮作按揭，向麼地借貸 7,200 元，沒注明利息（Memorial 3288）。值得注意的是，這時的承按人只有麼地一人，不見蘇拉治的身影了。在官方文件中，麼地的身份標示為「經紀」，[17] 即職業有了重大轉變。後來，由於盧寧只能償還一半款項，物業仍在麼地手中，他於 1867 年將之向滙豐銀行轉按，借貸 5,000 元（Memorial 4139），還清後，這地皮又再轉按至遮打。雖然不清楚麼地連番信貸的動機，但很可能是當時急需資金作調動。

　　這裡提及的遮打，後來成為麼地終生的生意夥伴，麼地以後的事業，大多與他有不可分割的關係，他們合作時互為表裡，一主外一主內，令彼此的事業及財力攀上顛峰。綜合各方資料顯示，遮打於 1846 年 9 月 8 日在加爾各答出生，較麼地年輕約八歲，乃亞美尼亞人（Armenia）。他的家族是當地名門，富甲一方，聲名顯赫。遮打童年喪父，在加爾各答完成中學學業後，於 1864 年 18 歲時來港，開展個人事業（Terchonian, 2005; Chater, no year）。與麼地一樣，遮打有一些親屬在港，主要是姐姐（名字不詳）和姐夫（Gregory Jordan，佐敦），[18] 揭示他來港時已有一些人脈關係網絡，且很可能是受親屬的牽引和啟發而來，對香港環境並非完全陌生，抵港之後亦有「盲公竹」可以依靠。

　　遮打的姐夫佐敦是一名英國執業醫生，遮打到港初期，一度寄居於姐姐和姐夫家中，而他踏足社會的第一份工作，便是在前文曾提及、剛在香港設立分行的溢本銀行擔任文員（Terchonian, 2005）。有推測指，麼地很可能因與溢本

銀行有業務往來而結識遮打，大家志趣相投，結下深厚感情，成為將來合作的基礎。

然而不出數年，溢本銀行便走上了倒閉之路。1866 年，美國結束內戰，再度投入棉花生產，令棉花供應大增，印度的棉花市場原本炒得火熱，這時棉花價格急跌，不少有份參與炒賣的企業或銀行大受打擊，出現流動性短缺、資金鏈斷裂的問題，溢本銀行亦捲入其中，並因負債過巨而倒閉，在銀行工作的遮打只好另謀高就。

在 1866 年，遮打的胞弟約瑟夫・遮打（Joseph Theophilus Chater）應該亦由加爾各答東來，[19] 可能是覺得香港充滿商機，哥哥亦已在此站穩腳跟。惟令人不解的是，約瑟夫・遮打到港後沒有與兄長合作，以「兄弟班」模式一同打拼，而是各有各做，哪怕他們的業務近乎重疊。就在這一年，麼地的舅父百事離開了香港，此點可能影響了麼地的事業道路摸索。

在這段時期，電報技術投入服務，令跨地域通訊變得簡單，加上中國將鴉片「合法化」，鴉片市場變得穩定，失去炒作空間，令部份洋行利潤減少，於是決定「見好就收」，退出鴉片市場（Parekh, no year），相信百事的生意亦在此時出現了不少變化，如在 1865 年的《英華年曆》中仍有他的名字，身份是「卡馬治洋行」的合夥人，但到 1867 年已不見蹤影；至 1869 年的洋人在華商業名錄中，又再找到他的名字，登記身份是商人，但所屬的公司已改為 Edujee Framjee, Sons & Co（中文名稱為「廣孚洋行」）。[20] 而這家「廣孚洋行」，早於 1845 年已出現在《英華年曆》（*Anglo-Chinese Calendar*, 1845: 113 and 120）中，屬早期巴斯鴉片商號之一。

百事的生意在 1860 年代中葉出現不少轉變，相信或多或少影響到麼地的事業發展。如在 1865 年，百事仍是「卡馬治洋行」的合夥人時，《英華年曆》中亦有麼地（Mody H.N.）的記錄，指他在「T. Janaran, merchant」的商行任文

員，[21] 該洋行的地址亦在歌賦街（*Anglo China Calendar,* 1865: 142 and 176）。那時的麼地，看來突然變回了「打工仔」，而且在一間名不經傳的公司工作。

1867 年，百事與麼地的名字都沒有出現在洋人在華名錄中，可能是因他們一度離開香港，返回孟買。而麼地在這年將內地段 646 號 A 部份地皮向滙豐銀行轉按套現，貸款 5,000 元（Memorial 4139），或是為了頂下百事一些生意與投資。另一方面，遮打的名字則開始出現在洋人在華商業名錄，身份是經紀，地址在雲咸街（*China Directory,* 1867: 13 and 43）。

在接下來一年的商號欄目中，有了兩間「麼地公司」，一間是過去長期出現、成員較多的「舊麼地公司」，地址依舊在皇后大道 40 號；另一間是新出現，看來只是單頭公司的「麼地公司」，地址在加咸街，主要經營「票據、股份及一般經紀與拍賣」生意（*Chronicle and Directory for China,* 1868: 89 and 151-152），公司部份業務與百事之前的生意重疊，有可能是購入百事的投資後，再以自己的名字開立寶號。

當麼地在 1868 年自己成立公司時，遮打亦在差不多同期開始搞生意，且業務與麼地甚為接近。在這年的商號欄目中，出現了遮打公司的名稱，英文為 Chater & Co.，但中文則翻譯成「姪打」，相信後來才轉為「遮打」，公司從事的業務則是「票據、貴金屬及股票經紀」，辦公地址在擺花街，居所在堅道（*Chronicle and Directory for China,* 1868: 66 and 145）。

順作補充的是麼地的妻子文內白，相信亦在那個時期——或最遲在 1860年代末——由孟買轉到香港，與麼地一起生活，並自 1870 年代起先後誕下二子紐羅治・賀默士治・麼地（Nowrojee Hormusjee Mody，簡稱紐羅治，1875年在香港出生）、三子謝漢吉・賀默士治・麼地（Jehangir Hormusjee Mody，簡稱謝漢吉，1876 年在香港出生）、[22] 四子丁梭治・賀默士治・麼地（Dinshawjee Hormusjee Mody，簡稱丁梭治，1882 年在香港出生），另有一女名為雪蓮白・

麼地（Sirinbai Mody，簡稱雪蓮白，出生年月及地點不詳）（Chater, no year）。至於相信已升讀初中的長子默弘治有否一同來港，則未見資料確定。

在 1860 年代中葉，香港的經濟及社會情況發生不少變化，包括鴉片合法化、溢本銀行倒閉、滙豐銀行創立，《公司法》頒布及有限公司制度確立等，為融資集資和股票買賣創造巨大空間（鄭宏泰、黃紹倫，2006）。在這段期間，麼地和遮打的身邊人亦有不少改變，家族中有人離開，有人到來，這些改變或為他們提供了人脈資本。他們各自成立了公司，亦相信是在此時開始商討合組之事。

「單打」與「雙打」的多方進攻

對麼地來說，令他事業與財富發生巨變的，除了自立門戶，全力開拓生意外，還有與遮打組成合夥公司——遮打麼地洋行（Chater Mody & Co.），在需要時或分頭出擊，或合力發展，一人安內一人對外，在公在私合作無間，發揮巨大協同效應，做到進可攻、退可守，把事業推向高峰，創造巨大財富。儘管麼地與遮打可能頗早已認識，但他們都是膽大心細、思想縝密的商人，從點頭之交至結成夥伴，組織合股公司，一同闖蕩商場，必然要經過更多相處、小規模的合作或交手，才能作出實質而有效的評估。

按照上文的資料看，年紀較長、較早踏足香港，且曾涉獵放貸業務的麼地，無疑已積累了一些財富和經驗，才能在 1868 年打正旗號成立麼地公司，並取得擴充投資的綢繆。至於年紀較輕的遮打，雖然來港時期較短，但在各方面表現更突出，因此吸引了麼地的目光，進而結交，並相信在經歷某些重大考驗後，決定組成合夥公司，開拓更大市場空間。

麼地和遮打在 1860 年代中葉開始，各自樹立招牌，兩人都從事經紀生意，甚至可能有過一些競爭：麼地是一般貿易經紀，即什麼與經紀相關的生意

1868 年刊於 *Chronicle and Directory for China* 上的麼地資料，顯示地址位於嘉咸街（Graham Street）

都做，同時亦有拍賣、公證等；遮打聚焦金銀與股票交易，當然不排除一般經紀所涉獵的貿易中介服務。從早期的商業名錄上看，自 1868 至 1876 年間，麼地的生意沒有太大轉變，營業地點一直在嘉咸街。

相對而言，遮打的經紀行看來發展得較好，因為在開業初期，公司地址一直報稱在擺花街，但到了 1873 年則搬到銀行大廈，顯示生意經營有不少突破，故有能力搬到城市更中央、租金更高昂的地方；公司的中文名稱則由「姪打」轉為「察打」，然後再為「遮打」，至於百事的名字，自 1874 年起再沒出現在各個商業名錄之中（*Chronicle and Directory of China*, various years; *China Directory*, various years; *Chronicle & Directory for China, Japan and the Philippines*, various years）。

有分析指，麼地和遮打的交往可能早於遮打在溢本銀行工作之時，但這個說法缺乏資料證明。不過，前文提及麼地以內地段 646 號 A 部份的地皮向滙豐銀行作抵押，當他在 1871 年 12 月清還貸款後，隨即以該地皮再作抵押，向遮打借款 5,750 元（Memorial 5301），此點不但顯示遮打財力已相當雄厚，可以「取代」滙豐銀行，向麼地借出大筆款項，更可推測二人交情不淺，遮打應提出了較好的轉按條件，否則麼地沒必要捨滙豐銀行而按向遮打。

那宗按揭後，麼地與遮打應有更多接觸或合作，故到了 1876 年，即麼地 38 歲、遮打 30 歲時，二人認為時機成熟，決定合夥開設遮打麼地公司（Chater

Mody & Co.），[23] 從名字的排序反映遮打股份較多，對公司決策有較大的影響力。情形就如渣甸洋行的創立，是兩位年齡有一定距離、且各有自己生意的新崛起商人，看到東印度公司結束對華貿易專利後鴉片市場的巨大機會，選擇攜手並肩，共同開拓，於是發揮了巨大協同效應，令生意不斷擴張。

事實上，在那個年代，除了單頭公司，合夥公司亦是相當流行的公司模式，反而有限公司則剛剛興起，尚未普遍。在單頭與合夥公司的交疊運用下，二人似乎找到更多商機。綜合資料顯示，遮打麼地公司規模不少，聘用了不少員工，單是華人高級職員，即買辦或買辦助理職位的，便有馮炳宏（Fung Ping Wan，譯音，下同）、何景威（Ho King Wai）、盧文瑞（Lo Man Shui）、吳少明（Ng Siu Ming）、鄧鏡寰（Tang Kiang Wan）、王晨頌（Wong Yu Chung）等人。

順作補充的是，遮打和麼地組織合夥公司翌年（1877年），遮打胞弟約瑟夫‧遮打亦開始了股票經紀的生意，那時他只有26歲，公司同樣設於銀行大廈。三年後的1880年，約瑟夫‧遮打和一位名叫華爾濃（J.Y.V. Vernon）的經紀合組「遮打華爾濃經紀行」（Chater & Vernon Co.），專注股票買賣（*Hong Kong Daily Press*, 2 June 1880）。約瑟夫‧遮打與胞兄的生意，雖有一些地方重疊，但看來主要各行其是，而且幹出了一番成績。

到底是什麼原因促使麼地和遮打合組夥伴公司，現時已無從稽考，但由於二人都是精明能幹、萬中無一的優秀商人，那時的合夥自然引人注視，相信他們應有重大發展目標。可惜，遮打麼地公司集中於股份或地產等經紀業務，屬投資服務行業，並不如貿易、航運、船塢或煉糖等會留下貨物進出口、開設工廠、鑄造輪船的記錄，經營痕跡不多，令當時社會或後人難以對這家公司有全面了解和認識。

儘管如此，仍有兩個關鍵線索，可讓我們粗略重塑其發展，那就是當時地產及股票市場的情況。兩個市場先後出現炒賣，後因過度炒作，觸發樓市與股

市泡沫爆破（鄭宏泰、黃紹倫，2006），導致市場秩序和規格重建，進一步發展。麼地和遮打在這兩個市場中獲得巨大利益，成為最大的贏家，奠定個人在市場上的地位，可以左右市場的發展方向，參與規則重建的過程，從而在社會上擁有更大的影響力。下文且讓我們看看二人如何在地產及股票市場中開風氣之先，甚至擇肥而噬，為自己帶來巨大財富。

在樓市與股市中大獲其利

先說地產市場變化。香港自開埠就有不少土地炒賣，進入第四個十年時，出現了一個相對長的持續攀升週期，不少市場參與者大獲厚利。據香港歷史愛好者魯言的粗略推算，自軒尼詩（John P. Hennessy）1877 年上任港督到 1881 年的短短四年內，港島的房屋租金升幅已近六成。按此推算，在上環永樂街的一棟樓宇，八年的租金總收入，已等同該物業的市值（魯言，1981）。此點揭示當時物業投資的回報率極高，升幅持續且十分巨大，吸引不少人斥巨資投入物業地產市場。麼地和遮打在 1876 年組成合夥公司，很可能亦是看到當時的發展勢頭，故開始大舉投資地產物業。

可惜，筆者未能從政府檔案中找到遮打麼地公司的土地交易資料，卻有一些個人交易紀錄，當中以遮打名義做買賣的遠多於麼地，反映遮打的實力應更勝麼地一籌。詳細地說，麼地早於 1861 年已涉足地產買賣與按揭，從政府檔案上看，遮打首宗土地交易最早只能追溯至 1872 年，較麼地晚了近十年。惟自此之後，遮打參與土地交易的次數明顯較麼地多，名字頻繁地出現在土地買賣和按揭上。這種情況可能代表遮打自立門戶後，生意獲利較豐，故有足夠資本投入地產市道；亦可能是他較麼地更看好後市，故將大量資金投入市場。無論何種原因，由於當時物業地產市十分熾烈，地價樓價不斷升高，令採取勇進策略的遮打大獲其利，更有傳他創業後大約十年，只有 30 歲時已成為百萬富

翁（Coates, 1984），在當時而言，這實在是真正的巨富了。

隨著遮打的財富不斷上升，他亦成為政府和社會炙手可熱的人物。從二人創立合夥公司那年開始，他已逐步為殖民地政府所用，參與不同政府及社會公職，到 1887 年更成為立法局議員，然後是九年後的 1896 年成為行政局議員，再過六年後的 1902 年獲大英皇室賜封爵位（Chater, no year; Terchonian, 2005）。[24] 反觀麼地沒有擔任什麼重要公職，只是自 1877 年起擔任法庭的「一般陪審員」，到 1888 至 1902 年改任「特別陪審員」（*Hong Kong Government Gazette*, various years），他獲得封爵的年份更遲至 1910 年，這是後話。

二人既然合組公司，且才能旗鼓相當，為何只有遮打能更得港英政府的信任與重用？這相信是因為遮打與麼地各有擅長，他們一開始便商議好彼此的崗位，由長袖善舞的遮打主外、細心內斂的麼地主內，兩人在台前幕後互相配合。由於麼地在後台默默耕耘，把精力集中於實務管理之上，甚至可能主動將亮相機會交給遮打，自然不如遮打那麼耀眼，獲委任眾多公職了。遮打成為公眾人物，進入政府核心後，則有助他們更早獲取情報，或運用政治與社會關係網絡，攫取不同商業機會。

如前文所述，在 1870 年代，房地產市場的熾熱吸引了大量投資者，遮打亦是當中活躍的一員。當時市場上還有一個特別的現象：賣方大多是歐資商人，買方則多為華資商人（林友蘭，1980），《德臣西報》更曾有這樣的記述：「很多投放在物業上的資本是來自華人的。但是，大家似乎認為本殖民地的高級官員們，很少會將資金花費在永久性的物業上」（*China Mail*, 23 May 1881）。也即是說，在這個一買一賣的過程中，土地迅速由外籍人士轉到華人之手，資金則由華人流向西人（鄭宏泰、黃紹倫，2006）。

到了 1881 年 10 月，本來熱火朝天的物業市場，卻因一個調查觸發大跌市。原來，當時香港衛生情況惡劣，影響外籍人士健康，殖民地部於是委託資

深的水利專家查維克（Osbert Chadwick）來港，調查本地樓宇建築與公共衛生的情況。此時，有消息傳出政府將會取締那些不利公共衛生的樓宇，觸發市場恐慌，大量拋售手上物業，地產價格應聲急跌（馮邦彥，2001；鄭宏泰、黃紹倫，2006），令不少在高價接手的炒賣者損失慘重，更影響整體經濟情況。

由於在這次泡沫爆破前，有大量地皮物業從洋人出售至華人，因此洋人能逃過一劫，華人投資者卻成了最主要的受害人。不少人乃懷疑洋人早收到風聲，知道查維克的衛生調查不利房屋市場，會影響樓宇建設和城市規劃，因此趁市場向好時售貨離場。華人因沒有這方面的資訊，仍一窩蜂大量買入，結果在市場逆轉時焦頭爛額，辛苦積累的財富被大幅蒸發（鄭宏泰、黃紹倫，2006）。

資料顯示，遮打亦是其中一位逃過大跌市的「幸運兒」。表 4-1 是他在 1881 年的地皮物業買賣、轉讓及按揭情況，可以清楚地看到，單是在 10 月泡沫爆破前，以遮打名義出售的地皮物業便有 17 個，有註明的牽涉資金高達 676,500 元；另一方面，買入地皮物業只有六個，牽涉資金只有 66,288 元；轉讓入和轉讓出的地皮物業各有六個及三個，牽涉的資金資料不足，難以說明；按揭方面全屬按揭出，即是別人拿物業地皮按揭給他借貸，共有六個，資金為 301,460 元。

這裡有一宗交易特別值得注意，那是洋人將物業售予華人的最佳例子，牽涉的金額亦特別巨大，那便是在 1881 年 5 月 3 日，遮打及弗特烈‧沙遜（Frederick D. Sassoon）將持有的海旁地段（Marine Lot）14 號，[25] 售予一名叫郭賢輝（Kwok Yin Fai，譯音）的華人，作價 275,000 元，該交易在付了首期 40,000 元後，郭氏向遮打二人作按揭，金額為 235,000 元。其他交易亦有這種情況，例如 9 月 30 日，遮打向華人黃祝霖（Wong Chuk Lum，譯音）出售海旁地皮 126 號，售價為 40,000 元，按揭借貸為 25,000 元，應是付了 15,000 元

首期。即是說，遮打不但趁地產市場熱火朝天時把地皮物業脫手，更在收到首期後為買家提供貸款，大做按揭生意，賺取利息，一箭雙鵰，其投資精明可見一斑。

表 4-1：1881 年以遮打名義交易、轉讓或按揭的物業或地皮（部份）

登記號	登記日期	交易種類	所在地段	條件	交易、轉讓或按揭方
9464	31/3	售出	IL 109 A 部分	沒註明	Hajee M. A. Hassem
9466	1/4	售出	ML 3 A 部分	沒註明	William R. Landstein
9095	16/4	售出	ML 266	$6,000	Nathaniel J. Ede
9559	3/5	售出	ML 14	$275,000	Kwok Yin Fai
9645	30/5	售出	IL 291A	$66,000	Lee Chun
9669	1/6	售出	IL 428&429, ML 116	$25,000	Henry W. Davis
9709	7/6	售出	ML 120	$15,000	William K Hughes
9739	14/6	售出	IL 430 & 431, ML 117	$25,000	Henry W. Davis
9770	21/6	售出	IL 745	$15,000	Matthew J.D. Stephen
9803	30/6	售出	ML 113 & 114	$45,000	Nathaniel J. Ede
9832	1/7	售出	IL 499, 501, 502 & 751	$26,000	Edmund Sharp
9833	1/7	售出	IL 517 & 526 部份	$8,000	Edmund Sharp
9910	16/7	售出	IL 498 & 500	$13,500	James A. Blogg
10167	31/8	售出	IL 57 A 部分 & IL 339	$65,000	Henry W. Davis
10409	10/10	售出	IL 724, 725, 726 & 727	$35,000	Nathaniel J. Ede
10413	30/9	售出	ML 126	$40,000	Wong Chuk Lum
10415	14/9	售出	IL 670	1$7,000	Kwok Yin Fai
9485	1/4	買入	IL 724, 725, 728	$6,000	Granville Sharp
9486	1/4	買入	ML 266	$5,000	Henry W. Davis
9714	9/6	買入	ML 196	$25,000	Dorabjee Nowrojee
9804	30/6	買入	IL 644	$12,600	Ho Kum Chun
9903	19/7	買入	ML 242	$14,688	Lee Tin Kow

10018	1/8	買入	IL 670	$3,000	Edmund Sharp
9487	7/4	轉讓出	IL 109	沒註明	Ng Sang
9531	26/4	轉讓出	IL 73	$2,500	Fung Ming Shan
9579	9/5	轉讓出	ML 3 A 部分	$6,860	Sorabjee Rustomjee
9558	3/5	轉讓入	ML 14	沒註明	Frederick D Sassoon
9637	10/5	轉讓入	ML 116, IL 429 & 428	沒註明	On Tai Insurance Co
9638	28/5	轉讓入	ML 117, IL 430 & 431	沒註明	On Tai Insurance Co
9730	11/6	轉讓入	IL 188	沒註明	Fernando Sainz
9802	30/6	轉讓入	ML 113 & 114	沒註明	Agneta E. Linstead
10092	24/8	轉讓入	IL 30, 57, 291A & 525	沒註明	Hong Kong & Shanghai Bank
9513	20/4	按揭出	ML 3 A 部分	$7,960	William R. Landstein
9560	4/5	按揭出	ML 14	$235,000	Kwok Yin Fai
9740	15/6	按揭出	IL 430 & 431, ML 116	$20,000	Henry W. Davis
9750	17/6	按揭出 @	IL 418 多個分段	$1,500	Tsang Man Hing
9771	21/6	按揭出	IL 745	$12,000	Matthew J.D. Stephen
10414	1/10	按揭出	ML 126	$25,000	Wong Chuk Lum

註：IL 指 Inland Lot（內地段）；ML 指 Marine Lot（海旁地段）；FL 指 Farm Lot
　　（農耕地段）；KIL 指 Kowloon Inland Lot（九龍內地段）；KGL 指 Kowloon
　　Garden Lot（九龍花園地段）。
① 此地皮與弗特烈‧沙遜共同持有。
② 此地皮與庇理羅士共同持有，惟此交易到 1881 年 9 月 27 日登記取消，沒有說明原
　　因（Memorial 10320）。
③ 此地皮與 Henry W. Davis 共同持有。
④ 此地皮與庇理羅士共同持有。
@ 此按揭註明年利息為 12%。
資料來源：Carl Smith Collection, no year.

　　由於牽涉的交易宗數十分多，相信不可能全是他的個人投資，推斷遮打麼
地公司應是主要的資金來源。情況就如弗特烈‧沙遜是代表舊沙遜洋行投資，
而庇理羅士（E.R. Belilios）則代表了庇理羅士洋行。換句話說，那時的買賣並

非個人，而是公司的投資與生意。至於地皮物業為何由個人名義登記，相信是因為遮打麼地公司當時尚未以獨立法人的有限公司模式登記，所以便以個人（合夥人）名義持有了。可以這樣說，由於看到了香港土地物業市場的巨大空間，又掌握了市場炒作的技巧，加上應該獲得了政府內部的重要資料，令遮打與麼地能在市場出現重大變化時乘機炒作，收穫豐盛。

自地產市場泡沫爆破後，市道低迷了一段不短時間。在這個交投淡靜期，卻找到一些麼地買賣物業地皮的資料，而且大多集中於九龍半島。這類交易早在地產市道十分熾熱時已開始，如在 1881 年 7 月，麼地以個人名義，從一位名叫黎蒙尼亞（Eugene Lemonier）的牧師手中，購入九龍尖沙咀的花園地段 13 號地皮（Memorial 9918）。[26] 同年 11 月，他再向一位據稱是蒸汽輪船東主（Meajan Baxso）的人士，買入九龍花園地段 25 號的地皮，購入價為 1,650 元。以上兩項交易，揭示麼地或他代表的公司，已開始吸納尖沙咀的地皮。那時香港的城市發展仍集中在港島中西環一帶，投資者甚至連灣仔及銅鑼灣的地皮亦不屑一顧，麼地的投資舉動無疑十分大膽，具前瞻性。

在 1883 年，麼地又有連串大動作，包括 1 月從史密夫（John Henry Smith）等人手中買入九龍花園地段 45 號地皮，作價 2,500 元（Memorial 12139）。3 月時，他承接了雅士嘉（Mohamed E. Asgar）等人一筆地皮按押借貸，借出 12,000 元（Memorial 12273）。到了 6 月，他聯同遮打及米耶·沙遜（Meyer E. Sassoon），以 11,666.79 元的價錢購入內地段 8 號 A 分部地皮（Memorial 12372）。翌年 6 月，他再以 19,000 元從史提芬（Matthew J.D. Stephen）手中購入海旁地段 240 及 241 號地皮（Memorial 13041）。[27]

若論金額高低，當以 1884 年購入的地皮價格最高；但若說引人注目，則肯定是 1883 年 6 月份那次交易，因為那筆投資不單是麼地與其合夥人遮打，還加入了新沙遜洋行的香港領軍人米耶·沙遜，他是伊里亞·沙遜（Elias

Sassoon）的長子，他們三人（或者說三家）經常走在一起，除合股投資炒賣地皮，還合夥創立企業，成為當時香港商場一股重要力量。

其後，香港經濟持續增長，地產市道慢慢恢復元氣。不過在地產市道走出低谷前，股票市場已先行一步火熱起來，遮打麼地公司又有了另一次大展拳腳的機會。由於股票買賣不像土地交易般有檔案資料可作印證，因此更難找到交易的痕跡，但從當時報紙的報導可見，麼地二人在股票交易中獲得巨利，遮打更對股票市場規範化扮演了重大角色。

先談談當時股票市場的情況。香港於 1865 年頒佈的公司條例，可說是股票市場的第一塊基石，令公司股份可以在市場上自由買賣。不過一開始根據這條例註冊的公司不多，買賣並不活躍。至物業地產市場泡沫爆破後，隨著經濟走向復甦，股票市場取而代之成為吸引投資者的新焦點，資金逐步流入，呈現持續興盛的態勢，麼地等人亦有了更多一顯身手與獲利的機會。

與物業地產市場的發展規律相似，股市興旺初期，只有小部份投資者參與。但隨著經濟不斷上揚、公司業績向好、派息增加等因素，成功吸引不少投資者加入，這種狀況自 1880 年代中已有了苗頭，只是早前地產泡沫爆破的衝擊陰影未消，不少人「傷口未癒」，所以仍有所避忌。不過，眼見獲利的人愈來愈多，報導提到的金額又愈來愈大時，持觀望態度者亦漸漸按捺不住，開始將資金投入股票市場。

踏入 1889 年，市場上不斷傳出有人在股票買賣中大獲其利的消息時，令投資者對股票市場的興趣更濃。其中一則在 1889 年 1 月的消息指，麼地從香港九龍貨倉碼頭公司（Hongkong & Kowloon Wharf & Godown Co.，簡稱九龍倉）的股東手中，[28] 購入舊鐵行船公司（P. & O. Co）持有的貨倉權益，作價 420,000 元，該貨倉權益在 18 個月前——即 1887 年中——易手時只值 300,000 元，即在短短一年半內，賣家已因出售這筆權益獲利 120,000 元（*Hong*

Kong Telegraph, 23 January 1889)。消息公開後，市場更為**轟動**，在企業派息可觀和投資者獲利豐厚等的刺激下，不論是銀行股、航運股、貨倉股、製糖股、採礦股以至地產股等，股價均或先或後持續上升（鄭宏泰、黃紹倫，2006）。

最能說明當時股市興旺的例子，莫如滙豐銀行的股價變化。在 1887 年時，該銀行股價錄得 317.5 元溢價，1888 年微升至 325.0 元，接著的 1889 及 1890 年則攀升至 369.4 元和 452.5 元。如此巨大的升幅，吸引不少投資者瘋狂增持，股票愈炒愈高。不過，就如當年的房地產市場一樣，過度炒作已令市場出現泡沫，再加上當時有不少中介經紀參與炒作，甚至有不誠實的操弄，結果股票市場在 1890 年底由高位掉頭向下急跌，就以龍頭企業的滙豐銀行為例，雖然其股份炒作成份較少，但股價亦大幅回落至 1891 年的 333.8 元，然後是 1893 年的歷史低位 250 元（鄭宏泰、黃紹倫，2006），不少投資者損失慘重。

麼地與遮打早在 1860 年代中葉已開始從事經紀生意，對股票市場的運作自然輕車熟路，相信他們在 1880 年代末的股票熱潮中進帳不少。期間，遮打的胞弟約瑟夫‧遮打於 1886 年突然去世，享年只有 35 歲（*Hong Kong Daily Press*, 23 December 1886），當時他應該未婚，亦沒有留下血脈，高達 214,000 元的遺產全數留給遮打，這在當時是一筆巨款（Probate Jurisdiction－Will Files No. 92/86, 1886）。遮打還接替了胞弟在遮打華爾濃經紀行的合夥人位置，獲得了更多資源及人脈，相信對股票市場的參與更積極。

雖然不清楚 1890 年代股災時麼地與遮打的參與情況，但從二人公司之後的發展看來，似乎沒有損失，相信他們看準時機，在股價高峰時已拋售套現，賺得不少資金，進行日後的投資。另一方面，這次股災暴露了股票市場及經紀不少問題，如有股東進行內部交易，操控股價；部份經紀濫收佣金，或不依協議買賣，損害客人利益，種種欠缺操守及誠信的問題引發連串訴訟，引起社會關注，亦令政府意識到有需要對股票市場進行規管。

針對股票市場中不符規範的造市操弄，當時身為非官守立法局議員的渣甸洋行大班 JJ・凱瑟克，提出規管股票交易的草案，獲得同樣乃非官守立法局議員的遮打和議，私人草案進入審議程序。由於條例通過後會打擊經紀行業，激起經紀們的強烈反對，身為經紀的麼地相信亦持反對意見。本來，遮打既是經紀，又接替了亡弟成為遮打華爾濃經紀行的合夥人之一，理應與麼地等人站在同一陣線，但不知是一時沒有察覺法例對自身業務的影響，還是另有深層次的考慮，他卻成為草案和議者，站在經紀同行的對立面，相信令他承受不少壓力。

之後，當草案進入二讀及三讀時，遮打一直避居英國，沒有出席立法局會議，經紀業界則發起連串反對草案審議行動，一心要草案胎死腹中。經過一輪角力後，殖民地政府最終在殖民地部支持下完成立法，在 1891 年頒佈《股票合約條例》，規管股票交易與經紀行為。法例通過後，遮打隨即憑藉個人的政治與社會力量，在同年牽頭創立「香港股票經紀會」（Stockbrokers' Association of Hong Kong，日後演變成香港交易所），把所有經紀組織起來，透過會員制度約束經紀交易行為，有助完善股票市場制度（鄭宏泰、黃紹倫，2006）。

無論在地產或股票市場，麼地和遮打顯然都是先行者。他們組成合夥公司，一人走上前台，參與政治和社會事務，爭取先機與影響力；一人站在幕後，專注內部業務打理，再憑著本身的市場觸角，在兩個市場上大獲厚利。正因二人充份利用了合夥公司的特點，做到能攻能守、進退有道，彼此配合，更有彈性地取得更大利益，令他們的事業發展更上層樓，身家財富亦不斷上升。有學者因此指出，無論開拓九龍半島，或是創立股票經紀行和交易所，麼地和遮打均形影不離，關係密切，遮打雖較麼地年輕，但青出於藍，更為耀眼（Hinnells, 2005: 174）。

填海造地與創立大型企業

投身樓市和股市，讓麼地和遮打賺得大筆資金，有能力作出更大規模的投資。因此，他們擴大了投資範疇，牽頭創立不少大型企業，並促成了香港開埠以來最大規模的填海造地計劃，為香港社會和經濟注入巨大力量，二人亦在過程中名利雙收。正如上一節談及，麼地和遮打合組公司，必然是受重大發展目標所驅動，而進軍房地產市場，將寸土變成尺金，應是他們的核心發展方向。隨著公司規模愈來愈大，他們後來更將遮打麼地公司改為控股公司，掌控不同的子公司，完善了公司的架構。

在開拓地產業務方面，據說早在 1872 年，麼地已在九龍半島海旁填海造地，興建貨倉、防波堤與建築物，成為日後創立九龍倉的基礎（Parekh, no year），這相信讓他深刻地嚐到了甜頭，看到了點石成金的威力或吸引力，於是更花精力於綢繆開發土地之上，二人於 1876 年組成合夥公司，相信正是為了落實那個重大目標。

這裡要補充一點香港幅員與土地開發歷史。香港被英國佔為殖民地時只包含香港島，土地面積約 75 平方公里；1860 年攫取九龍半島（界限街以南土地），令版圖增加了 10 平方公里；到 1898 年強行租借新界（975 平方公里）後，香港總面積才增加至 1,060 平方公里，惟商業發展長期集中於港島西北岸，進入二十世紀之後才逐步開發九龍半島，新界更要到二戰結束之後，尤其是七十年代才大規模發展（何佩然，2016）。

香港島乃彈丸之地，且山多平地少，所以早於文咸（Samuel G. Bonham，又譯般咸、般含、文翰，任期 1848-1854 年）出任第三任港督時，就藉一場大火災後的重建，順水推舟地推行了香港史上第一次大規模填海，因而誕生了文咸東西街、永樂街及三角碼頭等地（鄭宏泰、周文港，2020）。之後，灣仔、銅鑼灣及尖沙咀等地，亦曾進行規模細小的填海造地工程，但始終杯水車薪，

未能滿足市場與社會發展需要，地價仍是持續攀升，吸引不少像麼地和遮打般的商人時刻關注，看準機會便重錘出擊。

　　資料顯示，早在 1880 年代初，遮打已向政府獻策，提出於下環（灣仔一帶）兵房至西營盤一帶填海造地，惟他建議的地點因鄰近軍營，軍方擔心影響軍隊駐防而反對，最後計劃未有落實（何佩然，2016）。事實上，政府在之後的 1886 年，曾在堅尼地城附近進行填海工程，築成 3,690 呎的長堤，並填海 22 英畝，不但增加了土地供應，也令政府進帳不少。可見，殖民地政府其實亦支持填海造地。

　　推動填海造地初期雖屢遇挫折，但麼地和遮打沒有放棄，亦時刻尋找其他發展機會，尚未開發的九龍半島尖沙咀一帶則吸引了他們的視野。由於麼地早在 1870 年代已開始參與尖沙咀海皮的小規模填海，到 1881 年又購入尖沙咀一些地皮，其打算增加在九龍半島上投資的意圖已甚為明顯。到了 1886 年，他聯同遮打與 JJ・凱瑟克等人，創立了前文提及的九龍倉（Parekh, no year; Chater, no year），並於股票市場轉熱時增加持股量（*Hong Kong Telegraph*, 23 January 1889），揭示了麼地在投資上甚為進取的一面。

　　創立九龍倉翌年（1887），已經貴為立法局議員的遮打，再次向殖民地及英國政府提出中區填海計劃，建議拓建由海軍船塢西面到屈地街的海旁地皮。由於這時遮打有更大的政治力量和網絡，加上策略性地選擇了與渣甸洋行大班 JJ・凱瑟克及部份華商精英（李陞和潘邦）聯盟，因此克服種種阻撓，獲得英國政府及殖民地政府「開綠燈」，邁出填海腳步。結果，面積多達「58.7 英畝，約 5.5 英畝為政府土地，53.2 英畝土地業權屬海旁地段業主，其中 27 英畝會用作興建道路，有 26.2 英畝可供私人業主發展商用樓宇及民房，估計該批土地可蓋建樓房 1,320 幢，供應 39,000 人口居住」的前所未見發展計劃最終落成，令香港城市發展呈現巨大變貌（何佩然，2016：71-72）。

為了配合這個史無前例的巨大填海計劃，由遮打與 JJ・凱瑟克作牽頭人，[29] 於 1889 年 3 月 2 日宣佈創立香港置地及代理有限公司（Hong Kong Land Investment and Agency Co. Ltd.，簡稱香港置地），公開集資，並以這家大型企業承擔整個填海造地工程以及之後的發展計劃。至於港英政府則於大約兩個月後的 1889 年 5 月 10 日，頒佈《填築維多利亞城中西區海灘條例》，為填海計劃打好法律基礎。工程於 1890 年開始，為了隆重其事，遮打更邀請了其時在港訪問的干諾公爵（Duke of Connaught and Strathearn）夫婦主持儀式，令發展計劃有一個吉祥喜慶的開始。[30]

　　與創立香港置地前後腳進行的，還有同樣在 1889 年創立的香港電燈（Hong Kong Electric Co.），麼地和遮打亦有份參與。儘管麼地一如既往沒有走向前台，而是主要由遮打和 JJ・凱瑟克等應對傳媒，但這並不代表他在經營管理上沒有佔據主導地位。事實上，無論九龍倉、香港置地或香港電燈，心思縝密的麼地相信均扮演了十分吃重的角色。

　　除了填海造地，遮打的另一舉動──相信這亦與麼地想法一致，甚至是二人商討後的決定──便是由遮打出面，向時任港督羅便臣（William Robinson，任期 1891-1898）建議，乘日本與中國爆發甲午戰爭的機會，強行「租借」與九龍半島界限街以北接壤的新界大片土地。為此，羅便臣曾於 1894 年 11 月上書殖民地部，提出拓展香港邊界的看法，建議沒有立即獲得回應，到了 1895 年 9 月 25 日，遮打再次致函羅便臣重申此事。最後，英國政府接納了這一請求，強行向清政府租借新界，令香港幅員大幅增加，遮打亦因此贏來了殖民地政府的欣賞，1896 年獲吸納為行政局議員，1902 年更獲得大英皇室賜封爵士頭銜（Chater, no year; Terchonian, 2005）。

　　這裡可補充一點，自從新界被併入香港版圖後，麼地和遮打可能認為新界擁有不少天然資源，因此曾成立諸如中華工程與採礦（China Engineering and

Mining Co.）及香港鐵礦開採（Hong Kong Iron Mining Co.）等公司，[31] 向政府申請專利牌照，進行勘探開採（CO 129/2507341, 1906）。儘管勘探後沒有找到預期中的礦產，令人失望，但由此可見他們具有十分敏銳的商業觸角，並言及履及地採取各種方式開拓商機。

此外，麼地與遮打還在當時屬法國殖民地的越南，創立了「法國東京煤炭學會」（Societe Francais des Charbonnages du Tonkin，另譯「鴻基煤礦公司」），全力推進當地的煤炭開採工作，日後不但為麼地等人帶來巨大財富，同時亦為他於 1911 年 5 月贏得了一枚法國「榮譽軍團勳章」（Legion d' honneur），表揚他在越南開拓煤礦方面為法國作出的貢獻（*Hong Kong Telegraph*, 13 May 1911）。

綜合而言，麼地與遮打合夥創立公司，最大目標應是進軍地產業，他們本身乃資深經紀，在企業組織、融資集資方面佔有很大優勢，讓他們生意急速擴張，不久便能與老牌英資龍頭企業渣甸洋行並駕齊驅，麼地更因在商場上的突出表現，被稱為「里亞托的拿破崙」（Napoleon of the Rialto）（*South China Morning Post*, 17 June 1911），[32] 意思指他乃市場中的霸主。

這裡尤其值得指出的是，據何佩然（2016：93）綜合各方資料的統計，香港在 1892 至 1898 年期間，單是填海擴建的面積便達到 160.5 萬平方呎；1899 至 1918 年則達 222.2 萬平方呎，當中遮打與麼地的公司相信佔了一個不少的比例。而且新填海所得的地皮全都靠海，屬於黃金地段，不但為港英政府帶來極可觀的售地收入，亦為香港經濟注入了極為巨大的「活資本」，參與甚深的麼地和遮打，身家財富自然同步急升。

麼地晚年的各種綢繆與安排

麼地作為心思縝密的精明商人，除了著重如何賺錢，到了晚年時，應會思考如何將財產更妥善運用。尤其接近臨終前，相信「善用財產」變得比賺錢更

迫切，甚至作為頭等大事去考量。到底是將名下巨大財富悉數留給諸子，抑或在有生之年按自己意願做慈善，留下美名，遵循「唯義是行」的教義，相信成為他那時的主要思考方向。至於大手筆捐建香港大學，爭取大英帝國贈予爵士頭銜，便是他深思細慮後的最終決定。

一如不少青年時期便踏足社會的創業家般，麼地熱衷工作，每天不斷打拚，視日以繼夜為平常，有時甚至三餐併作一餐吃，省點時間做事，哪怕是下班後或放假時，仍滿腦子盤算著商業謀略，沒有所謂工作與生活平衡可言。這樣日積月累的「高速運轉」，年輕時自然不以為意，到晚年後才發現身體出現不少毛病，令他大受困擾。當然，就算到了富甲一方、健康欠理想時，麼地還是拚命工作，沒有停下繁忙的腳步。

在 1907 年 1 月時，麼地和遮打等人到將軍澳一家麵粉廠視察廠房，了解新式機械設備，麼地不但總是走在別人之前，更攀高爬低，四處查看。就在他登上一個平台時，不慎從高處跌了下來，一度陷於「半昏迷」（semi-unconsciousness）狀態。幸好當時視察團中有一名醫生，立即為他急救，情況不致於惡化（*South China Morning Post*, 23 January 1907）。但由於這次受傷不輕，之後花了相當時間才能康復。自那次意外後，他的健康更每況愈下，病痛頻生。

另一方面，麼地亦如不少創業家般，在身家日漲後想到「富則兼善天下」的問題。事實上，瑣羅亞斯德教十分強調個人如有能力便應回饋社會、扶助弱小，從資料上看，麼地很早便有為善捐獻之舉。例如在 1878 年，他曾向維多利亞學校捐款設立獎學金，支持貧苦向學且有突出表現的學生；又曾捐款創立海員學校以及捐建九龍木球會等。此外，他支持孟買及香港巴斯人社群，曾牽頭創立香港巴斯會（Hong Kong Parsee Club），並擔任該會主席一職。透過這些捐獻，他收穫到不少感謝與讚許，可能發現受人尊崇的社會地位，較獲得金錢財富更有滿足感，令他在晚年時的思考方向出現轉變。

麼地早年的捐獻是零碎且多方面的，令他雖獲得一時的稱譽，卻難以持久。當他想到自己一生即將走到盡頭時，難免希望能留下長久的好名聲，故作出一個重大決定，那便是捐出巨款支持創立香港大學。對於香港大學的創立緣起與歷程，Mellor（1980）的分析已頗為詳細，這裡不花太多筆墨，惟想指出一個重點，那便是進入二十世紀，歐美列強和日本在中華大地上的資源爭奪更趨激烈，其中德國據說正在山東勢力範圍內的膠州灣，籌劃建立一所「為中國人（而設）的高校」（a high school for Chinese），以現代教育方法和商業經營為主，培訓科技和醫學人才，更已獲柏林行政會拍板通過，撥出 60 萬馬克（約 3 萬英鎊）用於推進該項計劃（*China Mail*, 7 December 1908; CO 129/250739, 1909）。

　　港英政府其實亦早有興建高等院校的綢繆，惟因興辦大學牽涉巨大資源投入，政府不願承擔，所以長期議而不決，從未有真正的創校藍圖（Mellor, 1980）。但當他們知悉柏林政府已撥出巨款在國內興辦大專院校時，為免失去先機，落後於對手，不得不加快籌建大學的腳步。加上時任港督盧吉對創立大學一事亦較為熱心，終於有了付之實踐的動力與迫切感。

　　同樣感到迫切的，相信還有麼地。正如前述，1907 年的意外令他的健康每況愈下，故急需一個合適的捐獻方案，讓他可按自己意願大做慈善，從而留下長久的美名，顯然，他亦如不少巴斯人一樣，十分重視慈善捐獻如何能夠發揮更大的效果（參見第一章討論）。適逢殖民地政府思考創立香港大學，又不願撥出巨款，一直寄望民間社會集資，於是與麼地之間有了一個各有所求、各取所需的交接點。有指麼地得悉政府有意落實創校後，他某次與盧吉私下會見時，答允捐出巨資 15 萬港元支持；[33] 亦有說法指，麼地與遮打在這方面曾有深入商討，並在對方游說下決定大力捐輸，支持興建香港大學（Coates, 1984; Chater, no year）。

二十世紀初期香港大學

　　由於雙方都有迫切性，盧吉立即致函殖民地部，提出具體創立香港大學的方案，更特別指出麼地已答允捐款，而政府則打算撥出薄扶林道半山地皮用作校址，請求殖民地部開出綠燈。由於一方面有德國競爭的壓力，另一方面又有民間捐款支持，殖民地部自然樂見其成，因此批准請求，創立香港大學一事乃快馬加鞭，火速進行（Mellor, 1980）。[34]

　　作為一個精明商人，麼地答允捐出巨款，自有一箭多鵰的目的。除了符合信仰要求，獲得精神滿足外，他還希望人死留名，且在生之時亦換來一個爵士勳銜，讓他與遮打同列，贏來社會人士對他以「爵士」相稱。有關最後這點，港督盧吉於 1909 年 12 月 6 日致殖民地部大臣的信函中說得十分清楚。信函中，盧吉首先向殖民地部大臣米尼斯（Robert Crewe-Milnes）滙報籌建大學的進程，其中花了不少筆墨盛讚麼地，指他是一位巴斯君子，在香港已生活了半世紀，經營的生意是股票經紀，「是一位很受敬重的人，性格無可挑剔，且具

有愛國、忠誠和樂意服務公眾的非凡精神」（CO 129/2507363, 1909）。

接著，盧吉還提及麼地的健康近況甚差，按醫生告知，麼地的「生命可能突然終結」。而據他所知，麼地最大心願是能看到大學奠基或是完成，並答允在遺囑中作出安排，這筆捐款不會因他突然離世受到影響。至此，盧吉筆鋒一轉，請求米尼斯向英皇推薦，頒贈麼地一個爵士頭銜，若然能夠成事，盧吉會在香港大學奠基儀式時公佈（CO 129/2507363, 1909）。盧吉之所以熱心代麼地「出頭」，顯然是兩家說妥的交換條件。

由此可見，麼地臨終前的慷慨捐輸，就如當年的吉吉貝般（詳見第二章），很大程度是謀求提升個人社會地位，獲得一個爵士頭銜。[35] 由於麼地的熱心捐款解決了令政府頭痛的資金問題，加上盧吉積極配合，深得政府倚重的遮打很可能又居間協助游說，結果在 1910 年 3 月，麼地順利獲得大英皇室頒贈爵士頭銜，完了他的心願，亦令他成為香港首名獲得英國爵士頭銜的巴斯人。巴斯社群與有榮焉，各團體及友好亦送上不少祝賀（*South China Morning Post*, 18 March, 20 May and 20 June 1910; CO 129/2507369, 1910）。

不過，當《南華早報》刊出麼地獲得爵位的消息時，卻附有一則沒署名的評論或報導，指麼地所獲的只是「最低級別爵位」（the lowest order of knighthood），這種爵位「透過英皇制誥頒贈」（conferred by Letters Patent），不用進行君主授勳儀式（*South China Morning Post*, 18 March 1910）。反映有人似乎對他封爵一事感到不是味兒，因此作出冷嘲熱諷的攻擊。

這時，再有一件錦上添花的事，那便是政府決定將尖沙咀東部一條新開闢的街道，取名「麼地道」。由於彌敦（Matthew Nathan, 任期 1904-1907）出任港督時大力發展尖沙咀，該地陸續興建了軍營、學校、教堂、碼頭等設施，居民逐漸增加，麼地早年曾購入不少尖沙咀地皮，亦在該區有不少投資，為了紀念他的貢獻，故將連接彌敦道及漆咸道的道路命名為「麼地道」，令他的名

字長存香港。麼地先人一步進軍九龍的商業決定，不但為他帶來巨大的財政收益，更完成他流芳百世的心願。

其實，在麼地捐款協助創建香港大學時，亦有讀者致函報紙，建議在港島一條街道取其名紀念之，惟招來其他讀者的反對，認為這個建議「無知」，因尖沙咀已有以麼地為名的街道，港島的香港大學亦留有他的足跡，實不應再作那種建議（*Hong Kong Telegraph*, 15-18 June 1910）。弦外之音，似是指麼地的貢獻已有足夠「回報」，不應對他過譽，情況一如他封爵時受到的嘲諷，令人不解。

順作補充的是，麼地封爵那年，他多年的生意夥伴遮打，人生亦展開了新一頁，於年過 64 歲時宣佈結束單身生活，迎娶一位名叫瑪莉亞（Maria Christine）的瑞典裔女子為妻，婚禮於倫敦漢洛威廣場（Hanover Square）的聖佐治教堂（St. George Church）舉行（Terchonian, 2005: 10）。麼地的健康情況已相當惡劣，沒有親身出席婚禮，只能以電報遙作祝福。遮打婚後並沒子女，與其壯年早逝的胞弟一樣無後而終。

麼地晚年除了努力為慈善事業作安排外，另一個關注重點便是企業的繼承。麼地有四子，理論上要找接班人選並非難事，但偏偏因各種原因，包括有的兒子健康欠佳，有的似乎精神出現問題，亦有因婚姻及宗教信仰而與麼地夫婦不和的（參考下一節討論），導致他竟找不到一名合適的接班人，一生打造的龐大事業王國面臨無人接手的困境。

當麼地健康大不如前，應放慢腳步多加休養時，尤其他的三子謝漢吉在 1909 年左右已於香港工作，同樣是股票經紀，理論上可成為遮打麼地公司的理想接班人選。但 Liz Chater 指，在 1911 年遮打離港前，特別簽訂法律文件，授權於仁保險大班（Union Insurance Society of Canton）義德（Charles Montague Ede）作為遮打麼地公司的領軍人。[36] 即是說，若遮打不在香港而麼地不幸過世時，遮打麼地公司的大權將交到義德手中（Chater, no year）。遮打

這個做法，肯定曾與麼地商議並獲其首肯，由此可見，謝漢吉當時雖然在港又有相關工作經驗，但麼地仍無意將公司交予他接手。

麼地在人生的最後階段，雖然獲得愈來愈多的榮譽，名下財產亦不斷上升，但健康一日比一日差，經常臥病在床。身為暹羅名譽領事的他，在暹羅國的皇太后到港訪問時，亦因病重而沒有出席歡迎儀式及招待活動。[37] 1911年5月，法國政府向他頒贈「榮譽軍團勳章」（*South China Morning Post*, 13 May 1911），這應是他晚年念茲在茲的追求，但亦不能親身接受頒贈，必然萬分無奈。

1911年初，遮打與威廉‧凱瑟克離港赴英，出席英皇加冕典禮及處理公私事務。麼地當時的健康狀況已十分差，仍堅持送行，據說，遮打那時已有預感，此一別將成永訣（Chater, no year）。不久後，如他所料，在同年6月16

香港巴斯墳場的麼地之墓

日，麼地在住所百事樓去世，享年未滿 64 歲（*Hong Kong Telegraph,* 17 June 1911; *South China Morning Post,* 17 June 1911）。一如其他在港去世的巴斯人般，麼地並沒採取天葬安排，但喪葬儀式仍緊跟巴斯傳統，葬於香港巴斯墳場（*Hong Kong Telegraph,* 23 June 1911）。麼地去世後，香港巴斯會舉行會議，選出新主席，頂替他的空缺，並對麼地一生的貢獻高度讚許，將麼地的畫像懸掛於會所之內，以茲紀念（*South China Morning Post,* 9 August 1911）。

麼地過世後，其遺產安排自然引來不少關注。原來早於 1885 年，只有 47 歲的麼地已訂立遺囑，可能當時其健康問題已出現徵兆。他安排將大部份遺產贈予子女和妻子，小部份贈予一眾親屬友好及作慈善捐獻。[38] 在留給家人的部份，具體方式是將遺產分為五等份，妻子及四名兒子各得一份，他並指之前已給予女兒不少財產，故不再在遺囑另作分配。有一點較特別的，是他規定長子不能立即獲得遺產，要待麼地去世五年後才能領取，這不知是反映他對長子的不滿，故而作出懲戒；還是他擔心長子不能自理，故需在取得遺產前預先作更多安排。[39]

遺囑中另一點值得注意的是，麼地指名生意夥伴遮打、滙豐銀行大班昃臣（Thomas Jackson）以及兩名巴斯巨商：薛拿（Hormusjee Cooverjee Setna）和丁梭・紐羅治（Dinshaw Nowrojee）為遺囑執行人。後來，由於有了捐建香港大學的心願和承諾，他於 1909 年再訂遺囑時附加條款（codicil），[40] 主要是交託遮打更大的執行權力，讓他從遺產中預先扣除承諾捐獻給香港大學的部份，餘下的才按安排分配予遺孀、諸子女及一眾親友（*Hong Kong Daily Press,* 10 October 1912）。

作為一個打滾商場大半生的老練創業家，麼地在人生最後階段時，鑑於諸子女的情況及親子關係欠佳等原因，他想到自己的事業王國恐怕難以成為永久的家業，而他留下的財產早已足夠家人富足地生活，故決定在有生之年，把

不少比例的財富用於慈善公益之上，爭取個人名聲與社會認同，除盡一位瑣羅亞斯德教教徒的責任之餘，更重要是可留名後世。為了落實捐獻香港大學的心願，他更在臨終前特別更改遺囑，追加條款，要求遺囑執行人遮打優先抽起承諾捐獻的金額，餘下的遺產才分予眾人。麼地這個安排令香港大學本部大樓的工程得以如期落成，其貢獻得到充份肯定，而他的銅像亦擺放在本部大樓內，以作紀念。

子孫難以接班的家業急墜

　　儘管不同文化均有類似「虎父無犬子」的說法，但現實上卻有不少例外。麼地去世後，不少人都好奇其事業生意將何去何從。可說是一如所料，當分家析產後，家族無以為繼，迅速滑落，到遮打和麼地的遺孀相繼去世後，遮打麼地公司便劃上句號，麼地一生努力的事業王國亦成為歷史。按道理，麼地夫婦育有四子一女，數目不算少，長子早生於 1858 年，最年幼的兒子則於 1882 年出生，即諸子在麼地晚年時均非缺乏工作經驗的年輕人。那到底為何麼地不安排兒子接手他的生意，任由一生心血付諸東流呢？

　　麼地的四子分別是默弘治（生於 1858 年）、紐羅治（生於 1875 年）、謝漢吉（生於 1876 年）及丁梭治（生於 1882 年）。除長子外，其餘三人皆在香港出生。麼地在長子出生後即到香港工作，待事業稍有起色後，才到孟買接妻兒來港，故長子與三名弟弟除了出生地不同外，年齡亦有一些距離，最年長與最年幼之間相差達 24 年。

　　此外，四人的教育水平亦不一樣。除了長子外，其餘三子長大時，麼地的生意已有相當規模，擁有不少投資，應有充足的條件讓他們接受更好的教育，沒必要像麼地一樣在青年時便出社會謀生。然而，據說在四子中，只有二子紐羅治具有高學歷，三子謝漢吉曾考入大學但未能完成學位，長幼二子（默弘

治和丁梭治）及女兒的學歷背景不詳，但由於大部份巴斯人都高度重視教育，麼地亦絕對有能力供他們升學，因此除非患有某些學習障礙，相信學歷不會太低。

據考證，二子紐羅治和三子謝漢吉於童年時被送回孟買，入讀當地聖澤維爾書院（St. Xavier's College），之後先後考入劍橋大學。其中紐羅治於 1895 年入學，三年後的 1898 年獲文學士學位，翌年進入中廟法學院，攻讀法律，取得大律師執業資格；到 1902 年再取得劍橋大學文學碩士學位，表現十分突出。謝漢吉亦入讀劍橋大學，但據悉沒有修畢學位。長幼二子相信亦在孟買聖澤維爾書院完成中小學教育，推測可能因身體、精神或智力出現問題，沒有升讀大學。

踏足社會後，四子各有經歷。首先是長子默弘治，關於他的資料並不多，故不清楚他曾否到香港，或是一直留在孟買工作，更沒法了解他到底是走專業之路、加入家族公司，抑或自立門戶等。直至 1895 年，年過 37 歲的默弘治在孟買宣佈結婚，[41] 才因報章透露了他人生的一些痕跡。

據 Liz Chater 引述《印度時報》（*Times of India*）報導，1895 年 2 月 11 日，默弘治結婚，妻子為巴露克（Nasserwanjee Parukh），在馬拉巴山（Malabar Hill）名為 Prospect Lodge 的家族大宅內設婚宴招待賓客，場面相當熱鬧。惟當中有三點十分特別，令人玩味：一、婚禮宴請了巴斯及印度賓客，還有不同國籍人士，本來巴斯文化強調不能與非巴斯人同枱飲食，他們的婚宴安排可算相當具包容性；二、日本大使及不少日本商人均乃座上客，且與主人家有不少交流，顯示家族與日本有深厚關係；[42] 三、雖有報導新郎的父親麼地乃香港著名巨商，但沒提及他有否出席或主持婚禮。婚後，默弘治夫婦似乎無所出，到了 1910 年 2 月，默弘治去世，享年 52 歲，相信令麼地夫婦傷心不已（Chater, no year）。

A Japanese lantern clock showing the Chinese Zodiacal signs painted in red lacquer

CLOCKS FROM JAPAN

Japanese Clocks, by N. H. N. Mody, US\$17.50. Tuttle.

NOT many people can number among their hobbies Japanese Clocks, but for those who do Mr N. H. N. Mody's work will be well known as one of the most authoritative and descriptive. It was first published with only 200 copies in 1932. Tuttle have now republished it with more than 270 black and white photographs.

What makes a Japanese clock especially distinctive is that in earlier years it possessed only one hand and the clock face was generally divided into 12 parts, six to cover the period between sunrise and sunset and six more for the night.

In earlier clocks, such as the pillar clock, these instruments worked on a principle of gravity whereby a lead weight moved a pointer down a graduated face indicating the time.

Mr Mody's book not only describes many of the early Japanese clocks but also the design work on them and names some of the early makers and the influences that inspired their creations.—AE.

有關紐羅治·麼地收藏的日本鐘拍賣的報導

其次是二子紐羅治，他雖然擁有大律師資格以及文學碩士學位，但沒有走上法律專業之路，亦沒有繼承父業，闖蕩商場。第一次世界大戰爆發時，正值壯年的他亦未走上戰場，基本上沒有關於他工作或事業的記錄。有指他不喜歡與人接觸，長年離群獨處，終身沒有結婚。或者是因為喜好日本文化，他最大的興趣是收藏日本鐘錶及新奇事物，更有不少時間在日本隱居。香港政府部門曾指他「精神不平衡」（mentally unbalanced）（Chater, no year）。

據《南華早報》於 1936 年 7 月的一則報導，紐羅治被大字標題形容為「怪異印度人」（Indian eccentric），他自 1923 年（年近 48 歲）起到日本大阪生活，[43] 長期居於當地的「東方酒店」（Oriental Hotel），在 1933 年起更有三年時間足不出戶，一直留在酒店房間之內，原因據說是不願離開他喜好的收藏品（*South China Morning Post*, 9 July 1936）。哪怕是抗日戰爭爆發、日軍侵佔香港、太平洋戰爭陷於烽火之中時，他始終留在日本，並於 1944 年 2 月，日軍正處於戰敗邊沿時，在大阪孤獨地去世（Chater, no year），享年 69 歲。

由於默弘治的婚宴有日本大使及日本友人到賀，紐羅治又 20 多年長居大阪，加上日軍侵略香港期間，曾佔據麼地家族位於半山的百事樓，作

為日本高級軍官的居所（Hinnells, 2005: 179），難免令人聯想到麼地家族與日本有深厚關係，所以到日本於 1945 年 8 月投降後，百事樓曾一度被列為「敵產」（enemy property）。經過深入調查，發現那時麼地家族已沒有後人在港，於是改為「荒廢物業」（abandoned property）（Chater, no year）。家族後人之後將該物業交給香港政府，並於 1960 年代進行重建，「百事樓」的名字則仍然保留（黃棣才，2012：180-181）。

至於三子謝漢吉，相信最令麼地夫婦困擾。他考入劍橋大學後，尚未畢業，便於 1900 年 12 月在倫敦結婚，那時他約 24 歲。而更令他們不滿的，是兒子的妻子查維絲（Kathleen Jarvis）並非巴斯人。謝漢吉夫婦在 1901 及 1903 年先後在倫敦誕下二子，分別是 Felix Hurley Mody（這裡簡稱菲力士）及 John Henry Mody（這裡簡稱約翰）（*South China Morning Post*, 9 October 1949; Chater, no year; Parekh, no year）。從日後的遺囑及各種資料看來，謝漢吉及兩名兒子更成了天主教徒，[44] 這相信影響了謝漢吉一家與父母和兄弟之間的關係。而母親文內白在日後的遺產安排中，更沒有任何遺贈留給他們，哪怕謝漢吉的兩名兒子乃麼地夫婦僅有的孫兒。

進一步資料顯示，育有二子的謝漢吉夫婦沒有留在倫敦，而是在 1909 年左右回到香港，加入遮打麼地公司，如父親一樣取得經紀中介身份，似乎想繼承父親的生意（*South China Morning Post*, 11-12 February 1924）。麼地去世後，謝漢吉成為遮打麼地公司的合夥人，惟扮演的角色相信沒父親那般吃重。或許因在公司發展不如理想，他與友人約瑟夫（J.E. Joseph）自立門戶，於 1915 年左右另組經紀行，落腳點則在皇子大廈，據說生意不錯，令謝漢吉個人名下財富日豐（Chater, no year）。他很可能亦沒有在第一次世界大戰中被英國徵召上戰場，情況特殊。

到了 1922 年，只有 46 歲左右的謝漢吉退休，舉家離開香港，移民到英國

南部丹佛郡（Denver）一個名叫托基（Torquay）的寧靜海濱城鎮，過著悠閒生活。然而到了 1924 年，他因一宗商業糾紛被告上法庭，被傳召回港應訊，事件一度吸引了傳媒視野。

扼要地說，此案是東亞銀行狀告謝漢吉及其股票經紀行，追討違約損失。案情顯示，早於 1921 年 6 月 7 日，東亞銀行透過代理銀行米蘭銀行（Midland Bank）向中法實業銀行（Banque Industrielle de Chine）購入 10,000 英鎊，謝漢吉作中法實業銀行的擔保人。期間雖因時間及交易問題而有所延誤，但東亞銀行仍向對方電滙等值貨幣及相關費用，共 77,434 港元。惟中法實業銀行在收到款項後卻突然倒閉，東亞銀行未能從中法實業銀行收到購入的英鎊，但港元已給了對方，故向擔保人的謝漢吉追討損失（*South China Morning Post*, 11-12 and 20 February 1924）。

謝漢吉拒絕要求，認為造成這種局面的責任不在自己，雙方因此對簿公堂，各自延聘強勁律師陣容應對。儘管謝漢吉提出，是東亞銀行進行交易期間種種延誤，才會招致損失，但由於雙方簽有合約，謝漢吉乃擔保人，故法庭判決東亞銀行勝訴，謝漢吉需負起責任賠償，並支付堂費（*South China Morning Post*, 11-12 and 20 February 1924；《華字日報》，1924 年 2 月 12 日及 20 日）。

謝漢吉不滿裁決，認為兩間銀行的交易是因為多重耽誤才會出問題，他在過程中沒有參與，亦沒有被充份知會，沒有責任繼續擔保該交易，因此於 1925 年提出上訴。上訴庭於 1925 年 2 月進行聆訊，三位法官與原審法官的判決一致，認為雖然交易過程存在一些時間延誤或手續更改，但沒影響合約，亦沒破壞擔保責任，所以維持原判，謝漢吉再次敗訴，且要承擔訟費（*South China Morning Post*, 5 February 1925）。

對於判決，謝漢吉雖不服氣，但亦無計可施。最後，他只能以終身不再踏足香港作表態，與這個他出生成長的地方切斷關係，此後一直留在托基生活

（Chater, no year）。他的表現或多或少折射其剛烈固執的性格，或可作為他違背傳統與父母期望，選擇自己的婚姻、信仰與職業，甚至不惜與父母反目的一個重要註腳。

至於麼地四子丁梭治，資料更為缺乏，相信與他身體或精神健康出現問題有關。他甚少在公開場合露面，亦沒有留下什麼童年成長與求學資料，只有他於 1920 年 5 月 30 日去世後（享年 38 歲），家人為他處理遺產的法律文件（父親去世時留給他的一份遺產），相關資料顯示他沒有結婚及子女，即是說，他與兩名兄長默弘治和紐羅治一樣，都沒有自己的後代（Probate Administration Bonds: Dinshaw Hormuji Mody, 1921）。

最後補充一些麼地妻子文內白的資料。自身為大家長的麼地去世後，她成為女家長，主持大局。她看來對生意經營沒有興趣，選擇攜同四子丁梭治離開香港，返回孟買生活，應居於馬拉巴山的家族大宅中。雖然物質生活富足，但她晚年相信並不如意。雖說二子在 1909 年來港，大家多了相見的機會，但她顯然仍不能原諒兒子改變信仰又娶非巴斯女子之事。1910 年，長子離世，她與麼地白頭人送黑頭人；想不到傷痛未過，她又要面對丈夫離世的打擊。到丈夫去世不久，二子可能精神狀態惡化，後來更突然去了日本過獨居生活；至 1920 年，幼子亦突然去世。面對接二連三的不幸變故，已進暮年的文內白必然既傷感又困擾。自丁梭治去世後，她或者察覺自己健康大不如前，於是在 1922 年訂立遺囑，為百年後事作最後安排。

順作補充的是，1926 年 5 月 27 日，與麼地共闖商場多年的生意夥伴遮打在香港去世，享年 80 歲（*South China Morning Post*, 28 May 1926）。由於遮打和他的胞弟約瑟夫·遮打一樣沒有血脈，名下巨額遺產和不少價值連城的藝術收藏乃捐給教會、慈善組織甚至轉贈政府，以另一模式遺愛人間（Chater, no year; Terchonian, 2005）。[45]

遮打去世大約一個多月後的 1926 年 7 月 3 日，麼地遺孀文內白於孟買大宅去世，享年 80 多歲（*China Mail*, 5 July 1926）。據估計，她留下的遺產單是在香港的物業及股份，便高達 578,000 元。特別的是，她把主要財產悉數留給女兒雪蓮白（丈夫名叫 Nusserwanji Jamsetji Dady），[46] 包括孟買的家族大宅及地皮，還有香港多家大型企業——如滙豐銀行、渣打銀行、香港置地、天星小輪、於仁保險、蒸汽輪船、中華工程與採礦、蜆殼運輸（Shell Transport），以及香港鐵礦開採等等——的股份，[47] 亦有小部份金錢贈予親友、巴斯群體與組織，但隻字沒有提及兒子或孫兒（*China Mail*, 17 February 1927; *South China Morning Post*, 17 February 1927）。

從文內白把大部份財產留給女兒雪蓮白，沒有絲毫分給仍在生的兩名兒子和孫兒可見，她心裡顯然有著筆墨無法形容之痛。一方面，紐羅治有精神問題，且長期居於日本，與家人近乎「失去了聯絡」，又沒有結婚和沒有後代，因此沒可能把遺產交託予他；育有兩子的謝漢吉本來是最可能的選擇，惟他卻與非巴斯女子結婚，且早已改信其他宗教，母子關係不再，甚至可能因為性格固執倔強，大家到了老死不相往來的地步，所以文內白亦沒給三子及其後代留下任何遺產。正因如此，她餘下的選擇，便是把大部份遺產悉數留給女兒及其後代。

文內白去世後，家族失去了核心人物，憑女兒雪蓮白的力量，更難凝聚兄弟紐羅治、謝漢吉和其他親屬，家族內部疏離與分裂不難理解。不久後，中華大地爆發抗日戰爭，到了 1939 年，歐洲亦爆發二戰，不但社會政治及心理大受牽動，經濟與商業格局亦大受影響，不少家族受到前所未見的衝擊。與此同時，謝漢吉的太太查維絲健康變差，被送入療養院。到了 1941 年，太平洋戰爭爆發，亞洲戰火擴大（Kennedy, 1989）。

在烽火不息的 1943 年，謝漢吉太太查維絲在療養院去世，享年 62 歲，謝

漢吉亦出現健康問題（*South China Morning Post*, 13 December 1943）。翌年，紐羅治於大阪去世，詳細地點不明（Probate Jurisdiction－Will File No. 175/48, 1948; Chater, no year）。戰後不久的 1949 年，謝漢吉去世，享年 73 歲（*South China Morning Post*, 13 March 1949）。

　　或者在文內白去世之初，女兒雪蓮白有想過尋求兄弟們的支援或共識，商討家產安排，但不久時局急變，所以沒有採取決斷的做法。經歷二次世界大戰之後，核心家族成員已先後去世，尚存的謝漢吉亦健康不佳，失去自主能力，所以基本上全由雪蓮白或其子女作主。到了 1946 年，他們將家族在香港的重要物業百事樓捐贈香港政府，揭示後人可能沒在那裡生活過，對百事樓沒什麼感情，而且它曾為日軍徵用，戰後被列作「敵產」（日軍財產），家族為了不想引來太多麻煩，於是「引刀求一快」，如當年的遮打一樣，乾脆把它捐給政府。

　　另一方面，麼地及紐羅治生前收藏了不少新奇物件或古玩，但不知是家族後人不懂得欣賞，還是對它們沒有感情，故將它們公開拍賣，套取現金。這次「清倉」行動，基本上不理好壞，不計價錢，把麼地及紐羅治留下的東西全部出售（*South China Morning Post*, 17 June, 13 and 26 August 1948）。從拍賣金額顯示，部份藏品無疑賣了個不錯的價錢，部份則算是「賤價出售」，可見家族無意保存先輩曾經顯赫一時的足跡。

　　最後，補充一點已近乎脫離家族的謝漢吉夫婦及其兩子的資料。如前文所述，兩夫婦在 1940 年代先後去世，先行一步的查維絲，把名下財富主要留給兩名內孫——即菲力士之子 Valentine Hugh Mody（本文簡稱華倫太）及約翰之子 Philip Melrose Mody（本文簡稱菲利普）。她在遺囑中表示，由於華倫太常在她身邊照顧，故所得較多，只有小部份留給菲利普（Probate Jurisdiction－Will File No. 154/49, 1949），反映菲利普與她的關係較疏離，她對此有點不滿，用中國人的說法是不夠孝順，所以決定親疏有別，「論孝分配」。

到謝漢吉去世時，亦基於同樣原則，作出類似安排，把大部份留給華倫太，小部份留給菲利普。另一方面，謝漢吉還留下部份遺產，贈給多年照顧他們的家傭玫瑰（Lucy Mui Kwai），甚至在遺囑指明，可讓玫瑰百年後下葬於家族墓地，與他們夫婦為伴（Probate Jurisdiction — Will File No. 66/50, 1950）。不過，玫瑰似乎沒有領情，死後選擇安葬他處（Chater, no year）。

謝漢吉去世後，麼地家族的子嗣便只剩下菲力士及約翰，以及他們各自的兒子華倫太與菲利普了。由於家產四散，加上親人間沒什麼凝聚力，家族早已不如麼地在生時那般風光，也沒引來社會的關注。這些後人留下的資料更加缺乏，約翰及其兒子菲利普的資料遍尋不獲，相信與其作風低調或表現不突出有關，而菲力士及其兒子華倫太則留下了一些足跡。

具體地說，菲力士在父親謝漢吉轉到英國生活後，應仍然留在香港，日後繼承父祖的衣缽，成為了一名股票經紀。大約在 1928 年前，菲力士結婚，其子華倫太在 1929 年出生。相信華倫太在年紀稍長後被送到英國，和祖父母一起生活並接受教育，讓晚年的謝漢吉夫婦享受含飴弄孫之樂，深得祖父母歡心，因此獲得較多的遺產。

在 1941 年日軍侵略香港時，菲力士在英國強制徵兵制度下成為「香港防衛後備軍」（Hong Kong Defence Reserve）中的「戰鬥組」（Combatant Group）一員（*Hong Kong Government Gazette*, 31 January 1941），香港淪陷後相信成為日軍階下囚，經歷了一段困苦歲月。戰後，他應重投股票經紀工作，但看來表現不算突出，也沒有如祖父麼地一樣做出大事業。1954 年，菲力士年屆 25 歲的兒子華倫太，宣佈結束王老五生活，迎娶一位名叫盧珍（Jean M. Lowe）的女子為妻，據說新娘來自世家大族，婚禮在盧珍受洗的打比郡（Derbyshire）舉行，頗為熱鬧（*South China Morning Post*, 14 October 1954）。

1971 年 2 月，香港《南華早報》刊出消息，指菲力士於該年 2 月 16 日

病逝，享年 69 歲（*South China Morning Post,* 17 and 19 February 1971）。從他的遺囑中，可看到他晚年生活的一些痕跡。遺囑透露，他居於堅尼地道萬茂台（Monmouth Terrace），報稱的職業為交易所經紀。他委任一位名叫梁德基（Douglas Laing）的醫生和一位名叫盧絲比（Patricia Loseby）的女律師為遺囑及信託執行人，二人相信是他的生前好友。而較引人注意的，是他除了遺贈友人呂平 1,000 元外，餘下所有遺產留給女「管家」（housekeeper）梁德馨，這位梁德馨，居住地址和他一樣（Probate Jurisdiction－Will File No. 974/71, 1971）。按常理，就算一名管家多麼忠心盡責，亦沒可能將財產全數交予對方，但菲力士在遺囑中沒有一言半語提及妻兒，相信大家關係惡劣，甚至早已沒有來往，故寧可將遺產贈予華人朋友，以及陪伴多年、感情親密的女管家。

至於菲力士的兒子華倫太，基本上找不到任何關於他成長或工作的資料，只從訃聞得知他於 2016 年 11 月在加拿大安大略的「聖瑪麗大湖醫院」（St. Mary's of the Lake Hospital）去世，享年 87 歲。訃聞指他為人和善，容易相處，遺體葬於「根拿諾墳場」（Gananoque Cemetery）。報導同時指出，華倫太與妻子盧珍育有兩子，名字為克里斯（Chris Mody）及大衛（David Mody），兩子已婚，並育有多四名女孫（*The Globe and Mail,* 2016），除此以外，現時再沒有任何關於這個家族後人的公開訊息了。

毫無疑問，在一個特殊環境與空間下，麼地曾開創一番事業，積累巨大財富，晚年的慷慨捐輸，更讓他留下響亮名聲，獲得爵士頭銜。惟他的事業傳到子孫輩卻未能更上層樓，反而迅速滑落，當中除了後人的才幹、個性與健康等問題外，亦與時局轉變息息相關。尤其在麼地去世後，大英帝國先後捲入兩次世界大戰，最終雖然勝利，但綜合國力仍急速下滑，令依附於英國的巴斯族群風光不再。可見家族的起替興落，不能片面地與傳承接班計劃是否順暢、後代才幹強弱，或有否全力打拚等劃上等號，外圍因素的急速轉變，同樣不容

忽視。

結語

麼地在短時間內發跡崛起，建立突出事業，積累巨大財富，實在令人艷羨。惟這份亮麗成績，如他的生意夥伴遮打一樣，在死後便無以為繼，令人興歎。與遮打無後而終不同，麼地育有四子一女，人丁不少，按道理不應繼後無人，惟人算不如天算，麼地諸子各有問題，不是英年早逝，便是精神或身體不健全；而體格與智能健全者，卻性格反叛，違背傳統改信他教，並娶外族女士，因而與家人勢成水火。結果，麼地窮一生精力打拚下來的江山，只能在他去世後土崩瓦解。

由此思之，家族企業要代代相傳，實在一點也不容易。應對時局變遷與投資風險等外部因素不論，就算只是應對內部挑戰，亦甚為艱難：一方面是子女天生才智非人力可能控制；另一方面，就算家長如何強調團結一心，但子女面對自己的人生路時選擇遵從本心，以自己的利益及需要為先，亦是人之常情，揭示就算家長想家業長存久遠，子孫一代亦未必會接納或認同，正如廣東俗語所謂「仔大仔世界」。說到底，各人頭上一片天，大家各有選擇與造化，是珍惜父母輩打下的江山，抑或寧可走自己的道路，得失自知自受，非父母一代能左右。正因如此，順其自然、不執著、不強求，可能才是父母輩應該信守的、更為瀟灑的人生哲學。

註釋

1　另一寫法是 Hormusji Nowroji Mody，Naorojee 有時亦會拼寫成 Nowrojee，參考第一章討論。

2　麼地及其家人對家族背景閉口不談，反映他可能與原生家庭有一些矛盾，又或是有難言之隱，值得日後繼續研究。

3　港島百事樓（Buxey Lodge）相信是為了紀念他而命名，因此本文稱之為百事。

4　這間銀行常與另一間「日本銀行」混淆，有時也因手民之誤寫成「益本銀行」，令人相當混亂。而銀行當時的地址為皇后大道 18 號（*China Directory*, 1867: 13A）。

5　此點可能是從麼地去世時有報紙指他在香港生活了 53 年推算所得（*Hong Kong Telegraph*, 17 June 1911）。

6　皆為商業名錄上原來的中文名稱。

7　舊沙遜洋行由大衛・沙遜（David Sassoon）率同八子創立，到他去世後，其二子伊里亞・沙遜（Elias D. Sassoon）選擇自立門戶，創立了新沙遜洋行（E.D. Sassoon & Co.），在不同層面上與舊沙遜洋行相互競爭，參考《沙遜家族》一書。

8　公司中還有二人同樣名為「律譚治」，不排除他們亦有親屬關係。

9　據林準祥介紹，1862 年中，香港發生一宗轟動社會的鴉片騙案，舊麼地公司蒙受巨大損失，導致原公司解散結業，後改以 N. Mody & Co. 的寶號繼續經營鴉片生意，惟中文名字不變（林準祥，2016：255-256）。

10　默卓治・紐塞弘治・麼地在 1872 年 12 月 6 日去世，父親紐塞弘治・寶文治・麼地則於 1876 年 10 月 12 日去世。

11　雅打沙・紐塞弘治・麼地在 1909 年去世，生意由兒子加古雪・雅打沙・麼地（Kaghushree Ardaser Mody）及艾都治・雅打沙・麼地（Eduljee Ardaser Mody）等接手。

12　目前找不到麼地有參與鴉片貿易的資料及證據，加上當時不少人將「舊麼地公司」與「麼地公司」混淆，令人懷疑相關報導亦是一次張冠李戴的例子。

13　小高和爾乃早期港府撫華道高和爾（Daniel R. Caldwell，又名高露雲和高三貴）的兒子，他創立了律師事務所，本人具公證人資格，律師樓位於皇后大道 29 號。此按揭於 1862 年 8 月 15 日因還清貸款獲解除抵押，文件同樣由小高和爾辦理。

14　林巴在土地買賣方面似乎甚為活躍，與高和爾曾有不少交易（鄭宏泰、鄭心翹，2019：160-163）。

15　此按揭於 1862 年 11 月 21 日因清償貸款獲解除抵押，與此同時，又再以同一幅地皮作按揭借貸 2,000 元，利息仍是 2%（Memorial 2493）。

16　此按揭於 1862 年 12 月 1 日因清償貸款獲解除抵押。

17　正如第一章提及，在那個年代，經紀就如銀行經理般，是有名望、有信用且收入豐厚的職業，令人艷羨，麼地能成為經紀，揭示他已在香港站穩腳跟。

18　據說，九龍佐敦道的命名，是遮打為了紀念他而取的（Lim, 2011: 352）。

19　據說，約瑟夫・遮打生於 1851 年（即較遮打年幼五歲），到港時只有 15 歲，十分年輕，可能在完成初中教育後立即到港（*Hong Kong Daily Press*, 23 December 1886）。

20　當時麼地已闖出名堂，但百事重投商場卻沒有找上他，反映他們之間的關係可能遠比想像中複雜，又或因曾發生爭執而分道揚鑣。

21　T. Janaran 明顯符合「印度公司」的標準，但麼地在 1861 年已有能力向人提供按揭，為何到了 1865 年反而變回一名普通文員，為人「打工」，當中原因令人不解。

22　另一說指紐羅治於 1872 年出生，謝漢吉於 1875 年出生（Parekh, no year）。亦可參考謝漢吉去世後的報章報導（*South China Morning Post*, 10 September 1949）。

23　遮打無疑是香港早期社會一位舉足輕重的人物。據說，他自益本銀行倒閉後創業，只用大約十年間便積累了巨大財富，難怪能在 1871 年為麼地提供按揭。而且，他除了與麼地

組成合夥公司，還與渣甸洋行、沙遜洋行及很多政商顯赫人物多方往來，長袖善舞，政商通吃，影響力一時無兩。

24 遮打甚至曾擔任馬會主席、共濟會（Free Mason）亞洲區主席等等眾多極具影響力的職位，名聲之響亮一時無兩。

25 弗特烈‧沙遜乃大衛‧沙遜之子，那時乃舊沙遜洋行大中華地區業務的領軍人。

26 樓市火熱時，出現較多炒賣的應在港島，九龍地區相對較少，地價升幅尚不算大，麼地那時顯然已把投資目光集中到九龍半島，尤其尖沙咀地區，逐步開始吸納地皮。

27 在 1880 年代末的 1888 及 1889 年，麼地還斥資購入鄉郊建築地段（Rural Building Lot）21 號及內地段 255 號地皮。

28 由遮打、麼地聯同渣甸洋行領軍 JJ‧凱瑟克等人在 1886 年創立。

29 負責牽頭的雖是遮打和 JJ‧凱瑟克，背後則是兩家公司，即遮打麼地公司和渣甸洋行。其他投資者例如華商李陞、潘邦等，亦不純粹是個人投資，而是以他們各自的企業作單位，只是名義上由個人作代表而已。

30 主體工程於 1904 年完成後，曾主力促成該項計劃的人物，包括干諾公爵、港督德輔（George W. Des Voeux，任期 1887-1891）及遮打本人，均獲殖民地政府以其名字作新填地區的街道命名，所以有了干諾道、德輔道及遮打道等。

31 英國強租新界之後，麼地和遮打應該曾考察當地的不同天然資源，尤其認為那裡有黃金及鋼鐵等礦產，於是牽頭創立了香港鐵礦開採公司，在大埔九號碑石（9 Tai Po Mile Stone）及沙田大水坑村（Tai Shui Hang village）等初步評估有礦產的地方進行開採，惟結果大失所望，久久沒有找到預期之中的礦產（*Hong Kong Telegraph*. 3 and 9 September 1909）。

32 里亞托位於意大利威尼斯的市中心，曾是世界上商業貿易最為活躍的地方。

33 其後，麼地對港大多次增加捐款，總額超過 28 萬。

34 除麼地的捐獻外，港英政府還特別成立籌款委員會，向不同社會人士募捐，華人社會尤其反應熱烈，華人社會精英包括吳理卿、張人駿、何啟、周壽臣、何東、周少岐、陳啟明、劉鑄伯、莫幹生、張弼士等人表現慷慨，集腋成裘，作出巨額捐獻，令香港大學得以成功創立（Mellor, 1980）。

35 當年，吉吉貝臨終前以 25 萬英鎊，向英國皇室換取一個可世代承襲的從男爵頭銜。那時的麼地，同樣到了臨終之前，以 15 萬港元（還有數萬元撥作永續基金）換取一個普通爵位，兩者多少揭示，對於某些人而言，社會名望和認同實在甚有份量。

36 義德有眾多公職，亦曾任立法及行政兩局議員。

37 麼地與暹羅之間有緊密的貿易與投資關係，因而獲任命為暹羅名譽領事。

38 有關親友部份，他遺贈一名兄弟 10,000 盧布，一名姐妹 7,000 盧布，多名侄兒每人 1,000 盧布；妻子的兩名姐妹及妻子同父異母姐妹每人 2,000 盧布，妻子的兄弟則 3,000 盧布，至於每名外甥則每人 500 盧布，但遺囑中並沒提及他的孫輩，可能諸子女那時尚沒下一代。另一方面，他還作出其他捐獻，例如捐款支持盲人院、難民機構、女童學校及瑣羅亞斯德教教會等。

39 事實上，這份遺產最終沒有落到長子默弘治手中，因為默弘治較麼地早一年去世（參考下一節討論）。

40 那時，麼地一度傳出病危消息，顯示其健康惡化（*South China Morning Post*. 5 August 1909），幸好最後渡過危機，此點促使他須加快在生前的最後綢繆。

41 以年齡論，在那個年代算，默弘治已屬晚婚，那時麼地也年近 60 歲了。

42 有關家族與日本的關係，可參考下文提及紐羅治對日本事物的喜好，與長期在日本生活等。

43 另一說指紐羅治早於 1919 年已離開香港，可能便是去了日本（Chater. no year）。

44 這對身為香港巴斯會主席、巴斯社群領袖的麼地而言，自會被視為「其身不正」及管教

無方，帶來巨大衝擊實不難理解。

45　有關遮打如何思考遺產安排的問題，一直令人迷惑，相關可參考黃紹倫（Wong. 2017）的深入分析。

46　文內白的女兒及女婿明顯較獲得其歡心，他們有一段長時間到香港陪伴母親，常與她一同出席公開活動，如巡察麼地捐建的海員學校等（*Hong Kong Telegraph*. 30 September 1910）。

47　這些企業，麼地生前曾擔任其董事或持有一定比例的股份，屬於家族長期持有的投資。

第五章

羅旭龢家族
扎根香港的巴斯混血家族

當麼地健康響起警號，體能日差之時，一名混血巴斯男子於1896年離開校門，那時他只有16歲，初時加入律師行，後來考入港府警務署，擔任四等文員，正滿懷志氣，打算為自己的人生事業打造一條康莊大道，這名年輕人便是羅旭龢（Robert Homusjee Kotewall，又名鄭玉）。經過多年努力，他在政商界取得不少成就，更成為香港第二名獲得大英皇室頒贈爵士頭銜的混血兒。可惜，在他風光無限時，適逢日本侵佔香港，他的名望與影響力反令他成了日軍覬覦的目標。他在戰後被指「通敵」，最終雖洗脫罪名，但這個污點仍隱隱約約地如蛆附骨，損害了他的名聲，亦令他轉趨低調。

另一個纏繞著羅旭龢人生，對他造成不少困擾的問題，是他的混血兒身份。[1] 對強調血統純正，抗拒與其他種族通婚的巴斯人而言，羅旭龢的存在是一種尷尬與難堪，他從未被接納為一員，甚至有指他「被驅逐」。華人社會對中外混血兒亦有不少歧視，謔稱他們為「半唐番」、「雜種」，由於巴斯混血兒的膚色較深，他們所受的歧視較歐亞混合兒更嚴重。因此，其父母衝破種族通婚的樊籬結合，已令他站在相對不公平的起跑線，而他能在這樣的環境下成就一番事業，反映他具備過人才智、能力、毅力，以及時勢帶來的機遇。相對而言，他的子女活在歧視情況略有改善的時代，擁有更豐裕的物質環境及更高的學歷，雖然亦各有所成，但沒有人能達到羅旭龢在政商界的高度。顯然，環境順逆與個人成就並沒有必然關係。

羅旭龢父母輩的背景及際遇

巴斯乃少數民族，族人之間的關係通常較緊密，因為他們需要團結合作，才能抗衡外部壓力，避免覆亡的命運，尤其當身處異鄉時，互相依賴的情形更為顯著。而羅旭龢的父親卻違背種族禁忌，與華人女子相戀結合，並誕下包括羅旭龢在內的二子四女（Hall, 1992），[2] 可見他具有相當的勇氣，也肯定承擔了一定的後果。這些後果，不但影響他的人生，亦延及其子女。故羅旭龢家族的故事，亦要從羅旭龢父母一代說起。

綜合各方資料顯示，羅旭龢的父親全名賀馬治．律士譚治．高和（Homusjee Rustomjee Kotewall，另一寫法是 Homaje Kotwaje），為了便於閱讀，本書統一稱為賀馬治．高和。[3] 他生於 1833 年，在 1860 年代下旬自印度孟買到港謀生（Hall, 1992; 符澤琛，2020），即到港時已超過 30 歲，在當時而言年紀不輕。[4]

在 1867 年的《中華人名錄》（*China Directory*）所列的「洋人在華名單」（List of foreign residents in China）中，可以找到兩個姓「高和」（Kotwall）的洋人：一人名為 Kotwall D.，報稱乃「亞拉丁貝」（H. Alladinbhoy）洋行的文員，洋行地址在中環結志街（Gage Street）；另一人名叫 Kotwall D. R.，報稱是「巴毛近」（中文為原譯名，英文為 Balmoocan Davecurn）洋行的文員，沒有註明洋行地址（*China Directory*, 1867: 34-35）。後者日後證實全名為 Dadabhoy Rustomjee Kotewall（下稱打打貝．高和），在巴毛近洋行一直工作至 1870 年代末（*Chronicle and Directory for China*, various years）。

在 1868 年的《中國編年志與人名錄》（*Chronicle and Directory for China*）「洋人在華名單」中，有一家新成立的「蹄打」洋行（中文為原譯名，英文為 D. Tata & Co，又曾稱「打打」，日後譯為「塔塔」，更分裂為「新塔塔」和「塔塔」兩家公司，情況就如沙遜洋行分裂為新舊兩家一樣），老闆是 D．塔塔，他應

在 1865 年到華。[5] 在這間公司的記錄中有一名僱員，名叫 H.R. Cotwal，職位是文員，而塔塔洋行的地址報稱在中環的荷李活道（Hollywood Road）。

這個 H.R. Cotwal 的全名，日後證實為 Hormusjee Rustomjee Kotwall，亦即本文主角羅旭龢的父親賀馬治‧高和。按 1833 年出生推算，他在 1868 年加入塔塔洋行時已年過 34 歲，接近中年。他在塔塔洋行工作了相當長的時間，由文員升為店務助理，數年後更成為經紀，主要經營棉花與棉紗等生意。由於經紀在當時有近乎自僱或自立門戶的性質，看來他在塔塔洋行工作一段時間，摸清楚生意門路後，便在洋行「掛單」，以半合作、半受僱的形式做起生意來。相信他與洋行多年來合作愉快，故一直維持塔塔洋行經紀的身份至去世（*Chronicle and Directory for China*, various years）。羅旭龢亦提及，童年的他曾到荷李活道的塔塔洋行看望父親（Cook, 2006: 13）。

據 Christopher Cook 在有關羅旭龢生平的傳記《羅旭龢：一名香港人》（*Robert Kotewall: A Man of Hong Kong*）中所指，[6]「（羅旭龢的）父親在早年來港營生，並主要於船上任職事務長（Purser）」（Cook, 2006: 10）。然而，在不同時期的商業名錄上，均找不到賀馬治‧高和曾於船上工作的佐證，故可能是指他擔任文員或經紀期間，時常要到船上看貨，因為那時塔塔洋行主要從事進出口貿易。更有可能，輪船事務長是賀馬治‧高和加入塔塔洋行前的職業，因他加入洋行時已超過 30 歲，按道理洋行文員不會是他第一份工作，之前起碼應已在社會打滾多年了。

從 Dadabhoy Rustomjee Kotewall（打打貝‧高和）及 Hormusjee Rustomjee Kotwall（賀馬治‧高和）前後腳到香港謀生，均有 Rustomjee 的中間名及 Kotwall 的姓氏看，他們很可能是兩兄弟，父親名字按推斷應為 Rustomjee（參考第一章）。至於那位在 1867 年左右到港的 Kotwall D.，則有可能是他們的堂兄弟。他們到港後能成為洋行文員，顯示應有一定學歷，並非目不識丁。從記

錄看，Kotwall D. 似乎沒在香港逗留太久，而打打貝‧高和與賀馬治‧高和兩兄弟則長期留在香港，後者更在此地開枝散葉，改寫了家族的命運。

記錄洋人在華營商、工作與生活的《中華人名錄》，留下若干有關賀馬治‧高和及打打貝‧高和不同時期的人生足跡與事業腳印。1869 年，賀馬治‧高和仍是塔塔洋行文員，打打貝‧高和依舊在巴毛近洋行任職，兩人英文姓氏的串法仍不統一，有時是 Cotwal，有時是 Kotwal；惟兩家洋行看來有不同發展，塔塔洋行的前進腳步較好較快，在那年高級員工已有五人，但巴毛近洋行仍只有二人；前者地址仍在荷李活道，後者則未有註明（*Chronicle and Directory for China,* 1869: 69, 93, 149 and 165）。

這裡要補充 1873 年 10 月一則報紙新聞，指一名叫 B. Cowasjee Cottwall 的人，於 10 月 8 日在結志街（Gage Street）的家中突然去世，享年只有 34 歲（即生於 1839 年），仍屬壯年（*Hong Kong Daily Press,* 9 October 1873）。由於當時姓 Cottwal、Cotwal 或 Kotwal 者不多，推斷這名死者與賀馬治‧高和及打打貝‧高和有一定關係。

1874 年，打打貝‧高和的名字仍出現在「洋人在華名單」中，並註明在巴毛近洋行工作，公司地址位於荷李活道；但該公司的名字卻不再出現在「商戶名錄」中，反映公司的規模可能縮小了。至於賀馬治‧高和仍列入塔塔洋行名下，但身份已改為「棉花經紀」（cotton broker）（*Chronicle and Directory for China,* 1869: 20, 44 and 52），揭示他那時的工作已有很大變化，因為經紀的職位遠比文員高，亦更有自主和自由度。他以「自僱」性質仍掛單於塔塔洋行，借其名聲、地方及商業網絡打天下，營業額則與塔塔洋行「拆帳」，大家互惠互利，背後反映大家互信深厚，並有共同商業利益。

在接著的日子，賀馬治‧高和與打打貝‧高和的姓氏繼續採用不同拼法，並變為 Cotewall 與 Kotewall。他們的事業亦沿著各自的軌跡前進：賀馬治‧

高和似乎穩中向好，打打貝·高和則未有太大改善，有時甚至變得更差。舉例說，巴毛近洋行後來應沒法經營下去，其名字不久便消失在商業名錄中，打打貝·高和因此在 1880 年代轉投另一間名叫「蘇都途·祝根尼」（Sodutroy Chokhany）的洋行，該洋行曾報稱在中環卑利街（Peel Street），之後改為伊利近街（Elgin Street），之後又轉到荷李活道。到了 1892 年，相信又因「蘇都途·祝根尼」結業，他再轉投一家名叫「占馬士治」的棉花棉紗經紀行（Jamasjee, J. cotton and yarn broker），該行位於威靈頓街（Wellington Street），他的身份仍是文員，可見其事業一直沒甚突破，原因似乎與僱主經營不善有關。至於賀馬治·高和一直在塔塔洋行任經紀，地址不變（*Chronicle and Directory for China*, 1885-1894）。[7]

無論是打打貝·高和、賀馬治·高和，甚至是前文提及的 D·高和，以及正值壯年去世的 B. Cowasjee Cottwall 等，他們應一如大多數遠道而來的洋人般，隻身來港謀生（Hinnells, 2005）。他們在港生活的日子愈久，與本地華人（或其他種族）女子有交往，發生感情的機會便愈大。儘管巴斯傳統文化高度強調不與非巴斯人通婚或發生感情轇轕，但人類天生就有對情愛的渴求，賀馬治·高和亦只是其中一位沒法克服本性，掉進異族婚戀的巴斯男子之一。

華洋結合與混血群體的誕生

賀馬治·高和在塔塔洋行工作或掛單，擔任棉花（日後亦兼營棉紗）經紀，業務保持發展，生活亦進一步得到改善，相信是在這個時期打破了族群及社會禁忌。據 Hall（1992: 188）的推斷，賀馬治·高和應早在 1870 年代末，已與一位名叫「鄭亞祥」（Cheang A Cheung），又名「鄭容根」（Ching Yung Kan）的華人女子相戀或同居，二人雖沒有正式註冊婚姻，但先後誕下十名子女，其中有二子四女存活。從子女人數可見，二人維持了一段相當穩定及長時

間的關係。

據 Cook 引述羅旭龢本人回憶，其父親和母親在一起時，年齡各為 40 及 17 歲，相差 23 年。按此推斷，鄭亞祥約生於 1856 年，二人約在 1873 年走在一起。令人傷感的是，鄭亞祥最初誕下的四名孩子都在未足歲時夭折，到第五個孩子（女兒）出生時，迷信的鄭亞祥用木「窩」（wo）把嬰兒收藏起來，以免被鬼魅看到奪去生命。最後女嬰存活下來，並因此稱為「窩女」（wo-nui 或 wo girl）。數年後的 1880 年，羅旭龢出生，翌年再誕下羅福祥（Samuel H. Kotewall）及其他女兒，全部都順利地長大成人（Cook, 2006: 9），那四名女兒的名字分別為 Dorcas（中文名字不詳，相信便是「窩女」）、Winifred（中文名字不詳）、Esther（羅錫珍）及 May（中文名字不詳）（Hall, 1992: 188）。

賀馬治‧高和與鄭亞祥的感情關係，甚至共組家庭、誕下混血子女，在殖民地統治者及大多數洋人眼中，都是離經叛道，有失身份之事。殖民地統治者一直高舉白人至上或洋人至上的種族主義旗幟，嚴禁歐洲人與被統治的族群通婚，背後原因自然是為了維持本身種族優越性，並強化統治。至於華人社會亦不接受跨種族結合，視其後代為「雜種」，同樣採取歧視的態度，何東家族的例子便是很好的說明（鄭宏泰、黃紹倫，2007）。

可以想見，由於不為社會所容，賀馬治‧高和與華人女子肯定只是私下一起生活，他們誕下的子女亦不能公開。異族戀情或涉外婚婦在當時並不少見，無論殖民地統治者、洋人社會或華人社會均極為反感，被揭發後甚至會受到限制及懲戒。但由於華人社會不像統治者般擁有公權力，最多只能採取漠視的態度或在言語上冷嘲熱諷，故相對而言，涉外婚婦及其混血子女較多會選擇以華人身份在華人社區生活──事實上，他們亦沒法進入洋人生活圈子。

賀馬治‧高和與鄭亞祥的關係除了受社會排斥外，還牽涉到另一個問題，那就是他當時是否已婚。賀馬治‧高和到港時已過而立之年，按巴斯人早婚的

傳統（參考打笠治和麼地的例子），他應是在結婚甚至誕下子女後才往外闖，那他在香港與華人女子長時間一起生活，甚至誕下眾多子女，必然令其妻子極為傷心，亦令其家族蒙羞，他因而被巴斯群體「驅逐」亦不難理解。

再細心看，賀馬治・高和對這段異族戀情應相當認真，盡了養家及照顧孩子的責任，並為保障鄭亞祥及孩子的生活作了一些重要安排：其一是買入土地讓鄭亞祥有地傍身，其二是早立遺囑。先說土地買賣。從資料看，早在 1877 年中，兩名華人未婚女子梁亞馨及溫亞荃（Leong Ahing and Wen Acheun），將位於內地段 110 號 A 部份的第二分段，售予 DB・塔塔和賀馬治・高和（Dorabjee Burjonjee Tata and H.R. Cotewall），地皮作價 2,620 元（Memorial 7185），這位 DB・塔塔相信是塔塔洋行的家族成員。

賀馬治・高和與塔塔家族成員合作購入地皮，一來可視作他與此家族關係深入的說明，二來則反映他明顯已有一定財力，更為重要的則揭示他可能有長居香港的打算。到了 1880 年中，DB・塔塔再把他持有的內地段 110 號 A 部份的第二分段權益，以 1,500 元售予賀馬治・高和（Memorial 9007）。在這個一退一進的土地交易間，賀馬治・高和成為那幅地皮的單一擁有人。

接著的 1883 年中，賀馬治・高和再下一城，從一位名叫梁齊（Leung Tsai）的人手中，購入內地段 110 號 A 部份的第五分段地皮（Memorial 12486），記錄未有提及作價多少。這次的地皮與他早前購入的地皮相連，明顯是有意擴大持有的土地面積。而到了 1889 年 12 月，他再將內地段 110 號 A 部份的第二及五分段地皮，以 8,000 元轉讓給鄭亞祥，而鄭氏的身份報稱為「未婚婦人」（Memorial 17657）。從連串土地交易的過程，可以看到賀馬治・高和在有了一定財力後，與友人合力購入地皮，之後再轉給為他育有多名子女的「情婦」鄭亞祥，讓她獲得一些物質保障。

為了進一步確保「情婦」及子女的生活，賀馬治・高和在他健康情況轉

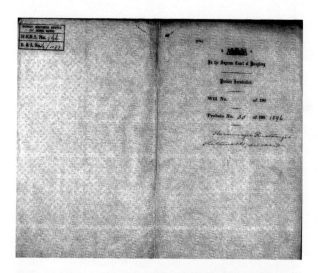

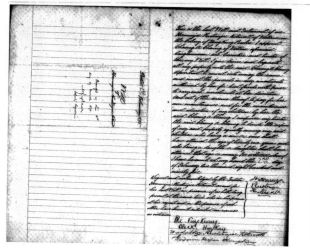

賀馬治・高和的遺囑

壞時，預先訂立了遺囑。這份遺囑收藏於香港歷史檔案館，訂立日期是 1895
年 2 月，內容甚為簡單：賀馬治・高和委託的遺囑執行人，名字便叫鄭亞祥
（Cheang A Cheung），聲稱的身份是「單身婦女」，他把名下所有遺產交到她
手上，指示她要用那些遺產照料孩子們，作為生活和教育開支。遺囑的見證人

為施炳光（Shi Ping Kwong）和打打貝‧高和，前者身份為文員，後者為「貨倉保管人」[8]（Probate Jurisdiction—Will File No. 38/96, 1896）。

訂立遺囑翌年，即 1896 年 3 月 5 日，賀馬治‧高和在香港去世，享年 63 歲，遺體葬於跑馬地巴斯墳場。這裡補充一點他去世前後的資料。據對巴斯族群有研究的學者 Hinnells 所言，賀馬治‧高和之子羅旭龢因娶了華人女子為妻，故「被驅逐」（excommunicated）出巴斯群體，再沒有任何聯絡，甚至不准許他在父親臨終時見面，更不能參加其喪禮（Hinnells, 2005: 178）。

不過，這個說法存在相當多疑點，亦與事實不符。首先，賀馬治‧高和去世時，羅旭龢只有 16 歲而已，尚未結婚，不存在娶了華人女子為妻而被驅逐的可能。而且，「娶了華人女子」的明顯是賀馬治‧高和，雖說他與鄭亞祥應沒有辦理合法的手續，或舉行社會認可的儀式，但長年同居加上誕下多名子女，二人關係可謂眾所周知（Hall, 1992），具「事實婚姻」的關係。因此，Hinnells 所指羅旭龢「被驅逐」一事，很可能是馮京作馬涼的誤會，就算真的有人被驅逐，也可能是指賀馬治‧高和，而非羅旭龢本人。但從賀馬治‧高和死後能夠下葬於香港巴斯墳場的情況看，他未必真的「被驅逐」出巴斯族群——或者可能是指「被驅逐」出孟買巴斯族群，並非香港；另一可能，是香港巴斯族群採取了彈性方式處理，讓賀馬治‧高和可以葬在那裡。

賀馬治‧高和去世後，「洋人在華名單」上不再有他的名字，並有一位 R.H. Kotewal 在翌年取而代之，身份是「警務處文員」（clerk, Police Department），這位 R.H. Kotewal 便是羅旭龢了。至 1899 年的名單上，姓 Kotewal 的仍共有三人，除了 R.H. Kotewal 外，還有前文提及的 E.D. Kotewal 及 K.J. Kotewal，前者仍是香港棉花棉紗經紀，後者是駐紮上海的塔塔洋行文員。打打貝‧高和的名字則不見了，推斷他要不是離開了香港，要不就是如賀馬治‧高和般去世了。

孤家寡人自孟買（或阿富汗）東來謀生的賀馬治・高和，沒有做出如打笠治或麼地般的亮麗成績，本應如打打貝・高和、D・高和，甚至是 B. Cowasjee Cottwall 般，在去世後寂靜無聲地消失。惟他違背巴斯傳統，與華人女子結合，誕下混血子女，其中一子羅旭龢（Robert Homusjee Kotewall）日後闖出名堂，揚名聲、顯父母，賀馬治・高和的名字因此被人提及，家族亦在香港歷史上寫下傳奇。

羅旭龢的出生成長與教育

在討論羅旭龢如何闖出名堂之前，先交代香港混血群體的一些發展特點：其一是父親一方大多為洋人，[9] 母親是華人；其二是在子女成長期間，父親一方大多缺席（主要是離開了香港），由母親獨力撫養成人；其三是由於父親缺席，母親只能母兼父職，子女們的言行舉止乃十分華化，對中國文化與傳統認識較多，且較為遵循；其四是由於子女自幼受中國文化薰陶，加上洋人社會對他們的排拒，促使他們只能靠向華人社會一方，亦較認同自己的華人身份，當然這亦可能是經過深入計算，即所謂「行人頭好過跟鬼尾」——做華人可以當領導，做洋人只能跟在後；其五是不少混血子女長大後，往往會被送到西式學校求學，掌握中英雙語及現代知識，便利謀生，尤其從事如買辦等代理及中介職業（鄭宏泰、黃紹倫，2007）。

此外，香港的混血兒群體，不少都像何東家族一樣，由第一代混血兒「創造」了自己家族的姓氏。例如何東生父姓 Bosman（曾譯「波時文」），母親姓施，按傳統做法，何東應姓 Bosman，某些情況下則跟隨母親姓施。但他既沒從父姓或母姓，而是自定了「何」的姓氏，再給父親起名「仕文」，令父親中文全名變成了「何仕文」，家族籠統地有了一個中國化的姓氏（鄭宏泰、黃紹倫，2007）。

而羅旭龢的情況則同中有異。從資料上看，他生於 1880 年，曾隨母親姓鄭，以鄭玉的姓名生活了一段時間，後來他在香港入學校讀書時，英文姓名改用 Robert Homusjee Kotewall，即用回父親 Kotewal 這姓氏，並跟隨巴斯傳統，採用父親名字 Homusjee 為中間名。至於他的中文姓名何時改為「羅旭龢」則不詳，一個簡單直接的推斷是，他將英文名 Robert 中的 Ro，按粵音直譯為「羅」，Kotewall 改為文雅的近音字「旭龢」。作為第一代混血兒，他以「羅」作為自己及後代的姓氏，相信並非隨隨便便，而是經過一番深入思考後才確立下來的。[10]

　　自此之後，他便以「羅旭龢」的中文姓名行走江湖，他的子女後代，甚至兄弟姐妹——羅福祥（又名 Samuel Homusjee Kotewall 或 Lo Fuk Cheung）及羅錫珍（Esther Kotewall）等等——亦一律使用「羅」姓，不是翻譯原來的巴斯姓氏 Kotewal 或 Cotewal，英文姓氏則仍採「Kotewall」。另一方面，羅旭龢沒像何東般給父親起中文姓名，[11]即是說，冠「羅」姓的做法，應是自羅旭龢出道或發跡之後才廣泛採用，確實年份與過程，留待日後再作深入探討。

　　另一與何東及其他歐亞混血兒不同的是，羅旭龢的父親並沒像何東生父般，在孩子出生後「一走了之」，而是一直留在香港生活，反而較少回到孟買。他既與鄭亞祥維持穩定關係，亦一直給母子們提供堅實的經濟支援，例如前文提及曾為她置業，這在那個年代屬於重要資產，讓一家大小「有瓦遮頭」，生活獲得重要保障。或者可以這樣說，賀馬治·高和雖非大財主，但亦屬當時社會的中上層，有不錯收入，所以能讓一家過穩定的生活，不致於缺乏父愛，也沒有承受太多生活之苦。

　　不過，由於早期香港社會並不接受華人女子與洋人交往，他們的混血子女更受到歧視，賀馬治·高和明顯不能公開與子女們的關係，更不能公然一起生活，故日常照顧的責任都落到鄭亞祥身上。據 Cook（2006）引述羅旭龢回憶，

自出娘胎後，他們便與母親一起生活，日常起居習慣都與普羅華人沒有分別。然而，這不代表他們被華人社會接受。相反，由於與別不同的外觀，他們經常招來冷言冷語，有時甚至要面對人生安全威脅，所以大多涉外婚婦與混血子女都會聚居同一社區，以便互相照顧。

或者是怕影響子女們的成長，到 1887 年羅旭龢七歲時，鄭亞祥便將他送到廣州的娘家，與外婆一家生活，並在當地的「譚明山學校」（Tam Ming Shan School，音譯）接受中國傳統書塾教育，接觸四書五經等儒家經典（Cook, 2006: 18），他很可能在那段時間採用鄭玉的姓名。羅旭龢天生聰敏，學習上沒大問題，惟曾遭到其他同學欺凌，在奮力反擊下，才免再受滋擾（Cook, 2006: 12-13）。之後他集中精力於學習上，打下了堅實的國學根基（Birch, 1986），亦因此深受中國文化影響，思想行為、衣著習慣等皆十分華化，與一般中國人沒有兩樣。[12]

同樣據 Cook 所述，羅旭龢的父親一直沒有教子女們巴斯語言，更從沒帶過他們返回孟買（Cook, 2006: 13），雖然羅旭龢曾有意認識父親在孟買的親友。此點揭示賀馬治‧高和與孟買的巴斯族群之間存在一定隔閡和距離，他明顯不想讓子女與孟買的家族有聯繫，或投向巴斯群體，所以一直沒有向他們提及巴斯族群、信仰與文化的價值。

當然，亦可能是由於賀馬治‧高和與華人女子一起生活，誕下眾多子女，被視為違背巴斯的信仰、文化和傳統，因此被「驅逐」出巴斯群體，永不相認，所以就算他想，亦沒法讓羅旭龢等子女融入香港的巴斯群體，遑論孟買的家族。故為免尷尬難堪，寧可不再提及他們的巴斯背景和傳統宗教。真實情況如何，相信很難有答案，但這卻鮮明地突顯了巴斯社會高度堅持的族內婚傳統。

到羅旭龢約 11 歲時，家人將他自廣州接回香港，接受正規現代教育。他

被安排入讀中央書院（即皇仁書院）。當時中央書院以中文授課，但亦十分重視英文學習，可能羅旭龢在廣州讀書時甚少接觸英文，曾被指發音不準確，揭示他可能成績跟不上。至 14 歲時，在父親安排下，他轉到拔萃男書院繼續學業，得到時任校長俾士（George Piercy）的悉心教導，苦練英文，成績有很大進步（Cook, 2006: 18-19）。

如前文所述，賀馬治‧高和在 1895 年立了遺囑，很可能反映他在那時或更早之前，已察覺自己健康出現問題，將不久於人世，所以一直催促長子羅旭龢學好英文，並用心安排他入讀皇仁書院及拔萃男書院。羅旭龢那時刻苦地練習英文，可能便是為了滿足父親心願。可惜的是，賀馬治‧高和在 1896 年去世，未能親眼看到兒子成材。父親去世後，家中失去了經濟支柱，作為長男的羅旭龢亦在 1896 年離開學校，踏足社會，承擔賺錢養家的責任。

作為中國與巴斯的混血兒，羅旭龢與何東等歐亞混血兒（或稱中歐混血兒）雖然在血緣膚色上不同，但他們在當時香港所遭遇的歧視則基本上沒分別，成長與教育路途亦甚為相似：與華人母親相依為命；自小受中國文化薰陶，學習中文，尤其傳統儒家經典；年紀稍長後進入皇仁書院、拔萃男書院或聖約瑟書院等以西式辦學、教授中英雙語和現代知識的學校，培養出雙語能力和國際視野，成為溝通華洋中外的中介橋樑，在中國走向世界或世界進入中國的發展過程中，扮演了極為吃重的角色。

踏足社會的事業和婚姻遭遇

過去有關羅旭龢事業與婚姻初期的說法，只提及他於 1896 年離開拔萃男書院後加入政府，不久便迎娶妻子郭懿德（吳醒濂，1937）。但是，據羅旭龢本人的回憶，中間還有一些波折和經歷。Cook（2006: 20-21）在羅旭龢的傳記中提及，羅旭龢離開拔萃男書院後的第一份工作，是在朋友介紹下進入當時甚

有名氣的「高露雲」（Wilkinson & Grist）律師行，[13] 擔任類似「師爺」的工作，正式職銜是「助理翻譯」（Assistant Interpreter），反映他當時的中英雙語應有不錯的水平。這份工作試用期為三個月，期間沒有工資，要通過考核才可獲得正式錄用（Cook, 2006）。年紀輕輕且沒有任何工作經驗的羅旭龢，毫不計較（亦無法計較）「無酬工作」，期望不久即能獲得正職。由於他能講、能寫流暢的中英文，因此受二老闆格理斯（Edgar J. Grist）的看重。[14]

雖然羅旭龢工作順利，也獲老闆賞識，但兩個月後，尚未完成試用期時，他看到政府憲報刊登警察隊招聘四級文員的通告，每月工資 30 元，在當時是很不錯的待遇，所以他立即報名參與招聘考試，並一舉即中，獲得錄用，在 1896 年底蟬過別枝，辭去律師樓工作進入警察隊。這可視為羅旭龢人生一個重要的轉捩點（吳醒濂，1937；Cook, 2006）。

進入警察隊工作後，據羅旭龢自述，雖然他亦有因種族和血統問題而遭到歧視，但由於雙語了得，個人表現突出，他還是獲得了加薪和升遷，並因工作關係接觸到時任警察隊隊長梅含理（Henry May）。到了 1901 年，在警察隊工作已近五年的羅旭龢，月薪已達 60 元（即較五年前增加了一倍）。那時他已年屆 21 歲，有了成家立室的基礎及多種條件，於是迎娶了相信同屬混血兒的首任妻子 Grace Hung，結婚時洪氏為 17 歲（Cook, 2006: 26）。

同樣據羅旭龢所述，他與首任妻子其實是自小玩到大的青梅竹馬，因此常被兩家親友及鄰居們取笑，指二人長大後可結為夫妻。他們的婚禮按照中國傳統「三書六禮」（Three Covenants and Six Ceremonies，原註）的儀式進行（Cook, 2006: 27），這是當時混血兒們較普遍的選擇，亦較貼近他們自小養成的生活方式。正如前文提及，在早期香港社會，混血兒群體備受社會排擠，認為他們是「半唐番」、血統不純的「雜種」。為了面對華洋主流社會的排擠與歧視，他們很多時都聚居在一起，並多於皇仁書院、拔萃男女書院及聖約瑟書院等西式學

校讀書，畢業後則多從事買辦、翻譯（例如在不同政府部門或律師樓傳譯）、代理與中介等職業（鄭宏泰、黃紹倫，2007）。由於生活方式及成長環境相近，加上同樣不被外間社會接納，混血兒之間常相互通婚，結成了多層重疊、環環緊扣的關係網絡，Hall 因此以「在網中」（in the web）一詞，生動地形容這個族群的連結（Hall, 1992）。

　　洪氏在婚後約五年誕下一子，羅旭龢及母親本來極為高興，卻想不到洪氏在產後不久染病，高燒不退，雖然送入政府醫院救治，但最後回天乏術，只約 22 歲便離開人間，其初生嬰兒不久後亦夭折，接連噩耗令羅旭龢傷心不已（Cook, 2006: 28-29）。由此可見，剛出校門的羅旭龢，不但事業上並非「一步到位」，家庭婚姻亦面對波折，首任妻子和長子早夭成為他的揪心之痛，體味了生離死別的人生苦難。

　　之後，羅旭龢藉埋首工作以忘掉苦痛，一直到 1909 年才續弦，那時他的工作已有進展，經濟基礎亦更佳。新任妻子郭懿德（Edith Lowcock）同樣是混血兒，生於 1889 年，比羅旭龢年輕九歲。婚後，他們育有一子九女，除其中一女早夭外，其餘都長大成人，英文名字分別為 Esther、Phoebe、Doris、Helen、Bobie、Maisie、Cicely、Cyril、Patsy（Cook, 2006: 95），子女日後與不同大家族——尤其混血兒家族——發展婚姻聯盟，令羅旭龢家族成為香港其中一個婚姻及人脈網絡既深又廣的家族。

　　郭懿德的娘家亦甚為特別，在這裡可作一些簡單介紹。綜合各方資料，郭懿德父親相信亦是一名混血兒，英文名字為 George Lowcock（喬治・盧郭），[15]他為自己取了一個中文姓氏：郭，可能是其粵音與 Lowcock 中的 Cock 十分相近之故。下文一律稱他為郭喬治，而他所生的後代，中文亦一律採用「郭」姓。

　　資料顯示，郭喬治的父親據說名叫 Henry Lowcock，這裡譯為亨利・盧郭。從不同時期的《中華人名錄》推斷，他約於 1856 至 1859 年間到華，1859

年居於廣州，後來應轉到福州，在那裡居住了一段不短的時間。在 1859 年的「洋人駐華名單」中，已出現亨利・盧郭（H. Lowcock）的記錄，那時的所在地註明是「廣州」，之後轉為「福州」，是「仁記」（Gib Livingston & Co，有時用「劫行」或「劫公司」）的「文員」——當時寫成「clk」，相信是文員的簡寫。到了 1864 年則改為「品茶師或驗茶師」（1864 年寫作 tea-insecto，1865 年改為 tea-inspector，1867 年又改為文員），工作或居住地仍在福州。

到 1868 年時，香港政府憲報刊登一則告示，指亨利・盧郭已獲接納為仁記的合夥人（*Hong Kong Government Gazette,* 10 October 1868），翌年即 1869 年，他轉到上海工作，在相關的人名錄中，身份轉為仁記「商人」，註明派駐上海。之後的 1870 至 1871 年間，相關名單指他「缺席」，應該是離開了中國（*China Directory,* various years）。1872 及 1875 年，香港政府憲報曾兩次刊登公告，表示殖民地政府委任亨利・盧郭為定例局（又稱立法局，即現時立法會，下文一律稱之為立法局）議員，頂替因假離港的賀利代洋行（Holiday Wise & Co）大班路威（Richard Rowett）（*Hong Kong Government Gazette,* 23 March 1872 and 23 January 1875）。

綜合以上資料，粗略可見，亨利・盧郭應該大約在 1850 年代到華，加入仁記洋行，曾在廣州、福州、上海及香港等地工作，主要工作是品茶或驗茶師，同時亦擔任文員。他於 1868 年獲仁記吸納為合夥人，之後的 1872 年更晉身殖民地政府立法局，議政論政，反映他在華的事業逐步上揚，發展得不錯。當然，亨利・盧郭在立法局只是署任，而非正規任命，但仍是相當不錯的成就。此外，他亦活躍參與社會事務，包括出任男拔萃書院校董會成員、聖約翰教堂信託成員及「傳教士醫官聯盟」（Officers of the Medical Missionary）副主席等公職（*Chronicle and Directory for China,* 1882）。

郭喬治是亨利・盧郭的次子，出生年份不詳。他有一子一女，兒子名字和

祖父一樣叫 Henry，這裡譯為郭亨利，生於 1892 年；[16] 女兒為郭懿德，長大後下嫁羅旭龢。一般情況，郭懿德的祖父乃仁記合夥人，又曾任立法局議員，必然有強勁的政治及社會人脈後台，羅旭龢與她結婚後，事業上應可獲得一些助力；但現實情況卻非如此，原因當然是殖民地統治者排擠跨種族通婚，歧視混血兒，再加上那時華洋男女在一起，大都沒有正式婚姻關係，即郭喬治、郭懿德等在法律上可能與亨利‧盧郭無關，故亨利‧盧郭顯赫的身份，亦沒為羅旭龢帶來什麼作用。

據羅旭龢本人回憶，他自律師樓轉到政府工作，不時會面對歐洲人的歧視，或受到不公平對待。如他在警察隊時，要比其他同事承擔更多工作，卻同工不同酬。但他安慰自己，那時剛入職，資歷與經驗尚淺，多做一點或多吃一點虧，就當作歷練。而且他也明白必須接受現實，哪怕遇到不公平對待，亦只能逆來順受，任何反抗都無補於事，就算辭工而去，到別處也會面對同樣情況，故他選擇留下來，繼續默默努力。

到了 1901 年，即羅旭龢再婚那年，他看到輔政司署（Colonial Secretary Office，後改為布政司署，即現今政務司）招聘人手，職位是第七級文員，於是申請調遷並獲接納。不久後，原來的警察隊隊長梅含理擢升為輔政司，再次成為他的上級長官。期間，羅旭龢仍努力不斷，表現突出，惟當他的職級提升到一定高度時，便發覺無論自己表現怎樣優秀，仍沒法再上一層，碰到「玻璃天花板」的問題。此外，當時部門內大多歐洲同事都對他冷嘲熱諷，指他是「一位留著豬尾（辮子）的中國佬」（'Chineseman' with a 'pigtail'），令他十分難受（Cook, 2006: 31）。

有兩件事，赤裸裸顯示羅旭龢受到的不合理對待。據他所言，調任輔政司署並經過一段時間努力後，他的職位升至四級文員（可能因他在警察隊時已有四級文員資歷之故），期間曾署任「二級文員」職位長達兩年。不過，他雖做

著二級文員的工作，卻只維持四級文員的薪酬，而且長期署任仍不能升職「坐正」，職位反而由一名英國人 J.A.E. Bullock 出任，他則重回四級文員的位置。這樣的不公平待遇，難免令他感到抑鬱氣餒（Cook, 2006: 31-32）。

另一件事大約發生在 1906 或 1907 年間，當時潔淨署（Sanitary Department，相當於衛生署）有一個總文員職位出缺，[17] 羅旭龢認為自己有足夠資歷及能力，故向上級申請調升，但不獲梅含理批准，原因是「（那職位）沒可能由一個年輕中國人應對一眾歐洲衛生督察」（Cook, 2006: 32），意思是中國人的職位不能高於歐洲人。由於升職和調遷都「此路不通」，羅旭龢只能維持四級文員的工作，閒時與新婚妻子享受生活，或者略能紓緩他受到的挫折。

羅旭龢憑著流利的中英語能力，以華人身份成功進入政府公務員體系，為政府的日常管治作出貢獻，而且他工作努力，處事機敏，若在公平的評核條件下，職位和待遇應該獲得相應提升。可是，殖民地政府抱持白人至上的種族主義，令他一直難有突破，每到關鍵職級便「行人止步」。哪怕他忍氣吞聲，默默耕耘，希望能避開障礙，但均沒法如願。面對這樣的情況，或許不少人會選擇放棄，成了職場「老油條」，但志大氣銳的羅旭龢卻不甘心，一直努力尋找出路，並在時局轉變時抓緊機會，才有了日後的顯赫發展。

獻策處理杯葛電車運動獲得賞識

讓羅旭龢最終突破殖民地政府「玻璃天花板」的時局變化，便是在 1912 年底至 1913 年初發生的一場「杯葛電車運動」，他憑對社會和政治的敏銳觸角，大膽地向已貴為港督的梅含理提交私人報告，分析形勢並提出應對建議，令政府順利遏止運動蔓延。這一舉動，相信令他獲得梅含理和殖民地政府的信任，人生仕途日後有了突破性發展。

1911 年「辛亥革命」成功推翻滿清皇朝後，中華大地出現激烈的政治角

力，某些更波及香港，殖民地政府因此高度警惕，不願意捲入國內政治鬥爭的漩渦。有分析指出，中華民國成立之初，廣東革命政府因為財政緊絀，打算透過香港向海外華人募捐，但遭殖民地政府阻撓，故只能私下進行，成效不大。後來，廣東政府再以發行錢幣的做法增加貨幣供應，但由於當時香港和內地兩地的貨幣互相流通，此舉影響到本港金融的穩定，於是港英政府下令禁止中國錢幣在港流通，及不容許廣東政府在港發行公債，令廣東政府及那些支持廣東政府的華商感到不滿（蔡榮芳，2001）。

自開埠以來，中國貨幣在香港民生百業流通甚廣（鄭宏泰、陸觀豪，2017），不少公司和職工會以中國貨幣作交易或發餉，不少人亦有這方面的儲蓄存款，港府禁止中國貨幣流通，不只破壞了廣東政府開拓財源的圖謀，同時損害了很多香港人的利益，引來民眾不滿和抗議。由於反對聲音一直沒有得到港英政府的正面回應，電車公司又於此時按政府新規定，拒收中國錢幣，最後演變成「杯葛電車運動」。

運動爆發後，社會上政治氣氛甚為緊張，電車乏人乘搭，影響經營，亦影響民眾出入和日常生活。據羅旭龢本人回憶，時年已 32 歲的他，曾私下給梅含理寫報告，認為市民不乘搭電車，未必是有意參與杯葛行動，而是擔心乘搭電車會受到運動發起者和支持者的攻擊，只要能使他們安心繼續乘搭，杯葛運動必然不攻自破（Cook, 2006: 33）。因此，他提出如下四點建議：

一、遏止杯葛者的宣傳。華文報紙會發表政府告示（即不會為杯葛者作宣傳），但杯葛者會四出張貼海報及派傳單，政府應調派足夠「華人情報警察」（intelligent Chinese detectives），迅速撕掉該些海報。雖然政府已有這樣做，但人數不夠，行動不夠迅速，應派出更多人手，更迅速地進行，不讓民眾有機會閱讀海報，令杯葛信息無法宣揚開去。

二、要求廣東政府配合。應透過外交途徑，要內地相關的政府部門向報社

下達命令，出版的報紙不能刊登任何可能鼓吹杯葛行為的訊息。

三、安排人手扮作乘客如常乘車。一般民眾只是跟風而行，電車公司可安排足夠數量的華人，扮作一般乘客使用電車——即廣東話的「做媒」。有了帶頭作用，其他需要謀生的貧苦階層自會跟隨。但要確保假扮者的安全，而且人數不能太少。

四、安排名人乘搭。應找一些親英並有號召力的華人領袖協助，請他們親身或安排員工乘搭電車。看見他們沒有受到安全威脅或騷擾，其他民眾必會跟隨，恢復使用電車這一便宜又方便的交通工具。

提交私人報告之後，梅含理在另一場合詢問羅旭龢對時局的評估和看法，羅旭龢認為應更好地利用華人的社會名士，例如劉鑄伯和何福等。後來梅含理曾約劉鑄伯一起午餐，大家細談了很久，揭示羅旭龢的意見應有受到重視。之後，羅旭龢再聯同劉鑄伯、各街坊會、商會及東華三院領導等開了不少會，討論如何化解運動（Cook, 2006: 33-35）。「杯葛電車運動」結束後不久，劉鑄伯於 1913 年 9 月獲委任為立法局議員，頂替原來由何啟擔任的議席（*Hong Kong Government Gazette,* 5 September 1913），應是「酬謝」他在這次事件中出力。

「杯葛電車運動」擾攘兩個多月後，終因何啟、韋玉和劉鑄伯等華人領袖出面多番調停，殖民地政府又作出諸如「半價廉售十萬張電車票給華人僱主，以便分發給華員」的安排，令事件得以平息（蔡榮芳，2001）。儘管如此，香港社會日趨政治化，支持中國革命與效忠殖民地政府的人各據一方，明爭暗鬥不斷。無論如何，羅旭龢以私人報告形式直接上書梅含理，既展示了個人對社會和政治的敏銳洞悉力，又表現了對殖民地政府的忠誠，利用當前局勢提升自己在殖民地政府的地位，算是鷸蚌相爭中的獲益人。

私人報告之後，羅旭龢的職位與待遇，開始出現奇跡變化。就在 1913 年，他獲得了「太平紳士」（Justice of the Peace）頭銜（*Hong Kong Government*

Gazette, 20 March 1913），在那個年代只有少數華人精英能有此榮譽；另一方面，他還獲得政府發出獎金，這對像他那樣的政府文員甚為少見（CO 129/404, 1913），應是表揚他在杯葛事件的功勞。1915年秋，羅旭龢更獲告知，他將於1916年起擢升為輔政司署「首席文案」。

這次提升是羅旭龢獲殖民地政府垂青的重要訊號，因為他既非法律專業人士，亦沒有提出申請，卻獲指派過去只有歐洲人才能擔任的高級職務。而且這是將原來「一級文員」和「總文員」合併而成的新職位，似乎是為羅旭龢「度身訂造」的，那時甚至有預測，指他會被安排到英國深造法律，為日後「坐正」作準備（Cook, 2006: 37-38）。獲得提升雖令羅旭龢喜出望外，但他卻沒有接受這個職位，更沒有踏上赴英深造之路。因為在那個時刻，他已決定更換跑道，離開政府加入商界。

如果羅旭龢不是有過人才幹、抱負與野心，而是逆來順受，不求升遷，他可能會一直停留在輔政司署四級文員的崗位上，直至退休；就算他再努力，職位可能也只會略作提升，不可能突破「玻璃天花板」，獲得「首席文案」的位置。但正因他不甘心，並時刻尋求突破點，藉「杯葛電車運動」一事主動出擊，向港督呈上私人報告，表忠輸誠，出謀獻策，終獲得賞識，人生事業乃出現重大突破。

由政府轉投商界的打工新跑道

從羅旭龢的個人回憶可以發現，他在政府內升遷受阻，深感挫折之時，其實已開始尋找更適合自己的舞台。到提交私人報告並獲得擢升時，他早前另尋發展的機會亦變得明朗，或者說已趨成熟。故雖然政府將他擢升到過去一直追求的高級職位，但相較而言，外間的機會更吸引更難得，因此他仍決定往外闖。

從資料上看，在皇仁書院及拔萃男書院讀過書的羅旭龢，一直和其他相同背景的混血兒們有十分緊密的聯繫。他迎娶同屬混血兒的首任妻子和繼室，便是這份連結的有力說明。正因如此，當他人生及事業碰到困難時，向混血兒朋友傾訴，尋求協助——尤其是那些已在社會上拚出成績的名人如何東諸兄弟、陳啟明、冼德芬、洪金城等，乃顯得不難理解。

　　據羅旭龢所述，在輔政司署工作時，一直有朋友接觸他，游說他離開政府，投身商界，惟他自覺腳步未穩，根基不固，又認為自己能在政府中達到更高位置，故總是婉拒好友的邀請。由於羅旭龢加入政府是由低做起，在輔政司署工作時處理了全港跨部門工作，對政府各層面的運作都十分熟悉，加上他工作近 20 年，已建立一定名聲與人脈關係，甚至掌握了政府的重大發展方向與策略，成為不少大家族或大企業心儀吸納的對象，劉鑄伯、何福和陳啟明向他招手，顯然正是看中他這些特點。

　　羅旭龢有意從商之心，可能在 1914 年前已見端倪。丁新豹的研究指，1914 年，華人買辦莫藻泉家族與太古洋行的合約即將屆滿，在洋行考慮是否續約期間，何福、陳啟明等歐亞混血兒曾組成團隊爭取該職，意圖由混血兒族群壟斷香港主要洋行買辦的職位，據悉羅旭龢亦是團隊其中一員。惟太古洋行仍舊鍾情莫氏家族，令他們無功而還（丁新豹，2009：178-179）。

　　在 1915 年，劉鑄伯、何福和陳啟明等籌劃創立一家私人有限公司，經營出入口貿易，需要物色一位能擔大任的經理，統領實務，開拓生意。他們覺得羅旭龢乃極為適合的人選，全力游說他加盟，亦答允會給予優厚待遇。經過一番思考後，在 1916 年初，羅旭龢決定跳槽，放棄在政府公務員系統近 20 年的高薪厚職，轉換跑道，投身商界。

　　殖民地政府為羅旭龢提供近乎「度身訂造」的首席文案職位，但他卻不領情，選擇離去，尤如「熱面貼上冷屁股」，按道理政府應感到不悅，甚至可能

將之列入黑名單。但現實是，殖民地政府似乎沒有不高興，輔政司署更為他舉辦隆重的歡送會，時任輔政司施勳（Claud Severn）在會上致詞，高度稱讚羅旭龢思想縝密、做事認真，對殖民地政府表現忠誠，貢獻巨大，既祝願他在新事業能取得豐碩成果，亦寄語他日後繼續為香港貢獻（*South China Morning Post*, 18 January 1916），政府的反應可謂耐人尋味。

離開政府後，羅旭龢便加入劉鑄伯等人成立的「香港貿易有限公司」（Hongkong Mercantile Co. Ltd.）。從公司註冊署資料看，公司於 1916 年 1 月 7 日成立，1922 年 11 月 28 日解散，惟公司註冊署沒有保存相關檔案文件，不能掌握股份分配及核心業務等資料。不過，這家花了不少心力，由一班名揚一時的商界精英大張旗鼓、共同創立的公司，且請來羅旭龢這樣在政府有深厚資歷和人脈關係的人才管理，陣容和勢頭都十分強勁，明明應大有可為，但公司不但沒有大展鴻圖，更不足七年便結業，反映公司成立後應面對一些致命難題，無法有理想的發展。

綜合手上僅有的資料顯示，公司創立後，由劉鑄伯出任主席，何福、陳啟明和羅旭龢為董事，羅旭龢同時擔任董事經理之職。公司在註冊後不久的 1916 年 6 月發出通告，指公司地址搬到皇后大道中 7 號前德國銀行大廈（*South China Morning Post*, 1 June 1916）。公司除在香港設有辦事處（總部）外，後來還於上海和悉尼設有分公司，基本上屬於跨國公司的格局，不容小覷。而董事之一的何福，更於 1917 年獲委任為立法局議員，接替退任的韋玉（*Hong Kong Government Gazette*, 26 October 1917）。[18] 即是說，香港貿易有限公司共有兩名董事乃立法局議員，在當時社會甚為少有，實力強勁。

公司管理層及職員方面，已知的包括在香港負責出入口業務的卡斯特羅（Henry Armando Castro）、上海分公司經理鄭積臣（Jackson Cheng）和員工巴蘭圖（Fernando J. Barrentto）、[19] 悉尼分公司經理畢素（Arthur N. Bishop）

等，成員有華人、澳門葡籍及悉尼英籍人士（*South China Morning Post*, 17 January 1920; 7 April and 18 April 1921; 25 May 1926）。從公司的陣容和規模，已讓人覺得公司有意做大買賣，甚至有能力問鼎華人商行領頭羊的寶座。

公司設立不久，即加入當時主要由洋商主導的香港出口及代理商會（Association of Exporters and Dealers of Hong Kong），羅旭龢更代表公司，多次出席該商會的活動（*South China Morning Post*, 7 March 1918）。另一方面，公司又於 1918 年 3 月 15 日獲得英國「珍臣尼古臣公司」（Jenson & Nicholson Ltd.）授權，成為香港、華南及菲律賓的獨家代理，售賣各款由珍臣尼古臣公司生產的漆油（*South China Morning Post*, 16 March 1918）。

何福和陳啟明曾經營鴉片，羅旭龢在回憶中特別提及，陳啟明是一家鴉片行的經理（Cook, 2006: 39），揭示他們成立香港貿易有限公司，重金禮聘曾在政府工作多年的羅旭龢，背後動機似乎是有意爭奪香港鴉片的專營權。不過 1916 年香港鴉片專營權由其他公司投得，他們無功而回。到了 1919 年，港英政府更宣佈逐步取消鴉片專營安排，不再容許鴉片從香港轉口到中華大地，令公司的如意算盤落空，只好另謀出路。

1918 年，公司其中一名董事何福以個人名義，加上香港貿易有限公司以公司名義，各捐了 10 元予澳門葡萄牙紅十字會基金，其他捐款的團體或個人還包括新旗昌洋行（Shewan Tomes & Co.）、地蘇沙洋行（De Sousa & Co.）及羅郎也洋行（Noronha & Co.）等 [20]（*South China Morning Post*, 5 October 1918）。儘管何福和香港貿易有限公司的捐款數目不及其他單位，卻顯露了他們意欲與澳門葡人社會建立關係，這與前文提及公司聘用一定數目的澳門葡裔人士，均可視作其發展方向的一些線索。[21]

當時，與香港一衣帶水的澳門，由於政府的財政收入高度依賴鴉片及賭博專營權，所以沒有跟隨港英政府做法，而是繼續容許鴉片專營業務（鄭宏泰、

黃紹倫，2010）。香港貿易有限公司聘用了來自澳門的葡裔人士，很可能與這一綢繆有關。惟在 1920 年的澳門鴉片專營權競投中，香港貿易有限公司同樣名落孫山，專營權由利希慎組成的財團奪得（*South China Morning Post*, 24 May 1920）。

按此推斷，劉鑄伯、何福和陳啟明等千辛萬苦從政府「挖角」，招攬羅旭龢加盟，大張旗鼓創立香港貿易有限公司，不可能只是從事一般貿易買賣，爭取鴉片專營權應才是其主要目標。參考丁新豹的說法，在 1914 年他們亦曾組成團隊爭奪太古洋行買辦職位，即大洋行的買辦亦是他們其中一個思考方向，買辦合約一般是三至五年，一屆不成可等下一屆，未嘗不可。但結果相信令他們大失所望，無論是爭奪太古洋行買辦職位或港澳鴉片專營權，通通鎩羽而回，促使他們只能開拓其他生意。

進入 1920 年伊始，香港貿易有限公司宣佈，自 1 月 15 日起在悉尼設立分公司，並委任畢素為經理（*South China Morning Post*, 17 January 1920）。大約四個月後的 5 月下旬，有來自悉尼的消息指出，香港貿易有限公司悉尼分公司已向英聯邦政府提出購入一批木製蒸汽輪船，對每一艘船的叫價為 85,000 英鎊（*South China Morning Post*, 25 May 1925）。

惟因為公司不久便走上了清盤之路，這一宗大買賣最終沒有落實。1920 年 12 月 1 日，報章刊發了一則工業設備拍賣通告，指香港貿易有限公司的清盤人將於該月 7 日下午 2 時 15 分於一家名叫「大羅查」（A.G. Da Rocha）的拍賣行，公開拍賣一台美國製的穀米打光機（Rice Glazing Machine），機器雖屬全新，但拍賣方不擔保質量（*South China Morning Post*, 1 December 1920）。即是說，香港貿易有限公司到了 1920 年底已無以為繼，掉進了清盤困局。

香港貿易有限公司被清盤後，陸續出現不少與它相關的刑事及錢債訴訟。例如在 1921 年，一位上海分公司員工偷走了一份 1,302 箱錫米的提貨單（Bill of Lading），貨物價值 14,000 元，該員工因此被控，預計在上海法庭受審，但他棄保潛逃，令清盤人（公司）損失更為巨大（*South China Morning Post,* 7 April 1921）。另外一則官司，是駐上海分行的經理鄭積臣控告僱主（清盤人），追討僱主補償一個月薪金（150 元），作為僱主要他在 24 小時內離職的代通知金，因為其他下級員工均能獲得一個月薪金補償，但他沒有，認為有違僱傭合約（*South China Morning Post,* 18 April 1921）。

還有一則相關消息是 1923 年 11 月，九龍倉發出告示，指那些長期存放在該貨倉的貨品，因過期仍沒人認領，按規定拿出來拍賣，其中部份貨品便是香港貿易有限公司於 1920 年 9 月寄存的，貨品註明為「Ammo-phos」（估計是 Ammunition Phosphorus 的簡稱，即用作煙霧彈的白磷），數量達 112 袋（*South China Morning Post,* 28 November 1923）。

所謂「謀事在人，成事在天」，香港貿易有限公司的創立，必然有著一個十分重大的發展目標，才會特別邀請與政府具深厚關係的羅旭龢「擔大旗」，希望依靠其資歷與人脈關係，爭取優勢。但現實卻令劉鑄伯和何福等失望，他們的強大陣容和努力，並沒獲得政府「買帳」，退而求其次的一般貿易又難有突破，所以在長痛不如短痛的考慮下，毅然把香港貿易有限公司解散，清盤收場。羅旭龢轉到商界的首次努力，可謂碰到一鼻子灰。

有趣的是，在私人公司打工但發展不如意期間，可能是為了找尋寄託，又或是工作太清閒，羅旭龢曾奮筆疾書，出版了英文著作《森林學》（*Forestry*）及中英雙語的《政治與國家之關係》（*Government in Its Relation to National Welfare*），又曾為母校拔萃男書院的籌款活動，義務編寫話劇劇本《金叔叔》（*Uncle Kim*）及《山上家傭》（*Maid of the Hill*），成為活動的重頭戲（吳醒濂，1937：6-7；*South China Morning Post,* 24-26 May 1949）。不同類型的著作，揭示羅旭龢中英文寫作能力高，根底深厚，這亦是他在時局變化時能迅速撰寫報告提交給政府的

原因。

羅旭龢剛獲政府看重，獲得夢寐以求的職位，卻因私人公司更吸引的條件而選擇離開，想不到該公司不但沒有做出成績，更很快以清盤告終，必然對他造成一定打擊。公司結束後，他成了「無業人士」，自然要重新思考未來方向。最後，他既沒有吃回頭草，重當政府公務員，也沒有再為別人打工

羅旭龢

（相信亦很難找到條件同樣優厚的職位），而是走上創業之路，開始自己的公司。特別的是，他除了用心經營自己的生意外，同時也積極與殖民地政府維持緊密關係，參與議政論政，以「兩條腿走路」的方式發展事業。那個年代，香港政治及社會出現巨大波動，由於羅旭龢的華人身份，又具有中英雙語能力，在殖民地政府急欲尋找可信賴、可利用的「華人代表」時，自然成為被吸納的對象，人生事業出現重大的突破點及特殊的發展空間。下文先說他如何走上議政論政之路，之後再分析他創立公司的發展和經歷。

躍身華人代表的議政和效忠

令羅旭龢在 1920 年一躍而成華人代表的關鍵，是殖民地政府對華人精英採取了新的吸納標準，背後原因是進入二十世紀，因應中華大地政治環境丕變，港英政府亦要調整政策，以便保持有效管治。其中首要目標，是令香港盡量不被捲入中華大地的政治鬥爭之中，因此，何啟這些與孫中山或國內勢力有太多糾纏的華人代表便被港英政府放棄，相反，那些以港為家、與內地關係疏

離的華人，以及高度華化又與內地沒有聯繫的混血群體，乃成為重點吸納對象。如前文提及的劉鑄伯和何福，便取代了何啟和韋玉成為立法局議員；在政府工作 20 年，曾在「杯葛電車運動」中憑私人報告獲確認其政治忠誠的羅旭龢，亦成為重要扶植的目標之一。

由香港開埠至 1923 年，近 80 年間，立法局議員可說是華人能夠在政府爭取的最高「官職」，極具社會地位。在 1923 年以前，只有伍廷芳、黃勝、何啟、韋玉、劉鑄伯、何福、伍漢墀、周壽臣、周少歧九人曾獲任命。當中有些人的任期很短（如伍廷芳、伍漢墀和周少歧），有人較長（如何啟、韋玉），有人更在任內去世（如伍漢墀、劉鑄伯），亦有人無心政治，不願留任（如周

1937 年，羅旭龢等友人到周壽臣家作客，與周壽臣父子等攝於松壽居大宅。後排左五為羅旭龢，後排右五為周壽臣。

少歧）。而通過政治忠誠考驗的羅旭龢，則在大氣候與小氣候相互配合下雀屏中選，於 1923 年 3 月因周壽臣離港而署任其立法局議席。翌年，周少歧不願留任，立法局出現空缺，羅旭龢更填補其議席，正式成為立法局議員（*Hong Kong Government Gazette*, 20 March 1923; 18 January 1924），從此在政商兩方面都有了更大的發展空間，書寫個人及家族傳奇。

困境與危機是忠誠和才幹的試金石。進入議事堂不久，才剛摸熟議事規則與議會文化的羅旭龢，立即碰到香港開埠以還最大的政治危機，那便是 1925 年的省港大罷工。作為華人代表的他，與年齡和資歷較深的周壽臣一起，成為港英政府高度依賴的人物，肩負了斡旋奔走的吃重角色。

1920 年代，中華大地政治競爭激烈，波濤洶湧，1925 年 5 月，上海英租界內有民眾在參與反帝反殖示威時，遭英國警察開槍，造成 11 人死、數十人受傷，史稱「五卅慘案」，激發全國反帝反殖的浪潮（郭廷以，1979；蔡洛、盧權，1980），廣州、香港及澳門等地亦受波及，先後出現連串罷工罷市等示威行動。港英政府見來勢洶洶，乃指示在中華大地和香港有一定政治與人脈關係的華人代表周壽臣和羅旭龢，居中調停，早日結束罷工運動。不過局勢發展未如港英政府所願，示威罷工來勢迅猛，曠日持久，給政治、經濟、社會與民生均帶來巨大影響（鄭宏泰、周振威，2006）。

在罷工規模仍不太大時，羅旭龢曾與港府華民政務司蔡德民（D. W. Tratman）及助理輔政司費力卓（A. C. M. Fletcher）等人，會見了當時身在香港的國民黨中央委員孫科（孫中山之子）、國民政府外交部長伍朝樞（香港首位華人立法局議員伍廷芳之子、何啟女婿）和外交事務專員傅秉常（香港大學 1916 年畢業生，亦是何啟女婿）等在國民黨有影響力者，希望藉他們的政治影響力平息風潮（Kotewall, 1925）。

可惜，斡旋並不成功。為怕罷工浪潮影響社會穩定，港督司徒拔（R. E.

Stubbs，任期 1919-1925 年）在 1925 年 6 月 22 日頒下戒嚴令，宣佈香港進入緊急狀態，並派出武裝軍警和裝甲車在市區巡邏，防止社會發生動亂（*Hong Kong Government Gazette Extraordinary,* 22 June 1925）。此外，又發出緊急通告，要求全港市民不要受工潮影響，如常工作和生活。港府甚至作出保證，如果有市民因如常工作而喪生，政府會給予每個死者家屬高達 2,000 元的「安家費」；如有受傷，也會按程度給予補償，希望藉各種各樣的保證和獎勵，抑止罷工浪潮，減低對社會造成的衝擊（Kotewall, 1925; *China Mail,* 22 June 1925）。然而，這些措施並沒收效，工潮規模不斷擴大。

據估計，單是香港一地，便先後有 25 萬工人響應罷工委員會的號召，返回廣州，加入罷工行列（張俊義，1995）。面對這種局面，為了穩定社會秩序，羅旭龢與周壽臣乃四出聯絡那些在第一次世界大戰期間出任華人後備警察的市民，組成一隊總人數達 217 人的「特別後備警察隊」（Special Police Reserve），協助正規警隊執行「特別任務」，一方面收集情報，另一方面則暗中保護那些沒有參加罷工運動的工人（Kotewall, 1925: 13）。[22]

針對這場運動，尤其初期發展，羅旭龢亦給殖民地政府撰寫了一份題為《羅旭龢 1925 年罷工報告》（*Kotewall Report on the Strike of 1925*）的內部報告，概述大罷工發生前後他與周壽臣所作出的努力，並提出化解民眾罷工行動的策略，以及一些緩減罷工對經濟與社會衝擊的措施和建議。他的思考方向及手段，擺脫不了早年應對「杯葛電車運動」的影子，或者說是舊酒新瓶而已。簡單而言可歸納為如下各點：

一、收緊社會言論，實施新聞檢查。宣傳反帝反殖、呼籲罷工的言論均被視為不利香港社會穩定，因此宣佈禁止；並因應那些言論均來自中文傳媒，因此對華文報紙、雜誌、郵件、電報和一切宣傳刊物，採取嚴格審查制度，要求所有新聞傳媒的報導，事先要得到港府有關部門的查審和批准，方能出版。

二、銷毀對方文宣並進行反制。起用那些肯為英國效忠的華人，出版支持英國的報紙或是擔任特別後備警察，進行文宣反制；在街頭巷尾撕毀任何反英及宣揚罷工的傳單海報，另一方面則增加報紙及大街小巷的反罷工宣傳，防止布爾什維克分子（Bolshevist）在全港各地煽風點火。

三、支持及保護不參與罷工者。部份對政治鬥爭沒興趣，只想工作餬口或是親英國者，政府派人給予保護，讓他們如常工作，提供服務，並盡可能把他們如常工作的情況讓其他人看得到，作為榜樣。

四、找來親英的華人社會領袖出面調停，安撫民心。華人社會十分重視社會賢達的帶頭作用，尤其是來自本身族群或鄉里者，因此可私下找具名望又聘有一定員工的商人領袖幫忙，利用他們的人脈關係和社會地位呼籲華人社群守法，不參與反英罷工。曾被提及的華人社會領袖或精英包括洪興錦、[23] 李右泉、馮平山、曹善允、羅文錦、王德光、李亦梅、何甘棠、何光、何耀及黃廣田等。

五、收緊銀行金融監管，以穩定香港財政。一方面禁止香港貨幣輸出，另一方面頒佈「局部金融暫緩條例」（partial moratorium），尤其對華資銀行作出更嚴格限制，避免因存款外流牽動全局，危及銀行體系穩定，並對資金出現周轉問題的銀行提供信貸擔保，同時亦給維持對外貿易的商人提供信貸，確保貨物進出口能夠繼續運作（Kotewall, 1925）。[24]

對於當時粵港局勢緊張，羅旭龢曾形容為沒真刀真槍的「戰爭」（Kotewall, 1925: 6）。事實上，罷工風潮發生後，英商和本地親英華商的私人利益深受衝擊，他們與羅旭龢一樣，立場上完全站在港英一方不難理解。英商更曾多次直接要求倫敦政府對廣東政府施壓，保障他們的安全和財產。

由於擔心本身利益受到影響，很多上層社會的華商巨賈，均不贊同過激的罷工行動，只是礙於政治形勢而沒公開反對。在那個政治角力熾熱，人心欠安

之時，羅旭龢和周壽臣等本地華人，基本上站在殖民地政府一邊，既向廣東及國民黨政府斡旋，又在香港進行各種努力，減少罷工帶來衝擊，其工作無疑有助殖民地政府化解各種危害經濟惡化與社會穩定的問題，令他們進一步獲得殖民地政府的信賴和欣賞。

由於羅旭龢在事件中立場堅定，提出切實可行的建議，又站在前線協助斡旋，在一定程度上減輕了罷工的衝擊，因此獲得殖民地政府高度肯定（Cook, 2006）。運動結束之後，殖民地政府對他更為依重，讓他收集中國內地政治、商業與社會等方面的情況，再作個人角度的分析（CO 129/500-504, 1926-1927）。正因如此，羅旭龢的立法局議員席位更為穩固，言行更受重視，亦多次獲殖民地政府的嘉許。

舉例說，周壽臣於 1926 年獲頒爵士頭銜，同年進入行政局（鄭宏泰、周振威，2006），羅旭龢也獲得「大英帝國司令勳章」（CBE），且獲確立為周壽臣退任後最合適的接班人，兩人的名聲、地位和影響力大幅提升。之後，羅旭龢接二連三獲得不同的榮譽，揭示了他炙手可熱的情況。

其一，是在羅旭龢獲得「大英帝國司令勳章」那年，也獲香港大學頒贈榮譽博士學位。香港大學的讚詞指羅旭龢喜好讀書，中文根底尤厚，曾著書及創作劇本；他相識滿天下，應是香港擁有最多朋友的人；他乃精明商人，又關心教育，不但重視基礎教育，亦支持發展大學教育，乃香港大學校董會成員；更重要的是，他熱心服務社會，作出巨大貢獻（The University of Hong Kong, 1926）。

其二，在 1928 年 6 月，殖民地政府於憲報上宣佈，將港島半山由香港電力分站、羅便臣道交接口至赫頓道天橋南面的路段，命名為旭龢道（Kotewall Road）；而赫頓道天橋交接口往皇后花園延伸（至接連干德道）的路段，則命名寶珊道（Po Shan Road）（*Hong Kong Government Gazette*, 6 July 1928）。這次命名

羅旭龢和周壽臣及一眾友人攝於周壽臣家族大宅松壽居一角

顯然是對羅旭龢和韋玉（字寶珊）的肯定。不過，韋玉擔任立法局議員長達 21 年（1896 至 1917 年），貢獻不少，並於 1921 年去世，獲街道命名以資紀念，可以理解，但羅旭龢不過是立法局「新丁」，那時只有四年資歷，也能獲街道命名的榮譽，相信是為答謝他在 1925 年大罷工一事上勞心勞力，表現忠誠。

其三，是安排羅旭龢署任行政局議席一事。1929 年 10 月，由於周壽臣離港，政府在憲報上公佈，其行政局議員席位需人署任，羅旭龢獲委任為頂替人選（*Hong Kong Government Gazette,* 4 October 1929）。翌年，當周壽臣退任時，他馬上「坐正」，成為第二位進入行政局的「華人代表」，政治與社會地位登上另一台階。

羅旭龢自小接受中國傳統書塾教育，受儒家文化影響，又與很多混血兒一樣選擇了華人身份，惟內心深處，他顯然缺乏對中華民族的認同感，相信這與

當時中國貧弱落後，相較之下西方種種事物都更優勝有關。當然，亦因他在殖民地環境下成長，西瓜靠大邊，自然要討好當權者，這情況不單發生在混血兒身上，不少在港營商生活的華人也是如此。但更重要的，作為一群自幼被排除在華洋圈子外的混血兒，可能他們其實從未真正認同自己是華人，選擇華人身份只是一種生存策略及現實考慮，因此當政權易手、強弱對調時，他們亦可能出現第二種選擇，故他們的「忠誠」在面對試煉時亦特別招人懷疑。

事實上，自 1926 年直至日軍侵港前，羅旭龢先後成為立法局及行政局議員，風頭可謂一時無兩，雖說以名聲或政治影響力論，周壽臣仍在他之上，但周氏畢竟年老體弱，已逐漸退下火線，羅旭龢則剛進入知天命之年，身壯力健，更具奔走各方的精力與本錢，故成為了本地社會炙手可熱的「香餑餑」，不但華人在遇到重大問題與糾紛時會找他仲裁陳情，殖民地政府欲爭取本地華人支持，或要與廣東及內地城市溝通接觸時，亦會找他協助，令他的中間人或橋樑角色更為突出，亦發揮了不少作用。

由於羅旭龢在這方面的活動極多，吸引了中英傳媒多方報導，資料不少，難以一一盡錄，粗略上可歸納為如下各端：

一、在立法局議政論政方面。作為華人代表的立法局議員，羅旭龢無疑乃勤勞的一位，他在議事堂內，無論就財政預算等恒常性辯論，或是對某些因應時局推出的突發性新法例，都表現積極，既表達華人社會的關注，亦代表他們向殖民地政府陳情，爭取利益。當然，在政治天平上，華人社會的利益有很大程度受漠視，羅旭龢亦心知肚明，只能略盡綿力了。

二、在行政局的參與方面。1930 年代初，在羅旭龢進入了行政局之後，他對政府政策的影響力自然更大。然而，由於行政局的討論內容保密，議決採取集體負責制，羅旭龢在當中能發揮多少影響力則無人知曉。惟既然他作為華人代表，相信必然就他所知華人社會的真正需求與聲音向殖民地政府表達，而

統治者能採納多少，同樣非他一己之力所能左右。

三、在重大社會問題或糾紛上擔任調停斡旋角色。除了行政及立法局事務，作為華人代表與社會領袖的羅旭龢，亦要協助社會及政府，應對各種社會問題或突發事故，扶助弱小。他曾處理的包括食水與糧食供應，差餉、稅務與租務問題，乃至社會治安、難民湧入，甚至是造成人命死傷的意外事故等。簡言之，每當有市民向他求助，他都盡力而為，提供不同層面的協助和意見，紓緩民間社會對殖民地政府的怨氣。

四、奔走中英之間的中間人角色。香港與中華大地一衣帶水，人民與貿易往來緊密，政治接觸亦有不少。很多殖民地政府不願公開接觸，或仍在私下商討階段的問題，均會由華人代表羅旭龢充當中間人角色，讓他與各方私下溝通並達成共識後，才安排正式會晤，藉以提升政治與社會效益，減少衝擊和誤判。他早年在廣州生活和接受教育的背景，相信有助他在這方面的發揮。

接下來會詳細討論羅旭龢在一些重要事件中的參與及表現。具體而言，在1930 年代，他協助殖民地政府處理了不少「奇難雜症」，扮演重要角色。其一是食水供應方面。香港人口不斷增加，但本地水塘儲水量不多，食水供應一直緊張，每逢乾旱的夏天，食水供應問題尤其嚴重，如自 1929 至 1933 年間，每年夏天均要限制供水，為民生帶來極大的不便。羅旭龢曾多次向殖民地政府提意見，一方面建議廣作宣傳，呼籲市民減少浪費食水，同時又建議盡早落實興建大型水塘，或在各社區興建水池，以應對水荒等等（《工商日報》，1929 年7 月 31 日、1932 年 5 月 21 日及 6 月 10 日、1935 年 6 月 8 日、1938 年 4 月10 日）。當然，香港缺水問題一直未能根治，直至 1970 年代末有東江水供港後才能真正解決（何佩然，2001）。

其二是糧食供應方面。作為一個高度依賴貿易的商業城市，香港農業產出的貢獻微不足道，糧食一直高度依賴入口，儘管如此，除 1919 年曾因米糧短

No. 27.　　　　　　　　Vol. LXXXIV.

The Hong Kong
Government Gazette
Extraordinary

Published by Authority

THURSDAY, JUNE 9, 1938.

The following Notifications are published,

By command,
N. L. SMITH,
Colonial Secretary.

HONOURS.

No. 450.—His Majesty the KING has been graciously pleased to approve the
following appointment :—

Knight Bachelor :—

Honourable Mr. ROBERT HORMUS KOTEWALL, C.M.G., LL.D.

9th June, 1938.

No. 451.—His Majesty the KING has been graciously pleased to approve the follow-
ing appointments in the Most Excellent Order of the British Empire (Civil Division) :—

To be an ordinary member of the Fourth Class or Officer :—

Dr. ROBERT BEST JACKSON.
JAMES HARPER TAGGART, Esq.

9th June, 1938.

1938 年，有關羅旭龢獲得封爵的
特殊憲報公告。

缺而引起的搶米風潮外，其他時間仍相對穩定（鄭宏泰、黃紹倫，2005）。但是，自進入 1930 年代，由於日軍自 1931 年起侵華，導致不少難民湧入，糧食供應時會出現緊張局面，自 1937 年起情況更趨嚴重。羅旭龢在那段時期，曾在不同層面四出奔走，協助港府及米商應對難民湧入和糧食緊張的問題（《大公報》，1938 年 11 月 11 日、1941 年 4 月 13-14 日、5 月 1 日及 10 月 3 日）。

其三是強化民間慈善與社會救濟方面。在早期殖民地社會，政府沒有提供什麼社會福利與救濟，一切撫孤恤貧、扶弱養老的服務，均由民間社會自救自助，東華三院則成為華人社會最重要的慈善組織（Sinn, 1989），羅旭龢曾多次參與其中，與各屆主席和總理們保持緊密關係，作更大更好貢獻（《工商日報》，1931 年 4 月 9 日、1934 年 1 月 12 日、1937 年 2 月 27 日；《華字日報》，1932 年 12 月 3 日、1936 年 4 月 4 日；《大公報》，1941 年 3 月 15 日）。除東華三院外，羅旭龢亦有參與其他社會慈善組織，包括保良局、保護兒童會、青年會、街坊會及兵災會等。作為華人代表，羅旭龢深知本身民意「授權」何在，所以必須在救難助弱方面做出成績，協助紓緩社會矛盾，以免怨氣和矛盾不斷積聚，影響社會穩定。

港英政府統治香港的高明之處，是敏銳地注意到不少華人其實只想賺錢謀生，社會賢達及精英則能發揮帶頭作用，當社會出現抗爭與動亂時，政府總能利用這些人穩定社會，協助應對危局，消弭人民不滿。另一方面，殖民地政府

對中華大地局勢變遷的反應十分清脆利落，凡有利其統治香港者保留，不利者即手起刀落，華人代表成為利害溝通的關鍵人物。中華民國創立後，港英政府調整吸納華人社會精英的方向與標準，便是最有力的說明。

身為混血兒的羅旭龢，在殖民地政府調整華人精英吸納方向後突圍而出，他亦深明當中奧妙，所以提出各種能應對當時政治局勢轉變的建議，為港英政府所用，令他的影響力和地位不斷提升，到了 1938 年 6 月，他獲大英皇室頒贈爵士頭銜（*Hong Kong Government Gazette*, 9 June 1938），乃香港混血兒群體中繼何東之後的第二人；[25] 若以巴斯人而論，則是麼地之後的第二人，可見其深得港英政府器重和信任。他本人亦積極爭取表現，成為當時華人社會炙手可熱的人物。

創業路上的火乘風勢

在討論羅旭龢的創業路途之前，先討論他於地產方面的投資。在 1923 年 1 月，即他尚未獲委任為立法局議員之前，曾兩次與人合作購入物業：一次是與巨商李冠春和余樹藻（Iu Shu-cho，音譯）合資 450,000 元，從庇理羅士（E.R. Belilois）遺產信託人與執行人手中，購入位於荷李活道近警察總部對面的 30 間房屋。另一次是與一名叫黃錦（Wong Kam，音譯）的商人合資 850,000 元，購入內地段 692、

刊於 1926 年 2 月 9 日《南華早報》上旭龢行代理產品的廣告「思白仙」脫毛膏。

693 及 694 號地皮，該地皮位於般含道聖士提反男書院位置（*South China Morning Post*, 25 January 1923）。

這兩次投資難免令人疑惑，過去只是「打工仔」的羅旭龢，到底如何積累這筆巨大資金？他雖當了 20 年政府公務員，但職級並不算高，就算怎樣節省，他一家人口不少，有不少開支難以避免。他在香港貿易有限公司工作時間不長，亦不太可能得到如此厚重的報酬。故可能是他在省吃省用之餘，另有其他收入與投資所得，也可能是他在上述的投資中只佔少量股份，大部份資金是友人所出。但無論如何，這些物業買賣反映了兩個重點，一是他已開始如不少巨富之家一樣，透過進軍地產積累財富；二是他有深厚的人脈網絡，且已不限於混血兒圈子，相信當時已能把政治或社會影響力轉化為財富。

回到羅旭龢在 1920 年代走上創業之路的問題上。在香港貿易有限公司結束後，由於他已經有了營商經驗，相信亦有一定資本，現實上亦回不了或不想回到政府工作，在深思細慮之後，決定自己創業。他先獨資創立旭龢行（R.H. Kotewall & Co.），繼而與友人合夥創立和聲有限公司（Wo Shing Co., Ltd.）。隨著羅旭龢政治能量日趨增加，包括進入立法局、在大罷工事件中扮演吃重角色，獲殖民地政府器重，他這兩家公司的發展日見順利，帶來可觀的財富收益。

先說旭龢行。由於初時是單頭無限債務公司，公司註冊署沒有保留其資料，只能從零星的商業通告或廣告中，尋找公司業務範疇及發展的足跡。舉例說，在 1926 年 2 月，報紙上有一則法國著名脫毛品牌「思白仙」（X-Bazin）的廣告，從中可見旭龢行是該品牌的香港及華南代理（*South China Morning Post*, 9 February 1926）。至 1927 年 10 月，又有另一則廣告指，旭龢行已成為美國匹茲堡「國家聯合火燭保險」（National Union Fire Insurance Inc.）在香港及廣州的獨家代理（*South China Morning Post*, 14 October 1927）。同年 12 月，一則告示

指旭龢行已成為英國曼徹斯特老牌棉紡巨企「亨利洋行」（A. & S. Henry & Co Ltd）產品的代理（*South China Morning Post,* 6 August 1930）。顯然，旭龢行的業務有相當部份是代理外國產品，且在行內名聲不錯，故能取得高檔及時髦貨品的代理權，反映公司發展頗佳。

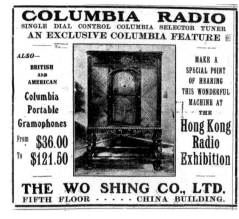

和聲代理的收音機等產品廣告

到了 1927 年，來自香港早期巨富家族的李兆佳（李陞之孫，李寶龍之子，另一說指是李寶森之子），被任命為旭龢行經理，成為羅旭龢生意上的左右手（*South China Morning Post,* 5 June 1927）。同年年底，羅旭龢長女羅慧基（Esther）宣佈出閣，下嫁李兆佳。李羅兩家結成秦晉之好，在當時社會甚受注視，一方面由於李陞家族乃豪門大戶，羅旭龢則是立法局華人代表，雙方都是上流社會的領頭人物；其次，李陞家族是純種華人，羅旭龢家族則是巴斯混血兒，兩個家族聯婚，自然份外受關注。據報導，婚禮十分熱鬧，名流仕紳出席者眾，港督金文泰更親臨致詞，向新人送上祝福（*South China Morning Post,* 22 December 1927）。羅慧基和李兆佳婚後育三子（Austin、Anthony、Frederick）一女（Pamela）（Hall, 1992: 189）。

在家族不斷壯大之時，羅旭龢的生意亦再有突破。1928 年，羅旭龢與一些具實力的華商合股一家名叫「和聲」的公司。與早前和劉鑄伯等人合作不同，這次他是最大股東，焦點亦非鴉片或地產等「大茶飯」生意，而是有意進軍當時方興未艾，在中上階層逐漸流行的留聲機（gramophones）、收音機（radios）、西方樂器（music instruments）及各種音樂產品的經銷代理業務，並

與旭龢行在生意投資上互相配合，形成截然不同的發展動力與格局。

從公司註冊署的檔案看，和聲有限公司於 1928 年 10 月 11 日註冊成立，股東除了羅旭龢外，還有被稱為「當押大王」的李右泉及曾任東華三院主席的李亦梅，三人的股份分配為 100、50 及 20 股，總數 170 股，以羅旭龢為大股東，公司登記地址在中環華人大廈五樓。公司主要業務清楚列明為生產、經銷、代理各種留聲機、唱片、樂器、收音機、各類零配件，推廣相關產品，或是從事合夥投資等活動。其中羅旭龢和李右泉乃終身制的永遠董事，他們去世後，可按遺囑指示委派繼承者，永遠董事有主導業務發展之權（Wo Shing Co. Ltd., various years）。至於羅旭龢的得力助手李兆佳，除打理旭龢行外，亦要負責管理和聲有限公司業務（Lo, 2021）。

進入 1930 年代，香港社會日漸富裕起來，更多人有閒錢購買奢侈品，開始追求摩登時尚的生活，西方音樂亦日趨流行。和聲有限公司主力經營代理美國「歌林唱片」（Columbia Records）的各種產品，有不少客人光顧，加上羅旭龢在社會名聲日隆，本身就如廣告一樣，代表公司的品質有保障，有助業務發展。期間，公司更獲法國著名音響品牌白芙（Pathe）在廣州及香港的獨家經銷和代理權，銷售留聲機、唱片、磁針、收音機及各類零配件（*South China Morning Post,* 18 April 1935），可見公司業務不斷穩健發展。

公司當時另一熱銷的產品是雪櫃。與留聲機、樂器、音響器材等奢侈品不同，在亞熱帶的香港，雪櫃有其實用的必要，時至今日更是家家戶戶必不可少的電器之一。不過在上世紀三、四十年代，雪櫃才剛流行，且是由和聲有限公司率先引入香港。那時公司成功取得美國家電品牌「諾哥」（Norge）的代理權，或許是看中雪櫃的必要性，公司在報紙上大賣廣告，促銷這項重頭商品。在 1939 至 1941 年間，雪櫃廣告之多之密，令人乍舌。由於眼光準確，因此雪櫃的價格雖不便宜，但仍成功吸引不少日趨富裕的家庭購買，生意甚為理想。

除音響器材及家電產品外，和聲有限公司還有一項業務，對香港流行文化有重大貢獻，那就是創作和經銷具中國文化特色的音樂藝術唱片。據 York Lo 介紹，和聲有限公司曾聘請天才作曲家呂文成加盟，創作了過百首流行一時的歌曲，例如《平湖秋色》及《步步高》等；另一方面，公司亦吸納不少具知名度的作曲作詞和歌手們獻藝，例如徐柳仙、張惠芳、張月兒、白駒榮及半日安等。Lo 還特別提到，呂文成曾牽頭招攬一些具名氣的音樂創作人如朱頂鶴和譚伯葉

和聲代理的雪櫃廣告

等，組成了「高聲音樂團」（Ko Sing Musical Group），[26] 在另一條戰線上開拓市場，亦取得了不錯成績（Lo, 2021），因此強化了和聲有限公司的多元化業務發展，令其在上世紀三、四十年代成為音樂藝術傳播的搖籃。

在 1930 年代，日本顯露侵略中國的野心，中華大地局勢不穩，至 1937 年日軍更全面侵華，不少人為避戰火，逃至當時作為英國殖民地的香港，帶來大量資本和人力，香港經濟在這段期間火熱增長，羅旭龢旗下的和聲有限公司和旭龢行，生意亦持續上升，業務不斷發展。

其時，羅旭龢的次女 Phoebe（羅懿基）亦長大成人，於 1934 年 11 月出閣，下嫁洪禹釗（Walter A. Hung），兩個名門望族聯親，婚事轟動社會。洪禹釗同是混血兒，拔萃男書院畢業後進入香港大學，畢業後加入何東家族的三和有限公司（Sang Wo Co. Ltd.），表現優秀，不久便升任經理助理（*South China*

Morning Post, 21 November 1934）。洪禹釗之父洪子義時任省港澳輪船公司經理，乃何東業務上的心腹，在商界及社會有相當名望。洪禹釗之姐早於1928年初嫁給何東嫡長子何世禮（何世禮日後投東北軍張學良麾下，後來成為國民黨二級將軍），羅旭龢家族與何東家族的關係因此更形緊密。

可惜新婚不久的1938年6月，羅懿基的家翁洪子義去世（《工商日報》，1938年6月15日），翌年丈夫洪禹釗又過身，享年只有30歲，遺下羅懿基及一對只有一及三歲的子女（*South China Morning Post,* 21 December 1938）。日後，羅懿基改嫁洪禹釗之弟洪武釗（Hung Mo-Chiu，譯音），二人應該有一段頗長時間在旭龢行及和聲有限公司工作，為李兆佳提供助力。

事業與名望不斷攀登高峰的1936年底，羅旭龢的妻子郭懿德於12月28日突然去世，享年47歲（*South China Morning Post,* 29 December 1936），這一變故令羅旭龢一家傷心不已。郭懿德去世時，除長次、二女已出嫁，其他都尚年輕，獨子羅煜文只有14歲，幼女Patricia（即Patsy，中文名字不詳）尚未滿十歲，他們過去一直與母親關係緊密，依賴母親照顧，而且已經懂事，不再是無知幼兒，因此更能體會到失去至親的痛苦。

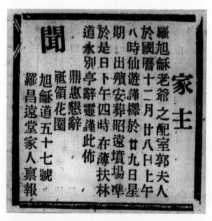

羅旭龢配室郭懿德去世的訃聞

郭懿德去世不久，抗日戰爭爆發，香港距離戰場較遠，沒立即受波及，但社會及投資氣氛仍難免受牽連，作為華人代表，羅旭龢乃港英政府對內地政經社會形勢的情報來源之一，自然更受倚重，渴望能從他那裡獲得更多獨特資訊和分析。當時難民從內地湧入，給香港經濟、社會和糧

食帶來壓力，羅旭龢憑著其與內地及本地華人社會的關係，既協助解決糧食問題，亦推動不少民間慈善團體參與社會救濟，令香港社會在愈趨複雜的內外局勢中，仍可保持社會穩定和經濟發展。

政治和經濟是一對雙生子，兩者同步共生，互相配合。前文提及，早在 1923 年羅旭龢已與不少本地巨富商人合夥，投資物業地產，這相信是他近 20 年政府工作的經驗，且獲政府看重，吸引那些富豪紛紛向他尋求合作，成為他可以不斷積累財富的核心所在。有了爵位，同時又是行政局議員的羅旭龢，不但在政治層面更加炙手可熱，社會名望日盛，個人或家族生意亦同步上揚。這一方面反映在旭龢行代理的產品有增無減之上，另一方面和聲有限公司在報紙上刊登的產品廣告又多又頻，亦為一證。

最能反映羅旭龢的名望及影響力與日俱增，且深入社會不同層面的例子，無疑是他在各種社會組織擔任的領導職位，如華人置業、肇安榮行、香港電話公司、廣東雪廠、南洋兄弟煙草，及香港挖掘、打樁及建築工程公司的董事或顧問；他亦是華商總會、出口及代理商會、中華廠商會等的董事；香港大學、拔萃男書院、聖保羅男女校等的校董會委員；還擔任多個文康活動組織如中華體育會、南華體育會、華人游泳會、精武體育會等的領導；東華三院等多個重要的慈善團體亦邀請他出任董事及顧問（*South China Morning Post*, 4 January 1927；吳醒濂，1937）。在日軍侵港之前，羅旭龢可算是繼周壽臣之後，在殖民地政府名聲最響亮，亦最有政策影響力的華人代表，惟這一身份在日軍到來後成為兩面刃，令他陷於困境，幾乎「晚節不保」。

日佔時期的忠貞爭議

若日軍沒有於 1941 年底擴大戰爭面，入侵香港，掀起太平洋戰爭，羅旭龢的事業和名望相信還可更上層樓，權力和影響力亦必然與日俱增，留下美名

應是毫無異議。事實上，羅旭龢於 1940 年踏入花甲，雖然妻子郭懿德於 1936年去世，但子女們已相繼長大，有些已出閣，有些仍年紀幼小，呈現了一種個人力量不斷提升、家族不斷成熟壯大的局面，絕對是當時社會中被看高一線、潛力無限的擴張型家族。

然而日軍侵港，迅速擊潰英軍，隨即實行軍事管治，改變了羅旭龢人生的前進軌跡。他與周壽臣、李子芳、李冠春、羅文錦等沒有逃離香港的華人精英被日軍拘禁，在種種手段逼迫下就範，成為日佔時期的「華人代表」，配合日軍政府管治香港。作為港英政府的行政局議員，羅旭龢因為名聲更響，成為「華人代表」中的領頭人，日軍強迫他多方配合，按要求行事。這樣無可避免地令他掉進兩難困局：在日佔時期維持華人領袖地位，雖可保護個人及家人安全，但作為港英政府「忠誠的臣民」，自然不能「侍奉二主」，協助日軍統治等同「通敵」，萬一日本戰敗，更會受到審訊，聲譽蒙污。

日軍佔領香港後，並沒像佔領中國其他地方般成立傀儡政府，而是仿效管治朝鮮和台灣時的政策，派官員直接統治，即視香港為日本殖民地。由於日軍高舉「驅除洋人，解放香港，共建大東亞共榮圈」的旗幟，日軍政策上也沒把華人視為敵國公民，並採用「以華制華」的政策，招撫當時無法逃離香港的華人領袖歸附，進入政治花瓶組織。若單以吸納人數論，甚至遠多於港英時期的統治，達至穩定人心，控制社會以至宣揚日軍統治的政治目的（謝永光，1994）。

1941 年 12 月 25 日，時任港督楊慕琦親赴日軍位於九龍半島酒店的臨時指揮中心投降，香港淪陷。之後，不但英國官員及軍人被捕，送到集中營，不少華人社會領袖亦遭拘禁問話，其中主要目的是要求他們效忠，為其所用。過去一直充當華人代表的周壽臣、羅旭龢、羅文錦等亦被日軍看中，用軟硬兼施的手段迫使他們臣服，成為鞏固日軍管治的有用力量。羅旭龢和周壽臣據說在

和聲有限公司在日佔時期重新登記的資料

港英政府投降後的 1942 年 1 月 1 日會見了三名政府高級官員，被指示要向日軍妥協配合，以免平民受苦（CO 908／120／1, 1946; *South China Morning Post,* 12 January 1947）。秦家聰這樣形容三名官員指示羅旭龢及周壽臣與日軍合作的一幕：

一些仍享有自由的港英政府要員：華民政務司諾思（R. A. C. North）、防衛監督專員富利沙（J. A. Fraser）及律政司阿拉巴斯特（C. G. Alabaster）等人，一起去探望羅旭龢爵士和周壽臣爵士。眾人的傾談對象主要是羅旭龢，因為那時周壽臣已年屆八十一歲高齡，頭髮灰白，腰彎背駝。諾思希望他倆「及其同伴」能盡可能地和日本人合作，以減輕人們所遭受的苦難。（秦家聰，2002：93-94）

正因如此，在那三年八個月的黑暗歲月中，便有了羅旭龢與周壽臣為日佔政府奔走張羅的身影，不過由於周壽臣年老，較多時由羅旭龢出頭，亦成了日後他備受指責的「證據」。

1942 年 1 月 12 日，香港華商總會召開了一次會議，決定在別無選擇下與日本人合作（秦家聰，2002），由作為華商總會主席的羅旭龢，扮演日本政府傳聲筒的角色。與此同時，以羅旭龢和周壽臣為首的華人領袖，又在日軍的指示下組織了「香港善後處理委員會」（俗稱「新生委員會」），作為過渡時期協調糧食、貨幣、治安、交通、歸鄉、救濟及醫療衛生等民生事務的臨時構關。該會正、副主席由羅旭龢和周壽臣出任，常務委員分別有羅旭龢、周壽臣、劉鐵誠、羅文錦及譚雅士，委員則有李子芳、李冠春、李忠甫、董仲偉、王德光及王明通等人（關禮雄，1993）。

據說，由於周壽臣在華人社會名望極高，加上為純種華人，日軍政府原本打算由他出任主席，惟「人老精」的周壽臣以自己年老力弱、病痛纏身、記憶力衰退，可能隨時離開人世等理由婉拒，不過日軍政府仍堅持由他出任副主席一職，藉以彰顯本身的開明統治，籠絡民心（鄭宏泰、周振威，2006）。事實上，正如秦家聰所言，年過 80 的周壽臣已鬚髮皆白，基本上不太能做事，日本人把他留著只是做樣子，打算利用他在華人社會的威望強化本身的統治罷了（秦家聰，2002）。因此，羅旭龢成了日軍政策的重要配合者，承擔起更多無法推卸的責任。

當日軍確認已緊抓香港控制權後，於 1942 年 3 月 28 日解散了「香港善後處理委員會」，改為成立「香港華民代表會」及「香港華民各界協議會」（簡稱「兩華會」），處理一切華人事務。所謂「香港華民代表會」，是日佔政府口中的「華人最高諮詢機構」，主席是羅旭龢，委員則有劉鐵誠、李子芳及陳廉伯等四人。至於「香港華民各界協議會」，則是前者的執行及諮詢機構，主

席為周壽臣，副主席為李冠春，委員則有董仲偉、葉蘭泉、伍華、羅文錦、鄺啟東、譚雅士、王德光、馮子英、鄧肇堅、章叔淳、林建寅、凌康發、李就、李忠甫、陸靄雲、郭贊、周耀年、王通明、顏成坤及黃燕清等人（關禮雄，1993；高添強、唐卓敏，1995）。

另一方面，針對資源匱乏，社會老弱貧苦人士等待救援的情況，「兩華會」的骨幹成員羅旭龢、周壽臣及李子芳等在日佔政府的首肯下，於 1942 年 9 月 1 日成立「華民慈善總會」，藉以統籌捐款、分配資源，協調各慈善團體的救濟工作，曾在社會救濟方面發揮一定作用（冼玉儀、劉潤和，2006）。惟這種工作亦屬配合敵人的舉動，在戰後亦受到清算。

儘管如此，從殖民地政府的一些內部資料看，羅旭龢確實為紓緩平民困苦作出過努力，例如他曾多次提出看法，向日軍有關當局反映市民對糧食無以為繼的憂慮，另一方面則聯同其他社會賢達如胡文虎等人，與大小米商開會，商討到海外採購糧食等對策（《香港日報》，1944 年 12 月 25 及 26 日；《華僑日報》，1945 年 5 月 13 日），應有助紓緩糧荒。可惜，受盟軍全面封鎖日本（包括香港在內）補給路線的打擊，就算米商能從東南亞等地購入米糧，也無法運抵香港。在米珠薪桂的情況下，很多市民飢腸轆轆，被迫以野草或樹根等充飢，不少民眾餓死街頭。羅旭龢一家據說亦受糧食嚴重短缺影響，要變賣黃金換取糧食，甚至向友人舉債，才能確保一家大小的性命（CO 968/120/01, 1946）。

在那段黑暗歲月，據羅旭龢所言，他家人——尤其獨子羅煜文——曾受日軍生命威脅。多名未出閣的女兒為保安全，只能長期留在家中，半步不敢走出家門。另外，羅旭龢的胞弟羅福祥，於日佔時期的 1942 年去世，享年 61 歲，喪禮一切從簡，草草了事。[27] 而據羅旭龢所說，他曾獲侄兒Jimmy Kotewall（不知是否羅福祥之子，這裡譯為羅占美）告知，日軍會對他不利，

有生命危險，要他小心，他也確實遭遇過一些看似「示警」的威脅（見下文討論）。這名侄兒後來更因抵抗日軍去世（CO 968/120/01, 1946），惟不清楚是否與羅福祥於 1942 年去世一事有關係。羅旭龢一家在日佔時期的生活不算優裕，可見他雖為日軍政權出力，卻沒受到太大優待，也沒有賣「國」（英國）求榮。

概括地說，在日佔時期，羅旭龢受日軍威脅和壓力，為保自己及家人性命，只能按日軍指示行事。而且他此舉確實有三名港英政府高官指示在先，目的亦是為了減少民眾的苦難，日佔期間他亦沒做過嚴重通敵或損害英國利益的行為。儘管如此，英國重掌香港後，羅旭龢仍成為重點調查對象，處境與一生名聲懸於一線，隨時掉進萬劫不復的深淵。

戰後的內奸侍敵指控和調查

政治忠誠是一種堅硬又易碎的東西，強調白璧無瑕，不容雜質沾污，尤其不接受懷有二心、侍奉二主、內外兩張臉。在過去的日子，羅旭龢沒遇過另一超越殖民地政府的力量，把忠誠奉獻給港英政府，可說既務實又正確的做法。到日本大軍壓境，連港督都向日軍投降，俯首稱臣，再加上英國高級官員的指示，他於是配合日軍，加入日軍設立的政治機關，甚至在公開場合向日軍高呼萬歲，這在他心目中顯然只是依令而行。不過，當日他與英國高官的會面是私下進行，但他「通敵」的行為卻在眾目睽睽下發生，因此在英國統治者及不少民眾心目中，自然成了不忠與沒骨氣的表現。英國殖民地部在重掌香港控制權後，隨即啟動對羅旭龢的內部調查。

毫無疑問，為外敵出謀獻策以謀取私利，甚至迫害自己的民族，當然不可饒恕，理應受到嚴懲，假如羅旭龢真的跨越紅線，賣國求榮，他自當受到歷史和民族的審判和懲罰。可回心一想，香港本是中國的領土，英國當年將之強

羅旭龢在日軍投降後寫給軍政府的辯解書最後一頁

奪，進行殖民統治，本質上與日軍同樣是侵略者，到日軍投降後搶先一步重佔香港，然後指控羅旭龢「通敵合作」，如同賊喊捉賊，呈現出自相矛盾的尷尬。更重要的是，在香港淪陷之初，殖民地高級官員曾指示羅旭龢及周壽臣等人，可以配合日本軍政府的管治，以減輕港人的苦難。因此，他們只是按政府指示行事，何錯之有？就算英國政府不認同該指示，覺得絕不可與敵人合作，責任亦應由該三名官員承擔，而不應拿來不及逃離香港的「華人代表」當代罪羔羊。

羅旭龢或許察覺山雨欲來的氣氛，故在日軍宣佈投降後不久的 1945 年 8 月 26 日，已約見了時任首席法官麥貴嘉（Atholl MacGregor）及華民政務司鶴健士（B. C. K. Hawkins），請求當時香港最高領導詹森（Franklin C. Gimson）對他本人在日佔時期的職務，作客觀公正的調查。他亦要求與諾思會晤，但

不獲答允。諾思指示他把個人辯解寫成報告，呈交詹森，於是羅旭龢在 1945 年 9 月 12 日，向政府提交了一篇長達 66 頁，近 100 個段落的「辯解書」（Apologia），主要從兩個層面——「協助華人」（Chinese Assistance）及「個人」（Personal）——闡述他在那三年八個月的各種行為、遭遇及心路歷程。

在辯解書中，羅旭龢的首要重點是對他「通敵賣國」的指控作出反駁。他表明他在日佔期間的行動，包括與日軍合作，完全是基於當初三名殖民地高級官員的指示，為了減輕人民苦難，作為華人代表的他和周壽臣可配合日軍政策，而他們在這個重大指導原則下所做的一切，都沒有超出「協助華人，減輕人民苦難」的範圍。他指無論是「香港善後處理委員會」或是「兩華會」，甚至是「華民慈善總會」，都曾在食水與糧食供應、穩定民生必需品價格、公共衛生、協助居民歸鄉、協調貨幣與銀行存款問題，以及各種扶困救濟工作方面，發揮過一定紓解民困的角色和作用，基本上是圍繞「配合日軍統治，減少民眾困苦」的方向。當然，他曾在某些公開場合發表媚日言論，讚揚日軍統治，帶頭高呼「萬歲」，或是簽署了一些維持中日「和平與友誼」的宣言，但都只是表面形式的「賣口乖」，甚至是日軍逼迫下的舉動，不是致命大錯。

其次，羅旭龢強調他和家人受到的巨大壓力甚至生命威脅，表達自己是迫不得已才與日軍合作，不是為了個人利益。羅旭龢在自辯中提及最多的，是他及子女們的安全威脅，包括他和一些華人領袖曾被日軍扣留六日六夜，威脅和要求他與軍政府合作。到他獲得諾思等人指示，開始配合後，日軍其實並不信任他，對他及其家人（無論居所或工作地方）進行全天候監視，百般奚落冷待；另一方面，他的汽車留下了被日軍炸彈碎片擊中的痕跡，揭示災難隨時出現（此點一定程度上回應了侄兒曾說日軍會對他不利的警告）。他的獨子羅煜文曾被日軍憲兵捉拿，單獨拘禁於九龍尖沙咀水警總部長達 15 小時，期間沒提供食水和食物。他的多名女兒長期居於家中，不敢外出，更有女兒因而患上

精神病，打算送往澳門醫治，但不獲日軍批准。

羅旭龢亦提到，曾有日本友人向他建議，由他們出資送其獨子去日本升學，以避開戰爭的威脅，但羅旭龢婉拒了對方，反映他沒有接受日本利誘。他又指曾想逃離香港，但一來子女眾多，部份年紀尚幼，加上家人非華裔的外貌十分特殊，若真的逃走不但難以成功，反而會因此陷入險境，所以只能留在香港，並要求子女們長期留家，一直生活在恐懼之中。他強調自己沒有接受日軍任何利益，反而如一般民眾般曾面對糧食不繼問題，要變賣金條換取糧食。

羅旭龢更委婉地表示反日之心。他認為在保衛戰期間不應向日本投降，曾聯同堅定的反日人士——一位名叫徐淑希的醫生，構思組織華人游擊隊，由匿藏於新界的退休將軍作領導，招募一二萬人，與日軍抵抗到底，但因難以取得資金和武器，以及遭殖民地官員反對而未能成事。在日佔期間，他亦曾冒險協助一些反日人士逃離香港。他特別解釋在日佔時期自己突然改名的原因，是報章擅自翻譯其名字為「羅谷和」，又因不能出現英文名 Kotewall，被改為 Lo Kuk Wo，並非他主動改名。最後，他強調自己對英國忠心不變，並一直以英籍華人自居，以服務英國為榮，子女們亦自視為英國人，他自己從沒如其他人般稱英國人為「英夷」或「英寇」，沒有做出任何犧牲英國利益之事（CO 986/120/01, 1946）。

總結而言，羅旭龢認為他的各種舉動，實乃迫不得已下委曲求存，更重要的，是他「通敵」乃受諾思等高級官員指示之故，在日佔時期沒做出任何超越指示範圍之事，亦救助了不少民眾，紓緩民生困苦，未曾損害英國利益。平情而論，羅旭龢的做法，和楊慕琦為求生存向日軍投降，或滙豐銀行大班祁禮賓（Vandeleur M. Grayburn）受日軍威迫而在滙豐銀行紙幣上簽名，本質上並無不同。只是後兩者都沒子女家人在香港，但羅旭龢是土生土長的混血兒，在此地擁有家庭，不容易逃走，「肉隨砧板上」，不能不有所妥協。

在這份「辯解書」呈交港府後三日，負責調查羅旭龢通敵嫌疑的麥道高（David M. MacDougall）[28] 吩咐他從公眾目光下消失，靜候調查結果（I informed Kotewall that he was to withdraw from public life immediately and await investigation）。在同一份文件中，麥氏亦坦言羅旭龢不會被控告，最可能的是讓他漸漸淡出（we will never convict him of anything – that is certain: what will happen will be that he will be allowed to fade quietly away）（CO 986/120/01, 1946）。在調查尚未完結前，負責的官員已下如此結論，可見殖民地部對如何處理羅旭龢早有定案。

之後，從殖民地部的內部文件看，港英政府應曾作出調查，但手法相當粗疏。簡單地說，那三名向羅旭龢下指示的官員中，富利沙已去世，阿拉巴斯特已返回英國，但沒被找來作證；最後只有諾思一人當時仍留在香港，且於 1945 年 8 月至 9 月間擔任過渡政府的輔政司。他承認自己與另外兩名官員曾給羅旭龢和周壽臣下指示，亦曾公開為羅旭龢等人辯護。他在 1945 年 10 月 2 日發表聲明，指是他們三人在被關押集中營前，請羅旭龢等人「代余肩其責任」，想不到「不知者非徒不表同情，反因是而發生誤會，諸多毀謗，加以不堪入耳之言，令余對於羅周兩爵士，暨其當日諸同事中心抱歉之深，實非褚墨所能形容，誠以此中誤會，是不應有也」（《華僑日報》，1945 年 10 月 2 日）。

統治者在敵人槍炮面前棄兵曳甲，俯首投降，事後對此則輕輕略過，就算有高級官員作出錯誤判斷，也不作追究；但對羅旭龢等被統治者或華人代表，則要求他們白璧無瑕，這樣難道不是某種意義上的雙重標準？在處理羅旭龢事件上，哪怕諾思已承認是他們發出配合日軍的指示，政府仍要羅旭龢立即在「公眾場合消失」，不就那些不真確的指控作澄清，反而可能刻意散佈對他調查及檢控的種種消息；另一方面，又私下勸羅旭龢主動請辭行政局議席及其他公職，揭示港英政府不同層面上的老謀深算，令過去一直對英國政府忠心耿耿的

羅旭龢如啞子吃黃連般，有口難言。

羅旭龢顯然亦深知港英政府的計算，但無可奈何，於是在 1946 年 5 月「主動」辭任行政局議員，政治生涯至此告一段落。雖然對他的通敵指控沒有成立，算是逃過一劫（*South China Morning Post*, 12 January 1947），有分析甚至指「還了他清白」（cleared），不至於掉進萬劫不復的境地（Welsh, 1997:422, Endacott, 1964: 129 and 387），惟不爭的事實是，他自此一直無法洗清「通敵內奸」的形象，學術界亦基本上作出了結論，諸如叛國罪可免，但終身不得復職（鄭明仁，2017），或被列入黑名單，終身永不錄用（劉智鵬，2013；丁新豹、盧淑櫻，2014）。由於殖民地政府無法清算所有「通敵者」，故只能打下羅旭龢這隻「出頭鳥」，意思意思地表示與「通敵者」保持距離。

不過，羅旭龢雖然被迫辭任行政局議員，但他與港英政府似乎仍保持良好的關係。如他辭任時，英國上議院表揚了他的貢獻，夏愨及楊慕琦亦分別寫信向他致意，羅怡基說是兩封「非常好的信件」（very good letters）（Birch, 1986: 3-7; 符澤琛，2020：41-42）。報章在報導其辭職的消息時，亦高度評價他在議會的表現（*South China Morning Post*, 8 May 1946）。1946 年 3 月 8 日，即使在他被判定要「退出公眾生活」後，仍獲邀參加夏愨舉行的雞尾酒會（*South China Morning Post*, 9 March 1946）。更重要的是，羅旭龢去世後，港督有派代表前往致祭，並高度評價他對香港的貢獻，多名高官亦親身出席其喪禮，反映政府雖然表面上與羅旭龢劃清界線，私底下仍有不少往來。

或許這樣說，在整件事件上，羅旭龢似乎成了「代罪羔羊」。英國及殖民地政府清楚他與日軍合作是遵照港英高官的指示，而在夏愨及楊慕琦的言行間亦反映政府相信他的忠誠，但由於他在淪陷時期的行為令人側目，在現實政治考量下，只好棄卒保帥，明知非羅旭龢之罪，仍要他自絕官場，只在私底下和他保持良好關係。羅旭龢顯然亦看到此點，但基於自己沒多少議價條件，加上

要一如既往地表現忠誠，聽從政府指示，故就算是啞子吃黃連，亦只能強吞。面對殖民地統治者公私內外兩張臉的情況，不知羅旭龢與這些官員相處時又會有何感受？

<u>洗脫罪責的人生及家族發展轉折</u>

戰後，港英政府對羅旭龢的高度猜疑和檢控調查，甚至是「過橋抽板」等舉動，必然讓他十分困擾，感慨良多，有不少無眠夜晚，卻無可奈何。羅旭龢的個人名聲、地位及命運懸於一線，與此同時，他的子女和生意各有其發展軌跡。二戰後，名下生意隨即展開重建之路，恢復業務，主要由女婿李兆佳打理；子女長大成人了，亦踏入成家立室的階段。

1946 年 3 月，羅旭龢的女兒羅艷基（Doris）出閣，嫁予同屬混血兒的施弗迪（Frederick Zimmern）（*South China Morning Post*, 22 March 1946）。[29] 施弗迪是施燦光（Adoph Zimmern）之子，家族甚為顯赫，人才輩出，施弗迪的父親及兄弟先後出任香港交易所主席，堂兄弟中有大律師、聖約翰座堂法政牧師、拔萃男書院校長。施弗迪本人於拔萃男書院畢業後修讀法律，1935 年獲執業資格，隨即在港開設施文律師行（F. Zimmern & Co），在業界甚有名氣。施弗迪和羅艷基婚後育有一子，名為 Ronald。

施弗迪的兩名弟弟施玉榮（Francis R. Zimmern）及施雅治（Archibald Zimmern），同樣畢業於拔萃男書院，後來各自迎娶羅艷基兩名妹妹 Helen（中文名字不詳）與 Cicely（羅瑤基）為妻：施玉榮與 Helen 於和平後不久結婚，婚禮低調進行；施雅治與羅瑤基於 1950 年結婚，婚禮較熱鬧（*South China Morning Post*, 28 December 1950）。羅旭龢家族的三姐妹嫁予施文家族（Zimmern family）三兄弟，成為一時佳話，尤其轟動混血兒群體（Hall, 1992: 189）。施玉榮夫婦育有五女，其中長女 Barbara 於 1947 年 1 月出生，次女 Carol 於

1949 年 2 月生，另一女 Jill 及其他兩女名字和出生年份不詳；施雅治夫婦育有一子（Hugh）一女（Annabel）。

對羅旭龢而言更為重要的，是他洗脫「內奸」通敵指控，還自己清白，此事有一了斷之後，他宣佈獨子羅煜文於 1947 年 3 月大婚，迎娶江斯丹·范伯展（Constance Stella van Bergen），為自己及家人「沖喜」，一洗頹氣。范伯展家族在香港亦甚有名望，羅旭龢對此婚事十分高興，大事張揚，邀請曾署任中國民國總理、駐日本大使的好友許世英，為一對新人的證婚人，其他國民黨大員如李濟森、許崇智等都獲邀出席，可見羅旭龢對兒子大婚的重視，該婚禮亦因此成為當時上流社會的一時盛事（*South China Morning Post*, 18-19 March 1947）。

到了 1948 年 12 月，另一女兒羅旋基（Maisie）亦長大出嫁，丈夫是香港大學醫學院畢業的蔡永善醫生（George Choa）（*South China Morning Post*, 28 December 1948）。[30] 蔡永善生於 1921 年，是歐亞混血兒，與其胞兄蔡永興同為醫生，在社會深具名氣。那時蔡永善剛從大學畢業，嶄露頭角，日後更成為耳鼻喉科的國際權威。

同年，羅家還有一件喜事，那就是羅煜文的妻子誕下一子，是為羅正威（Robert George Kotewall），羅旭龢家族繼後有人。媳婦日後再誕下二女（Phyllis 及 Veronica），家族逐漸開枝散葉。

不過，羅旭龢經歷了日佔時期的艱苦歲月，和平後又遭到通敵指控，一直擔心成為港英政府的棄子，相信令他日夜難以安寢，最後雖洗脫污名，健康亦大受影響。長孫出生後，他健康進一步惡化，並在 1949 年 5 月 23 日因心肌退化（myocardial degeneration）去世，[31] 享年 69 歲（*South China Morning Post*, 24-26 May 1949）。羅旭龢去世後，殖民地政府向家屬致哀，並對他過去的貢獻予以肯定。他的喪禮極盡哀榮，送別者逾 2,000 人，多位政府高官親往致祭，港督

亦派代表出席，遺體下葬於摩星嶺的昭遠墳場，與亡妻郭懿德為伴，他傳奇一生亦劃上句號（《香港工商日報》，1949 年 5 月 26 日）。

昭遠墳場裡的羅旭龢之墓

羅旭龢的訃聞

早在 1937 年 4 月，羅旭龢已草擬遺囑，委任好友王德光及當時尚未成為女婿的施弗迪為遺囑執行人。[32] 羅旭龢所立的遺囑並不複雜，只要求把名下財產在扣除喪葬、遺產稅及所有欠賬外，分為 11 份，其中三份留給獨子羅煜文，六份分給六名未嫁女（相信出嫁女已獲得嫁妝分配），餘下二份由遺囑執行人代為分配給他其他人士，名單列於另外的信函中（Probate Jurisdiction－Will File No. 52/55, 1955）。

不過，有一個地方令人不解，那就是羅旭龢自 1937 年立下首份遺囑之後，一直沒有再作更新，他過世時已是 12 年後，期間人事變化甚大，如其中一位遺囑執行人王德光已在日佔時期的 1944 年去世，另一位執行人施弗迪則成了他的女婿，兒子及多名女兒已各自成家，長孫亦已出生。羅旭龢一向心思縝密，這十多年間又神志清明，難以理解他為何沒有更新執行人及遺產安排。但無論如何，由於遺囑未有更

新，唯一在生的執行人施弗迪便依此向法庭提出申請作為執行人，作出遺產安排，並獲法庭確認。

從報紙報導及申請執行遺囑的文件看，到 1955 年時，羅旭龢名下經確認的遺產為 652,000 元（*South China Morning Post*, 27 February 1955），這個金額對普羅民眾而言自是一筆大數目，但若與頂級的殷商巨富相比則屬小額而已。若不是他生前已將部份財產安排妥當，預先分予眾子女，那在某層面上，代表他是一名政治人物，多於一名全心投入賺錢的商人。

羅旭龢去世後，名下持有的公司股份——主要是旭龢行與和聲公司——按遺囑中的分配原則進行重組，分配給諸子女：獨子略多，諸女則一人一份，並由其中五女（Phoebe、Bobbie、Esther、Doris 及 Helen）擔任董事，實務管理則由李兆佳等擔任（R. H. Kotewall and Company Limited, 1951）。

接下來談談羅旭龢後人的不同發展，首先是獨子羅煜文。據悉，他個性好動，又是網球好手，在拔萃男書院畢業後即遇上香港淪陷，戰後他沒有繼續學業，而是先成家立室，隨後加入家族企業。但他在這個崗位上的時間其實不長，在父親去世並處理好所有後事後，他便離開公司選擇為人「打工」，加入父親年輕時曾工作的高露雲律師樓，從實務中學習法律知識。他在 1957 年赴英深造法律實務，翌年回港，獲得執業律師資格（《華僑日報》，1959 年 1 月 18 日；*South China Morning Post*, 19 January 1959），然後與友人合夥組成律師樓，開展了個人執業生涯，辦公室設於畢打街的中建大廈。

1962 年，羅煜文捐出父親生前的藏書給香港大會堂圖書館，報導稱英文書有超過 4,000 本，中文書更超過 14,000 本，可見羅旭龢生前手不釋卷。大會堂為表謝意，更設立「旭龢室」以資紀念（《華僑日報》，1962 年 6 月 14 日）。到了 1972 年，剛進入 50 歲的羅煜文宣佈退休，只保留在律師樓的顧問職位（*South China Morning Post*, 28 June 1972）。以年齡論，那時羅煜文仍屬壯年，身體

壯健，但他卻選擇退下律師樓的工作，寧可過自由自在的生活，享受人生。

羅煜文的獨子羅正威，一如父祖般在拔萃男書院畢業，後考入香港大學，修讀法律，1976 年取得執業大律師資格，開始了法庭上的雄辯滔滔。經過十多年的努力，到了 1989 年，羅正威取得「御用大律師」（現稱為「資深大律師」）資格，那是無數大律師一直打拚的目標，以法律專業資格論，比父祖輩更高。在法律事業方面表現突出的羅正威，亦參與社會公職及事務，其中又以 1992 年出任撲滅罪行委員會委員、1993 年擔任證券及期貨監管委員會非執行委員，以及 1998 年成為基本法推廣委員會委員等較受注視，並於 2001 年獲得了銀紫荊勳章。羅正威在香港大律師名錄中，按資歷排在十名之內，且有多項公職，不過論知名度，相信在社會大眾心目中，還是不能與其祖輩相提並論了。

2012 年 2 月 10 日，羅煜文因膀胱癌去世，享年 89 歲，可說是家族中較長壽的一位。生前，他立下遺囑，將名下約值 1.1 億元的遺產分為 41 份，按指示分給遺孀（江斯丹・范伯展）、子（羅正威）、女（Phyllis 及 Veronica）、[33] 孫（Bertrand、Neville 及 Nicholas），[34] 以及兩位朋友：一位是被形容為「一生忠誠朋友」的徐錦祥（Kenneth Tsui Kam Cheung, 譯音），另一位則是稱為「親愛朋友」的馬佩裳（Katharine Ma Pui Sheung, 譯音）。遺囑的信託及執行人，則是在英屬開曼群島註冊的「Hongkongbank International Trustee Limited」（In the estate of Kotewall Lawrence Cyril, etc., deceased, 2012）。由此可見，羅正威的三子均獲得遺贈，但 Phyllis 及 Veronica 二女的後代則沒再獲遺產，或許多少反映了羅煜文仍抱有重男輕女的想法。

在羅旭龢諸女兒及女婿方面，他們各自家庭亦有不錯發展。先說長女及長婿。正如前述，戰後，旭龢行與和聲有限公司繼續保持發展，主要業務一直由女婿李兆佳打理，兒子亦曾一度加入，羅旭龢則沒有落力參與，相信是志不在此。兩家公司之後的業務發展均不錯，其中又以和聲有限公司表現較佳，

如在 1950 年代成為曾福琴行的代理公司，出售樂器及音樂產品；同時又代理及出版唱片創作，其中又以 1952 年發行呂文成女兒呂紅的粵語唱片而受注目，打破市場為國語唱片壟斷的局面。Lo（2021）提到，自呂紅的首張粵語唱片後，呂文成的弟子周聰——一位被黃霑稱為「粵語流行曲之父」的大師級創作人物——上世

昭遠墳場裡的羅煜文之墓

紀五十至七十年代間，為和聲有限公司製作了 34 張唱片，粵語歌曲街知巷聞正是始於其時。其他歌手如馮玉玲、辛瑞芳、朱老丁、許艷秋、譚炳文、李燕萍和鄭君綿等等，亦曾為和聲有限公司灌錄唱片，當中不少歌曲流行一時。

　　不過，隨著家族第二代年紀漸老，卻未能找到第三代接班時，傳承問題便變得尖銳。一方面相信是家族人丁銳減之故，加上他們大多選擇專業道路，如羅煜文及其子羅正威即選擇了法律專業，李兆佳諸子女看來亦對經營生意缺乏熱情，無意投身家族企業。進入 1970 年，如何延續家族企業無疑成為必須解決的難題，由於羅氏家族無人有興趣接手，李兆佳夫婦相信在與羅煜文等股東商討後，決定待李兆佳退休時，便把公司不同業務出售套現。最後，和聲有限公司於 1976 年 11 月 20 日正式解散，近半個世紀的經營至此劃上句號（Wo Shing Co. Ltd., various years）。退休後不久，李兆佳出現健康問題，並於 1983 年 12 月去世（*South China Morning Post*, 22 December 1983），羅慧基亦於丈夫去世兩年後的 1985 年 11 月 24 日過身（*South China Morning Post*, 29 November 1985）。

羅旭龢次女羅懿基雖然遭遇首任丈夫英年早逝的打擊，但之後與洪武釗再婚，一對年幼子女獲得很好的照顧，屬不幸中之大幸，夫妻倆一直協助李兆佳打理旭龢行及和聲有限公司，令這兩間公司保持不錯發展。羅懿基之子洪承禧曾一度異軍突起，為家族爭取了不少名聲和社會地位。父親去世時洪承禧仍未滿週歲，長大後畢業於拔萃男書院，考入香港大學，熱愛體育運動。1970 年他投身社會，初時在香港管理學會（Hong Kong Management Association）擔任秘書長，期間取得加拿大西安大略大學工商管理學位（*South China Morning Post*, 12 March 1982）。

1980 年代末，洪承禧獲「船王」包玉剛招攬，進入九龍倉，初期任執行董事，到 1993 年成為會德豐董事總經理，以及新世界等企業的非執行董事之職，帶領會德豐和九龍倉開拓業務，名聲及地位持續冒起。1996 年，洪承禧獲選為香港體育發展局主席，為本地體育發展作貢獻，更曾與末代港督彭定康一起在包廂看球賽，可見他深厚的人脈及社會地位。香港回歸後，他仍然公私兩忙，而他對香港體育發展的貢獻，更令他於 1999 年獲得銀紫荊星章（Hung, 2011）。

不過，到 2008 年，在個人身家及名望不斷上升之時，70 歲的洪承禧卻被廉政公署檢控，指他利用香港賽馬會遴選委員會成員的身份收取利益，消息轟動社會（*South China Morning Post*, 11 November 2008）。他因此辭去所有公私職務，翌年被判罪成，入獄兩年（*South China Morning Post*, 26 June 2009），令人生留下污點。儘管如此，他出獄後卻不以此為忌諱，更出書大談入獄時的經歷，同時花大量篇幅講述自己過去的「威水事」（Hung, 2011）。當然，對於母親羅懿基而言，兒子晚年入獄，一生名聲一朝喪，始終是令人傷感之事，惟因她與丈夫一直作風低調，人生事蹟等資料極為缺乏，所以社會所知不多。

三女羅艷基與施弗迪一家相信亦過得幸福富足，施弗迪的事業發展十分順

利。正如前述，戰後，施弗迪重新發展事業，繼續其律師事務所的生意，並在那個百廢待興的時期早著先鞭，成為香港其中一間最早為分層物業買賣提供法律服務的律師行。闖出名堂後，施弗迪獲政府垂青，委任不少公職，例如銀行顧問委員會成員等。法律專業之外，施弗迪也有投資，例如曾擔任惠保打樁有限公司（Vibro Pilling Ltd.）主席。1977 年 1 月，施弗迪去世，享年 66 歲（*South China Morning Post,* 19 January 1977）。施弗迪去世後，羅艷基為紀念亡夫，常在重要日子進行捐獻，直至她 2004 年去世，表現出深厚的夫妻感情。

二人之子 Ronald Leslie Zimmern 畢業於劍橋大學及倫敦密德塞斯醫院（Middlesex Hospital），主攻神經病學，於 1983 年再取得法學學位，之後加入公共衛生界服務。他創立了「基因組學及人口健康基金」（Foundation for Genomics and Population Health），在相關範疇的研究享譽國際，現為劍橋大學 Hughes Hall 院士及香港大學公共衛生學院名譽教授。在 2011 年，他獲香港大學頒贈名譽院士，介紹中特別提及他為羅旭龢之外孫，讚揚他延續了家族的傳奇。

四女 Helen 與施玉榮組成的家庭亦是幸福富足的典範。據羅旭龢本人在 1945 年的自辯書中提及，Helen 在日佔時期曾陷入精神病，幸得施玉榮照顧，後來他們共諧連理，婚後育有五名女兒。施玉榮沒有走上專業之路，而是選擇從商，任職股票經紀，於 1971 年獲推舉為香港股票交易所（Hong Kong Stock Exchange，俗稱「香港會」）主席，與先後投入競爭的香港遠東交易所（俗稱「遠東會」）、金銀交易所（俗稱「金銀會」），以及九龍交易所（俗稱「九龍會」）多方較勁。在 1973 年大股災後，為了恢復市場信心，同時提升香港股票市場整體競爭力，四會乃同意放下分歧，商討合併（鄭宏泰、黃紹倫，2006）。

當然，由於四會各有盤算，商討的過程困難重重，施玉榮經歷多場爭拗後，因應本身立場和利益不同之故，於 1977 年宣佈辭去「香港會」主席

之職（*South China Morning Post*, 20 April 1977），惟他在香港股票市場的領導地位則備受肯定，並於 1989 年獲任命為交易所上市提名委員會（Nominating Committee）委員。有趣的是，由於 1970 年代股票市場開放，吸納了女性經紀，他的其中一名女兒 Jill Zimmern 亦投身此行業，成為當時香港最年輕的女性股票經紀，甚受注目（*South China Morning Post*, 18 September 1975）。大約到了 1999 年，施玉榮去世，不過喪事十分低調。

為紀念亡夫，Helen 於香港大學設立「施玉榮基金」，致力推動教學及科研工作，又於 2002 年在香港大學成立「施玉榮心臟專科中心」，她亦因此在 2006 年獲香港大學頒贈名譽大學院士。數年後，Helen 去世，家人同樣以慈善捐獻作為紀念，香港大學醫學院「Helen and Francis Zimmern Professorship in Population Health」冠以他們兩夫婦的名字，便是遺愛人間的例子。

五女羅怡基（Bobbie）與三位姑母——羅旭龢胞妹羅錫珍（Esther）、May（中文名字不詳）、Winifred（中文名字不詳）——同樣，終身保持單身，把精力主要投入到教育事業中，做出了亮麗的成績。羅怡基 1939 年在香港大學畢業，之後負笈倫敦，在牛津大學獲得教育文憑及神學碩士。之後她回到香港，任教聖保羅男女校，1952 年起出任該校校長。

無論是成長與求學，羅怡基與三位選擇單身的姑母一直保持緊密關係，互相照顧扶持。到了 1959 及 1964 年，姑母 Winifred 及 May 先後去世，分別享年 82 及 72 歲，同樣葬於昭遠墳場（*South China Morning Post*, 12-14 March 1959 &16 December 1964; Hall, 1992: 189），羅怡基主力打理喪禮事宜，盡見其孝心。

公私兩忙的羅怡基有著「工作狂」的性格，進取拚搏，在誨人不倦之餘，亦善於校務管理，聖保羅男女校在她領導下不斷取得突出成績。因此，到了 1971 年，香港大學向她頒贈榮譽博士學位，表彰她在教育方面的卓越表現和貢獻，那是繼其父於 1926 年獲得該校榮譽博士學位後相隔 45 年的家族盛事，成

為一時美談（The University of Hong Kong, 1971）。1980 年代，羅怡基退休，但仍關心教育，不斷為聖保羅男女校的發展提出寶貴意見。

　　1981 年，羅怡基最後一位姑母羅錫珍去世，享年 91 歲，亦同樣由她打點喪禮（Probate Jurisdiction－Will File No. 2893/82, 1982）。至 1996 年 12 月 10 日，羅怡基本人走到了人生盡頭，享年 79 歲。在她領導下取得突出發展的聖保羅男女校，師生為她舉辦追思會，並設立基金作紀念（*South China Morning Post*, 11 December 1996）。根據她在 1988 年 3 月 25 日訂下的遺囑，她的遺產部份留給家人，部份用以成立慈善信託，以支持教育發展，遺產執行人是其外甥蔡偉達醫生（詳見下文）（《經濟日報》，2007 年 8 月 30 日）。經一輪計算後，確定她的遺產多達 1 億 800 多萬元，顯然不是普通中學校長窮一生之力可賺到的金額，相信當中有不少是其父及姑姑的遺贈，亦與她善於投資有關（Kotewall, Babbie M.F., 96/61-7905, 1998-2002）。

　　六女羅璇基與蔡永善夫婦一家亦表現卓越，令人艷羨。蔡永善一生行醫，是耳鼻喉科的國際權威，曾任英國醫學會香港分會及香港醫學會會長、醫務總監、聖約翰救傷會總監及香港中文大學醫學院院長。他於 1968 年創辦了香港聾人福利促進會，為弱勢社群出力。1988 年，他獲香港大學名譽法學博士榮銜，以表揚他對香港社會及醫學界的重大貢獻，是繼羅旭龢及羅怡基之後又一家族成員取得香港大學榮譽博士學位（The University of Hong Kong, 1988）。1993 年，蔡永善獲大英皇室 CBE 勳銜，2004 年再獲金紫荊星章，殊榮眾多，可見他一生成就非凡。2013 年 9 月 20 日，蔡永善辭世，享年 92 歲（*South China Morning Post*, 7 October 2013），臨終前，其妻羅璇基、子蔡偉達（Brian），[35] 以及女蔡敏儀（Carolyn）、蔡敏志（Gillian）、蔡敏德（Sharon）一直在身邊陪伴（Lau, 2015）。蔡永善去世後，羅璇基及子女們同樣以慈善捐款的方式進行紀念，回饋社會，令不少人敬佩。

蔡永善與羅璇基育有二子三女，一子蔡偉達畢業於劍橋大學，為著名腦神經科醫生；另一子 Dennis Choa（中文姓名不詳），為耳鼻喉專科醫生，現於英國著名醫院 University College London Hospitals 工作（Hall, 1992: 189; University College London Hospitals, no year）。長女蔡敏儀為劇場導演，嫁予奧斯卡金像獎得獎導演 Anthony Minghella；次女蔡敏志為香港演藝學院校長，三女蔡敏德是一名指揮家，現為香港演藝學院音樂學院院長（香港演藝學院，沒年份），可謂一門多傑，各有所成。

七女羅瑤基與丈夫施雅治育有一女 Annabel 一子 Hugh。羅瑤基在拔萃女書院畢業後，考入香港大學修讀經濟，之後擔任中學教師。施雅治在香港完成學業後到英國攻讀法律，在內廟（Inner Temple）取得大律師資格，隨後於 1958 年回港，完成相關手續後開始執業。到了 1973 年，年過 53 歲的施雅治成為御用大律師，同年擔任大律師公會主席。1977 年，施雅治接受政府任命，成為高等法院法官，1981 年擢升為上訴庭法官，與楊鐵樑及李福善高等法院法官齊名，同時曾擔任證券及期貨事務監察委員會（Securities and Commodities Trading Commission）主席之職。到了 1985 年 12 月 20 日，施雅治去世，享年 68 歲（South China Morning Post, 21-22 December 1985）。據羅瑤基與校友分享時提及，其女 Annabel 經營餐飲業，其子 Hugh 是香港百年老牌工程公司 Leigh & Orange 的合夥人，各自事業有成（*South China Morning Post*, 21 May 2006）。

蘊女 Patsy（中文名字不詳）於羅旭龢去世大約兩年後的 1951 年 5 月出閣，嫁予馮瑩璋（John Cecil Fenton），丈夫同樣來自甚有名氣的家族（*South China Morning Post*, 8 May 1951），算是強強結合的大好婚姻。因資料缺乏，不知他們婚後生活及子女的情況。較為人知的，是馮瑩璋曾任美國著名廣告公司 D'Arcy Masius Benton and Bowles 的亞洲區董事總經理之職，直至 1993 年退休（*South*

China Morning Post, 18 August 1993）。至於夫婦晚年的情況，同樣因為生活趨向低調而乏人知曉。

綜合上述，無論是羅旭龢的子女或女婿，他們在商業、教育、法律、醫學等不同專業上，其實表現都十分突出，只是知名度及影響力仍不如羅旭龢。出現這種局面，一方面是他們沒有積極參與政治，曝光率甚低；同時，也因時代及社會環境變化甚大，現今政治氣候及政府架構不同，有了直選議員，自然不再需要「華人代表」作表率，也不再需要溝通華洋的「中間人」了。此外，在羅旭龢初出茅廬時，教育尚未普及，精通中英雙語人才極為缺乏，令他變得炙手可熱；但到其子女或孫輩踏足社會時，社會教育水平已大幅改善，單憑雙語水平或高學歷，已無太突出優勢。因此，儘管子孫表現已十分優異，在專業領域的成就為人稱頌，但仍未為公眾所認知，亦難成為呼喚時代的風雲人物。

結語

羅旭龢應該是巴斯人與華人所生混血兒中表現最出色、遭遇也最特別的一位。他與當時所有混血兒一樣，長期處於華洋社會的夾縫中，承受不少壓力。由於被排拒在巴斯群體之外，他只能選擇華人身份，並藉著精通中英雙語的特長，以「華人代表」的姿態，被港英政府吸納到殖民統治的制度之中，發揮所長。同時，他又與其他混血兒緊密連結，形成自己獨特的社群，再透過婚姻及生意合作，擴大自己的影響力，最終攀升至政府管治的最高點，成了行政局議員。雖說其突圍而出的背景經過有一定「時勢造英雄」的色彩，但能夠在劣勢中找到生存和發展空間，仍是他成功的重要因素。

不過，羅旭龢晚年遭遇日軍侵港，政局發生重大變化，他的位置變得十分尷尬，只能無奈與敵合作。但這樣做卻令他被指「通敵」，忠誠受到英國質疑，命運懸於一線，最後雖然洗脫罪名，仍因政府的政治計算，被迫吃下苦果，退

出政壇。但無論如何，羅旭龢始終是一時人物，哪怕他生於極為艱難的特殊環境中，都能憑個人才幹與努力突圍而出，力保不失。他去世後下葬在專為混血族群而設的昭遠墳場，落葉歸根，最終長眠在香港，他出生、成長與書寫傳奇的地方，亦是這位擁有不同種族血統者的故鄉。

註釋

1　何東是歐亞混血兒（Eurasian），即歐洲父親與華人母親所生的後代，但羅旭龢是中國人與巴斯人的後代，而巴斯人與中國人都是亞洲人，不屬於歐亞混合。

2　按 Cook（2006）所述，羅旭龢的母親生了十名子女，其中四人早夭，這裡所指的六名子女，乃存活下來的人數。

3　Kotewall 此姓氏，早期亦寫為 Cotwal、Cottwal、Cotewall 或 Kotewal 等，本書統一為 Kotewall。細查 Kotewall 此字，與 Kotwal 相近，據「約書亞計劃」（The Joshua Project，一個為宣揚基督信仰，統計全球少數民族人口的資料庫）所指，印度其中一個「表列種姓」（Scheduled Caste）少數民族便叫 Kotwal（高和族），意思是「守望者」（watchman），發音與 Kotewall 相似。該少數民族主要信奉印度教，散居於印度中部的中央邦（Madhya Pradesh）等地區，總人口不足十萬人（The Joshua Project, no year）。

4　據羅旭龢女兒羅怡基憶述，其祖父來自阿富汗，並非坊間常說的孟買（Birch, 1986: 1），但目前未能找到相關證據，故此點存疑。

5　在 1865 年之前的名錄中，沒有 D. Tata 的名字，到 1865 年的記錄，他是一家名叫 J. Nussewanjee & Co. 的洋行的文員（The Chronicle and Directory for China, 1865: 106），推斷他約在 1865 年到港，初時為人打工，到 1866 或 1867 年左右才自立門戶。賀馬治‧高和可能是他在香港的首名員工。

6　有關 Christopher Cook 所著的 Robert Kotewall: A Man of Hong Kong 一書，於 2006 年出版，但看來並非公開發行，現時只有香港大學圖書館「特別藏館」存有一冊，惟不能外借，且不能影印或拍照，只能在指定房間閱讀。

7　在 1894 年的「洋人駐華名單」中，除了賀馬治‧高和及打打貝‧高和，還有另一名姓高和的，名字是 E.D. Kotewall，不知是否 1867 年曾出現的 D. Kotwall。那時，他的身份註明是「棉花棉紗經紀」，但沒註明所屬公司，業務與賀馬治‧高和相同，估計二人有一定關係。E.D. Kotwal 的名字一直到 1903 年，才不再出現在相關名單中。

8　打打貝‧高和的人生和事業看來一直沒賀馬治‧高和般如意，主要原因應是僱主生意欠順，令他只能「屢易其主」。在 1895 年時，他其實是「占馬士治」洋行的文員，但在賀馬治‧高和遺囑上簽名時則宣稱是「貨倉保管人」，背後原因不明。

9　對於混血兒，過去較多聚焦於歐亞混血，但其實亦有不少亞洲內不同民族的混血兒，例如中國與印度、中國與馬來亞，以及本文探討的中國和巴斯等。

10　基於這一考慮，本書乃將羅旭龢父親譯為高和，以示差別。

11　由於羅旭龢並沒為父親「創造」一個中文姓名，本書乃以一般翻譯方式稱之為賀馬治‧高和。

12　據羅旭龢其中一名女兒羅怡基回憶，童年時的羅旭龢曾被送回母親家鄉生活，這相信便是接受私塾教育（Birch, 1986: 1）。

13　高露雲律師樓原本由高和爾（Daniel Richard Caldwell，名高三貴或高露雲）兒子小高露雲（Daniel Edmund Caldwell）於 1883 年創立，日後引入韋健臣（Charles D. Wilkinson）為合夥人。到了 1891 年，小高露雲退夥，韋健臣引入另一合夥人格里斯（Edgar J. Grist），英文名稱改為 Wilkinson & Grist，但中文則因原來名稱已深入民心而保留下來。

14　當時主合夥人韋健臣因健康欠佳離港休養，律師樓乃由格里斯打理

15　據說亨利‧盧郭曾在香港開立公司，名為盧郭洋行（Lowcock & Co.），但遍查那時的商業名錄卻未有發現，相信若然有，規模亦不大。

16　郭亨利日後娶妻 Mable Constance，二人有五子一女，其中一子郭慎墀（Sydney James Lowcock）曾任拔萃男書院校長（Hall, 1992: 122）。

17　當時有一級文員（First Clerk）、總文員（Chief Clerk）和首席文員（Principal Clerk）之分。一

般部門只有一位一級文員或總文員，名稱上並不統一，布政司署據說曾經兩者皆有，後來合併為一，稱為首席文員（Cook, 2006: 21-39），華人社會統稱為「首席文案」（吳醒濂，1937：6）。

18　韋玉家族、何東家族及羅旭龢家族之間，其實亦有不容低估的關係。舉例說，韋玉退任立法局議員之職後，由何福接任，或者背後亦有韋玉推薦。何福相信是胞兄何東的代言人，因為何東不願自己走上政治前台，羅旭龢很可能亦玉成其事，代為推薦。至於韋玉、何東和羅旭龢之間的關係，或者可從韋玉之侄韋達的角色上看到一點端倪。在 1920年代，韋達曾擔任羅旭龢秘書，後轉任何東秘書，到 1931 年時，韋達被何東派往澳門，擔任澳門電力公司華人經理（China Mail. 12 December 1931），成為何東投資澳門的左右手，日佔時期何東退隱澳門時，相信他更加代為打點一切。

19　卡斯特羅和巴蘭圖相信來自澳門葡人大家族（丁新豹、盧淑櫻，2014：41-49）。

20　有關澳門葡人在香港活動的資料，可參考丁新豹、盧淑櫻（2014：41-55）的深入討論。

21　這年，羅旭龢母親鄭亞祥去世，享年 63 歲（Cook, 2006: 13），變故相信令羅旭龢傷心不已，亦有一段不短時間要放下工作，打理母親後事。

22　有關如何執行「特別任務」一項，可參考「杯葛電車運動」時提及「華人情報警察」的做法。這相信是羅旭龢應對方法的重點所在。

23　洪興錦亦是混血兒，相信與羅旭龢首任妻子 Grace Hung 有親屬關係。

24　除了以上短期應對之策，羅旭龢還從長遠管治作考慮，建議港英政府應加強中國傳統儒家教育，此點日後為接替司徒拔出任港督的金文泰（Cecil Clementi，任期 1925-1930 年）所採納。

25　與何東和麼地獲得大英皇室封爵的方式不同，羅旭龢並非藉大量捐獻換取頭銜，而是因處理大罷工問題「立功」所得，因此更能獲得官場及社會精英的另眼相看。

26　Ko Sing（高聲）的名字，其實是「歌林」與「和聲」兩者的結合，因「Ko」是「Columbia」首個發音的轉換，「Sing」是「和聲」的第二個字（York, 2021），頗有一番心思。

27　據 Hall（1992: 188）所指，羅福祥先後娶兩名妻子，髮妻姓洪（Hung），1903 年去世後再娶李氏（Li），但這說法應與羅旭龢的首名妻子混淆。羅福祥育有一子（名字不詳）二女（Mable 及 Dorothy），其子看來早逝，可能便是正文提及的羅占美。二女中的 Mable 嫁郭亨利（Henry Lowcock），夫妻育有五子一女；另一女 Dorothy 嫁 Luigi Ribeiro（Hall, 1992: 188）。

28　麥道高在戰後出任華民政務司，後曾當任輔政司。在 1944 年英國殖民地部成立的「香港計劃小組」（Hong Kong Planning Unit）中，他是小組主任，負責安排和統籌光復香港後的補給和政務事宜。

29　由於這家族選擇了「施」為中文姓氏，但不知其中文姓名，這裡譯為「施弗迪」。

30　其堂兄弟相信是蔡永業醫生，可算是醫學世家。

31　在羅旭龢的死亡證上，他的身份註明為「商人」，國籍則為「中國人」。

32　1941 年，面對日軍有可能侵略香港，施弗迪加入英軍志願團，香港淪陷後被囚於集中營，到日軍投降才獲釋。

33　Phyllis 嫁 Pike 姓丈夫，Veronica 嫁 Tyrrell 姓丈夫。

34　生於 1978 年的 Bertrand Kotewall 沒有太多資料，看來作風低調，或者不在香港生活。生於1981 年 5 月的 Neville Kotewall，中文名字為羅博文，娶莊士集團的莊若蕙為妻，任職莊士中國（莊士集團，沒年份）。生於 1983 年的 Nicholas Kotewall，中文名字為羅博頤，任職於香港大學醫學院外科學系（LKS Faculty of Medicine, no year）。

35　夫婦的另一子 Dennis Choa 同樣是耳鼻喉專科醫生，父親臨終時他似乎不在，相關文章沒提及他，亦沒有他的中文名字。

第六章

律敦治家族

商而優則仕的巴斯代表

相對於打笠治家族、麼地家族或羅旭龢家族，本章研究的重點律
敦治家族（Ruttonjee family）相信更為香港人所熟悉，無論
律敦治中心還是律敦治醫院，都是不少市民日常會接觸的設施。
不過，儘管大多數人聽過律敦治的名字，但說得出他們是巴斯人
的相信不多，對他們來華的歷史、發跡的經過，以及家族成員對
香港的貢獻，更是所知甚少。若細心發掘，會發現這個家族來港
已超過百年，家族的先輩一開始東來，或許是單純為尋找發展機
會，但到後來，他們不再將香港視作淘金地，賺足了錢便揚長而
去，反而長留香港，以不同方式回饋社會。

不過，就如打笠治、麼地等家族一樣，律敦治家族同樣碰到人丁
不多的問題，折射出巴斯族群難以迴避的困境：他們雖然是先富
起來的一群，但隨著族群人口的增長多年來追不上世界總人口的
增長，令力量被削弱，表現今不如昔。至於律敦治家族發展過百
年後，雖然家族企業坐擁龐大資產，卻已無直系血脈能繼承，雖
說家族成員早已預見這個結局，也作了不少準備及安排，但眼見
一個百年積善之家逐漸消亡，傳奇難以延續，連旁觀者亦不免唏
噓歎息。

家族祖輩東來的歷史背景

律敦治家族的成員應該很早已經東來，與中華大地及香港有不少互動關係，淵源不淺。1950 年代，家族中顯赫一時的成員鄧‧律敦治（Dhun Ruttonjee），在某次商業精英雲集的聚會中，就移民對香港社會的貢獻發表個人意見時，曾粗略談及自己的家族背景，「曾祖父在踏足香港之前，已在澳門和廣州營商生活」（*South China Morning Post*, 26 July 1966），可能其曾祖父在鴉片戰爭前已來華，初期在唯一開放的廣州口岸謀生。不過，他沒有提及曾祖父的名字，故需要進一步的資料作考據。

早年的《中華商業名錄》中，記錄了不少洋人（這裡泛指非華人，包括印度、巴斯等族群）在華活動的資料，「律敦治」這個姓氏亦多次出現。就如「麼地」這姓氏一樣，於 1830 年代已有姓「律敦治」的巴斯商人東來，而且為數不少，當中較受注目的，相信是柏士唐治‧律敦治（Pestonjee Ruttonjee）。資料顯示，他早於 1832 年已踏足廣州，落腳於十三行第二號商舖的「周周行」（Chowchow Hong），1833 及 1834 年缺乏資料，1835 至 1839 年則轉到第三號的「寶順行」（Paushun Hong），其中 1837 年資料出缺（*Chinese Repository, various years*）。

1839 年，因鴉片走私猖獗，荼毒人民，破壞經濟，道光皇帝任命欽差大臣林則徐到粵嚴查，林則徐下令洋商必須盡交手上鴉片，否則一經查獲，貨即充公，人即正法。在那次雷厲風行的「掃毒」行動中，不少洋商交出部份鴉片，因在華利益受到影響，他們乃以大英帝國臣民的身份（包括英國人、猶太人、巴斯人及印度人等）向英國政府上書，請求保護。

無論是在向清政府繳交鴉片的名單，或是向英國政府上書請求保護的名單上，均有兩名姓「律敦治」的鴉片商人，分別是律士唐治‧律敦治（Rustomjee Ruttonjee）及寶文治‧律敦治（Bomanjee Ruttonjee）（郭德焱，2001：118）。

律士唐治·律敦治是「R·律敦治洋行」（R. Rutonjee & Co.）的東主，而寶文治及上文提及的柏士唐治·律敦治，相信則是該洋行的核心成員或合夥人，他們亦有可能來自同一家族，情況就如第一章提及的吉吉貝父子公司、高華士治公司及塔塔父子公司等巴斯企業，都是由不同房的家族成員組成。

由此看來，「R·律敦治洋行」應具相當規模，能與老牌的英資洋行如渣甸洋行（Jardine Matheson & Co.）、顛地洋行（Dent & Co.）及沙遜洋行（David Sassoon & Co.）等並肩，其發展模式相信亦接近：一開始時，他們按滿清政府的規定，在十三行主要經營中國茶葉、絲綢及瓷器等出口業務，後來受鴉片走私吸引，轉投到這項本小利大的非法生意中。到鴉片被沒收，他們自覺利益受損，便「惡人先告狀」，上書英廷要求對華用武。在英國戰勝後，他們除獲得賠償外，還多了香港作經營據點，部份洋行亦於此時將公司總部由澳門及廣州轉到香港。

鴉片戰爭結束、香港開埠後，柏士唐治·律敦治和寶文治·律敦治的名字甚少出現在商業名錄上，可能他們在那個時期已返回孟買老家。原來的「R·律敦治洋行」則改為「R&D·律敦治洋行」（R. & D. Ruttonjee & Co.），相信是因為增加了新的合夥人，而且佔股較多，這人便是段之貝·律敦治（Dhunjebhoy Ruttonjee）了。從資料看，無論是律士唐治·律敦治或段之貝·律敦治，初時均是廣州和香港兩邊走，因為在 1848 年之前，他們的經商地點仍報稱在廣州的「周周行」。不過，至 1847 年時，律士唐治·律敦治已被列入香港「陪審員名單」，段之貝·律敦治則到 1860 年代才加入，反映二人在香港已居住了相當時間，被港英政府視為正式居民。而從他們加入「陪審員名單」的先後，可推斷前者年齡應該較長，資歷較深。

此外，報章上還有一些他們在香港活動的足跡。在 1857 年 10 月的《孖剌西報》（Hong Kong Daily Press）中，出現一則「大屋招租」的廣告，這間房子位

於港島中西區半山的荷李活道，屋主是律士唐治·律敦治（*Hong Kong Daily Press,* 14 October 1857）。由此可見，他 1857 年以前已在香港購入樓房地產作居所，反映他有意在此地長期經營。而他那時把大屋出租，可能是因為要離開香港一段不短時間，這種做法在當時社會相當常見。

律士唐治·律敦治離港期間，段之貝·律敦治相信成為 R&D·律敦治洋行唯一的「話事人」，他以個人名義或代表公司頻頻參與土地買賣，表現十分進取。綜合報章及土地買賣記錄，在 1859 年 10 月，他購入內地段 605 及 606 號地皮。半年後，他將 605 號地皮以 205 元售予一位叫高勒（Jamasjee H. Colah）的巴斯商人；再於 1862 年，將內地段 606 號地皮以 2,500 元售出，買家是一位名叫霎普（Granville Sharp）的英人經紀（Memeorial 2028；2437；*Hong Kong Daily Press,* 16 April 1860 and 29 June 1861）。

此外，段之貝·律敦治在 1860 年購入鄰近摩星嶺內地段 623 號地皮，每平方呎作價 40 元。1861 年 6 月，他再度出擊，購入內地段 477 號以及位於薄扶林道的「農業地段」（Farm Lot）35 號，後者於 1863 年 4 月轉手，作價 1,000 元，買家是巴斯人范蘭治（Palanjee Framjee）。翌年，段之貝·律敦治從一位名叫卡馬治（Dorabjee N. Camajee）的商人手中，以 30,000 元購入內地段 138 號地皮，然後以年息 9% 向時任渣甸洋行大班波斯（Alex Perceival）作按揭（Memorial 2381；2756；2413；*Hong Kong Daily Press,* 16 April 1860 and 29 June 1861）。

在接著的 1864 至 1868 年，段之貝·律敦治先後參與內地段 48、內地段 100、內地段 623、內地段 105 及內地段 499 等多宗地皮交易，涉及的金額有大有小。可見從 1859 至 1868 這九年間，他將不少資金投進香港的地產市場，雖然不清楚各土地買賣成交的價錢，未知他獲利如何，但從他樂此不疲地交易，加上當時地產市道穩定向好，相信應有不少斬獲。此外，他買賣頻繁，且牽涉

的金額愈來愈巨大，反映他是敢於冒險的進取型投資者，且對香港前景相當看好，故不惜斥巨資購入地皮。

在 1864 年左右，律士唐治‧律敦治應該回到了香港，其名字亦再次出現在本地報章上。同年 1 月，有報導指他宣佈有意在中央市場第 40 號舖開設「香港麵包店」（Hong Kong Bakery）；同年 5 月底，他再宣佈將於卑利街（Peel Street）開設「梳打水生產廠」（Soda Water Manufactory），計劃製作及出售這種當時十分新穎的產品，如果成事，將是香港第一代的「汽水」（*Hong Kong Daily Press,* 19 January and 24 May 1864）；有關香港梳打水生意的討論，可參考筆者另一研究——布力架家族。惟這兩項投資均沒執行到底，可能是胎死腹中，日後亦未見任何跟進報導。

在 1860 年代中至 1880 年代末一段不短的時間內，已漸漸少見律士唐治‧律敦治的名字出現在報章上，相反段之貝‧律敦治則較多亮相，包括出現在一些買賣廣告以及陪審員名單上，後來更被列入「特殊陪審員」名單（*Hong Kong Government Gazette,* various years），揭示他的生意應發展穩定，慢慢建立起一定社會地位。到了 1870 年代，律士唐治‧律敦治應該返回孟買安老，剩下段之貝‧律敦治在香港，繼續打理業務（*Chronicle & Directory for China,* various years）。

至 1877 年，在報章上再找到段之貝‧律敦治買地的資料。據報導，1877 年 11 月初，他力壓競爭對手，在拍賣中奪得內地段 41 號地皮（*Hong Kong Daily Press,* 1 November 1877）。不過，這可能是以「暗標」投得，故沒有提及成交價錢。這次買賣反映他仍有留意地產市道，一旦相中目標，便會立即出手。

在 1885 年，段之貝‧律敦治因病去世，享年 65 歲（即約生於 1820 年），消息讓巴斯族群及洋人社會大感意外。報章簡述了他的一些生平資料，指他青年時期已到華發展，曾於廣州工作，來港做生意和生活超過 40 年，是香港其中一位最有錢的人，惟晚年遭遇逆境（相信是指 1881 年的地產市場泡沫爆

破），令身家財富大幅萎縮，相信對他造成一定困擾，最後因腸病惡化，屢醫無效離世。報導同時提及，段之貝‧律敦治為人開朗和善，熱心公益（*Hong Kong Daily Press*, 23 September 1885）。

到底鄧‧律敦治的曾祖父與上文提及多名姓律敦治的巴斯商人有何關係？大家是否來自同一家族？受資料所限，現時難以判斷，不過那些巴斯商人在中國內地及香港的活動，或多或少與鄧‧律敦治的曾祖父相近，可作一參考。

就在段之貝‧律敦治去世前一年的 1884 年，鄧‧律敦治的祖父——賀馬治‧律敦治（Hormusjee Ruttonjee）——自孟買到港，開始了打拚事業的道路。他生於 1860 年 7 月 22 日，到港時已年過 24 歲，亦已結婚，妻子名叫丁白（Dinbai，又稱帝納，Dina），[1] 並育有一子名叫之漢吉‧律敦治（Jehanjir H. Ruttonjee）。不過，就如那時大多數巴斯商人一樣，賀馬治‧律敦治只是隻身東來，妻兒老少都留在孟買家鄉生活。

據後來一則有關慶祝賀馬治‧律敦治到港創業 50 週年活動的報導，他是在 1884 年 7 月 29 日作別妻兒親友，從孟買乘船東來，於 8 月 21 日抵達香港（*South China Morning Post*, 22 August 1934）。從航程長達 23 天看，他途中或者曾停留加爾各答與新加坡等重要商埠，可能是為了考察其他市場，但真正原因不明。到港後，他加入一家名叫「大化洋行」（P.F. Davar & Co.）的公司擔任「助理」，公司是由巴斯人開設的。另一方面，按之漢吉‧律敦治日後的說法，其父到港後「加入某位於 1862 年已在港營商的家族成員」（joined a kinsman, who had been here since 1862）企業旗下（*South China Morning Post*, 11 February 1960），作為事業的起步點。大約一年半後，他蟬過別枝，轉投一家名叫「嘉娃蘭娜洋行」（B.P. Kavarana & Co.）的鴉片商行出任經理，且開始駐守廣州。由於覺得打工有局限，不久他決定辭職，走上創業之路，成立了「律敦治洋行」（H. Ruttonjee & Co），開拓自己的事業（*South China Morning Post*, 22 August

1934）。

　　然而，若從不同年代的商業名錄看，上述報導顯然將賀馬治‧律敦治的創業經過簡化了。資料顯示，他離開「嘉娃蘭娜洋行」後，並不是立即自立門戶，而是加入一家名叫「BM‧律敦治洋行」（B.M. Ruttonjee & Co.）的貿易公司出任經理，[2] 具體時間應在 1888 年，洋行地址在擺花街二及四號。而且這家 BM‧律敦治洋行，剛於一年前收購了賀馬治‧律敦治曾經工作的「大化洋行」（*Hong Kong Daily Press,* 4 August 1877），惟不清楚這次收購的主要內容，以及賀馬治‧律敦治在整個收購行動中所扮演的角色。

　　那時，在商業名錄上還有另一家由姓「律敦治」的商人經營的公司，名叫「B&E‧律敦治洋行」（B&E Ruttonjee & Co.），地址在卑利街（*Chronicle & Directory for China,* various years），這家公司與 BM‧律敦治洋行之間，似乎亦有親屬關係。賀馬治‧律敦治在公司工作了一段時間後，大約在 1892 年，相信由於原來的資深合夥人離去，公司由他接管，成為最大股東，有權主導公司發展方向，這時候，他才真正踏上創業經營之路。

　　毫無疑問，律敦治家族到華營商的歷史不短，相信早在 1830 年代已見其足跡。儘管未清楚鄧‧律敦治的曾祖父是誰，曾在哪家洋行工作，擔任什麼職位，但其祖父賀馬治‧律敦治於 1884 年抵港，曾在廣州工作及接觸鴉片業務等，則有較清楚的印證。至於令該家族日後揚名立萬的轉折點，便是賀馬治‧律敦治自行創業一事，尤其是他開始獨資經營之時，由於獨立營運更能刺激個人發揮能量，想盡方法提升經營效率、爭取投資機會，以達到提升盈利的目標。故當賀馬治‧律敦治開始掌控公司後，生意亦出現重大突破，奠下家族振翅高飛的基礎。

賀馬治・律敦治的創業與父子兵

可以這樣說，鄧・律敦治的曾祖父，或許只是「律敦治」家族中不起眼的成員，儘管早在 1830 年代已跟隨親戚踏足中華大地，但沒有走上前台，一直處於不太顯眼的位置，亦未能在急速轉變的歷史時刻作出重大舉動，只是芸芸巴斯小商人中的一員。但相信他積下了一些財富，並購入家族持有的洋行一些股份，成為賀馬治・律敦治東來後發展事業的助力。此外，其他「律敦治」家族的成員多年來在香港及廣州等地經營，建立起的商業與人脈關係網絡，亦為賀馬治・律敦治創業之路打下重要基礎。

根據商業名錄的資料，賀馬治・律敦治剛加入「BM・律敦治洋行」工作時，職位只是「經理」，到了 1892 年時則改稱「店主」（shopkeeper），洋行的名字亦改為「H・律敦治洋行」，日後中文譯名為「律敦治洋行」，顯示他成了最大股東。公司地址初期仍在擺花街，後來在德己笠街（D'Aguilar Street）及士丹頓街（Staunton Street）設立分店，反映業務不斷擴張，店舖愈開愈多（*Chronicle & Directory for China,* various years）。

值得注意的是，當賀馬治・律敦治生意逐步上揚時，「BM・律敦治洋行」原來的合夥人如 B・律敦治及 E・律敦治（E. Ruttonjee）等，則先後在商業名錄中失去蹤影，揭示他們很可能因年邁，而選擇回孟買安享晚年。在 1890 年代仍出現在商業名錄上並姓律敦治的，有一位名為 M・律敦治，他是打笠治麵包公司的助理。[3]

與此同時，在 1892 年，范蘭治・維加治（Framjee Vicajee）及律士唐治・維加治（Rustomjee Viccajee）加入了「律敦治洋行」。兩年後的 1894 年，賀馬治・律敦治的兒子之漢吉・律敦治亦出現在洋行名下（*Chronicle & Directory for China,* 1894）。之漢吉・律敦治 1880 年 10 月 30 日出生於孟買，大約於 1892 年到港與父親團聚，相信是因為賀馬治・律敦治的生意已上軌道，希望好好培

訓兒子，期望父子齊心能做出更好的成績，同時為未來接班作準備。到港時，之漢吉・律敦治只有 12 歲，父親安排他先到維多利亞書院（Victoria College，即日後的皇仁書院）接受教育，課餘則到公司幫忙，學習經營之道，故早在 1894 年的商業名錄上已有之漢吉・律敦治的名字，當時約 14 歲，揭示他很早便參與父親的生意。初時他的身份是「僱員」，日後提升為「助理」（*Chronicle & Directory for China*, various years）。

1902 年 5 月，之漢吉・律敦治返回孟買成家立室，妻子是巴暖・馬士打（Banoo Master，下文統稱為巴暖），生於 1884 年 10 月 11 日。婚後翌年，巴暖誕下一子鄧・律敦治，之後誕下三名女兒，分別是谷淑德（Khrosed，1904 年出生）、黛美（Tehmi，1907 年出生）及傅麗儀（Freni，1910 年出生），其中谷淑德在 1909 年五歲時去世（*South China Morning Post*, 11 February 1960）。

婚後，之漢吉・律敦治回香港工作，妻子則應該大部份時間留在孟買，一方面陪伴家姑丁白，同時讓年幼子女在孟買成長，只能偶然來港與丈夫見面。如在 1905 年的「洋人女士名單」（Ladies Directory）中，便出現賀馬治・律敦治夫人及之漢吉・律敦治夫人的記錄，居所是九龍的「東方酒店」（Occidental Hotel）（*Chronicle & Directory for China*, 1905: 484）。若以酒店作登記居所，反映她們那時只是旅居香港，探望丈夫。不過，當時律敦治洋行的生意已上軌道，律敦治父子應該有自己的住所，未知為何卻安排妻子入住酒店，令人不解。

回到律敦治洋行的生意發展上。綜合各方資料看，獨資經營的賀馬治・律敦治，主力於洋貨入口的生意，初期基本上「大小通吃」，如西洋朱古力、餅乾、麵包等食品；烈酒、砵酒、啤酒等飲品，甚至日用百貨及聖誕飾物等都有出售，猶如「大雜燴」，或可視為多元化發展的「原始版」。由於那個年代物資缺乏，選擇不多，只要價錢略為便宜，甚麼貨品都有買家，不愁出路，因此公司發展不錯，才有前文提及店舖不斷增加的情況。後來，公司業務由港島

擴展至九龍半島，在尖沙咀伊利近道（Elgin Road）開了分店（*Hong Kong Daily Press*, 15 April 1897），賀馬治‧律敦治的身家財富亦同步上升。

後期，賀馬治‧律敦治發現在眾多貨品中，以洋酒的銷售最理想，利潤更佳，於是將生意重心轉為洋酒入口，公司隨即迅速發展，如在 1892 年時，洋行只有兩名高級職員，到 1902 年時已增至八名（*Chronicle & Directory for China, various years*），高級員工的數目持續增長，可見公司的業務不斷擴充，需要更多人手協助。

因應生意日旺，之漢吉‧律敦治又已在公司工作了 13 年，能夠獨當一面，故在 1907 年，賀馬治‧律敦治宣佈讓 27 歲的兒子加入成為合夥人，公司名字改為「律敦治父子洋行」（H. Ruttonjee & Son Co.）（*South China Morning Post*, 1 January 1907）。此舉既有傳承接班的意味，亦反映之漢吉‧律敦治的角色更見突出。事實上，之漢吉‧律敦治的確有經商才華，其後的表現亦青出於藍勝於藍，生意更加蒸蒸日上。

自從之漢吉‧律敦治擁有了洋行合夥人的地位後，他對公司的決策更有影響力。當時，洋行有意將業務重心放在出售進口的外國酒，為促進銷量，他決定大花金錢在大小報章上賣廣告。促使他採取這一市場策略的原因，是他清楚「羊毛出在羊身上」的道理，花巨資在廣告上，必可帶來更大比例的銷量上升，達到薄利多銷、改善整體盈利的目的，同時又可打響自家公司品牌。他成功說服父親，並開始一系列的宣傳攻勢。

事實上，廣告費用亦不是全數由律敦治父子洋行支付的。由於公司是洋酒進口香港時的主要代理商，有一定議價能力，故能與相關生產商及供應商達成協議，要求對方分攤廣告費用，形式可能是提供價格折讓，或要求調低代理佣金及年期作補償。即是說，律敦治父子洋行所花的廣告費用，其實在不同層面上由多方承擔，卻可以刺激銷量和開拓新貨品，達致多方共贏。除生意日佳

外，律敦治父子洋行亦建立起著名洋酒代理商的品牌。

這裡不妨看看二十世紀一至三十年代期間，律敦治父子洋行在報紙上賣廣告的特點：其一是用語簡潔，例如「新貨到港」（new arrived）、「剛拆裝」（just unpacked）或者「剛著陸」（just landed）等，以新鮮感及好奇心吸引消費者的視線。其二是輔以圖像，有時主角是洋酒，有時則是享用洋酒的場景；早期是繪畫，後期則改為照片。其三是引用名人雋語增強說服力，例如以拿破崙的名言「佳釀來自自然，乃裨益人類的飲料」，意思是飲酒為偉人所推崇，同時暗示其代理的威士忌品牌（Sherry），是「最好的洋酒之一」（one of the best wines）。

刊於 1922 年 5 月 3 日《南華早報》上的律敦治洋行洋酒廣告

另外，廣告又以「洋酒之王」（The King of all liqueurs）形容旗下另一品牌（Bardinet）的洋酒。還有稱其代理的「狄臣雙鑽石砵酒」（Dixon's Double Diamond Port），乃「真正的砵酒」（The real thing），其他品牌難以企及；「彼得杜臣威士忌」（Peter Dawson's whisky）是「國家級飲品」（The national drink），受全國人民擁戴；「金花白蘭地酒」（Camus brandy），則是「名揚英國、歐洲及美國的白蘭地酒」（The brandy of repute in Great Britain, Europe & America）。總之，各個廣告別具心思，務求令讀者印象深刻，劉伶之輩必然心癢難忍，想找來品嚐體會。

綜合而言，賀馬治‧律敦治與兒子組成合夥公司，以「父子兵」模式全力開拓香港洋酒市場，確實取得驕人成績。這一方面得益於年輕的之漢吉‧律

敦治有新意念,能靈活應變,進取地採用現代宣傳手法,以報紙廣告作招徠;另一方面,香港人口日增,社會日趨富裕,購買力上升,亦帶動了生意發展。律敦治父子洋行大灑金錢於廣告宣傳,令飲洋酒成為中上層社會的潮流和身份象徵,公司在洋酒市場的佔有率亦拾級而上。由於家族財富水漲船高,資金充裕,賀馬治·律敦治開始逐步吸納地皮,作長遠投資,同時亦入股或收購其他生意,擴大資產組合,例如曾於二十世紀初在尖沙咀經營「皇家佐治酒店」(Royal George Hotel),取得一定成績(*South China Morning Post*, 10 February 1912)。

內部矛盾與父子分道揚鑣

從企業組織類型看,「父子兵」模式具有互信強、效率高的特點,是其他模式難以企及的,能令生意發展更迅速。律敦治父子洋行亦經歷了這樣的過程,業務不斷發展,取得重大突破。可惜的是,父子之間不久出現矛盾,令形勢逆轉,最後只能分道揚鑣。當中核心原因,相信是為父的賀馬治·律敦治有了婚外情,之漢吉·律敦治選擇站在母親一邊,為了維護母親的尊嚴和地位,不惜與父親「反目」,父子最後各走各路,甚至差點對簿公堂。

孤家寡人到港闖蕩事業的賀馬治·律敦治,長時間與妻子丁白分隔兩地,相信到 1892 年時丁白才與獨子一同到港,一家三口再次團聚。到兒子長大,預備成家立室時,丁白應曾返回孟買一段不短時間,相信是為兒子尋覓理想對象,之後又全力投入安排兒子婚事。兒子結婚後,丁白看來一度較活躍於印度及巴斯人的社交聚會,亦有參與族群在香港及上海的事務(*South China Morning Post*, 6 June 1931),期間也曾與媳婦外遊,相信主要是在孟買與香港之間兩邊走(*Chronicle & Directory for China*, 1905)。所謂「冰封三尺,非一日之寒」,可能因長時間分隔,她與丈夫感情早已疏離,就算來港後亦因雜事繁多,兩夫婦未

能好好交心，結果賀馬治·律敦治在那段時間發展了婚外情，夫妻決裂，家族內部矛盾由此而生。

資料顯示，在 1913 年 6 月，賀馬治·律敦治突然宣佈退休，那時他不過 53 歲，仍屬盛年，按道理可繼續主持正冉冉上升的生意。不過那時之漢吉·律敦治早已獨當一面，故外人多以為他是打算把生意交給獨子，然後與妻子回孟買好好享受退休生活。但出人意料之外的是，賀馬治·律敦治退休後仍繼續留在香港，反而太太丁白卻獨自返回孟買，不再留下陪伴丈夫。從日後發展看來，二人的婚姻在當時已到了無可挽回的地步，故她決定離開，眼不見心不煩。

到了 1914 年，家人的矛盾更白熱化，甚至可算是公開決裂。因為在該年 10 月 9 日，報章刊登了兩則上下相連的啟事，內容如下：

通告

本人，下署者，賀馬治·律敦治，謹此通告，本人與之漢吉·律敦治的合夥公司律敦治父子洋行，已於 1913 年 6 月 27 日解散，本人的利益及責任自那時起已終止。

本人再通告，自今開始廢止給予本人兒子之漢吉·律敦治的一切法律授權，之漢吉·律敦治再沒權利以本人名義簽署任何文件。

1914 年 10 月 2 日
賀馬治·律敦治

通告

參照上述廣告通告，謹此敬告，本人與賀馬治·律敦治的合夥經營生意，於 1913 年 6 月 27 日解散，自那時起改由本人之漢吉·律敦治自己經營。

1914 年 10 月 5 日

即是說，賀馬治・律敦治在 1913 年的所謂「退休」，應是他全面退出律敦治父子洋行，而不是家族企業一般情況下的父子相傳。從賀馬治・律敦治離開公司這個結局看來，相信是兒子成功「逼宮」，業務全部由兒子接手。而賀馬治・律敦治在一年後刊登這則通告，可能是覺得若外界對公司情況不清楚，兒子可利用他的名義做生意，有機會損害他自身的利益，因此在與兒子協商或知會兒子後，才會有兩父子一先一後「公開決裂」的通告。

之漢吉・律敦治作為獨子，自懂事起一直與母親在孟買相依為命，到 12 歲轉到香港與父親團聚，合作打拚事業，相信對父母都有難以分割的感情。不過相較之下，母親自小對他呵護有加；父親則因工作繁重，日常相處相信大多是談論公事，甚少作情感交流，故他與母親更親近亦是常理。加上父親出軌在先，不但在感情上傷害了母親，亦違背了巴斯傳統及瑣羅亞斯德教要求的純潔忠貞，在情在理，他選擇站在母親一方，甚至為了維護母親，對父親作出激烈反擊，實在不難理解。

之後，律敦治一家的矛盾不但沒有化解，還愈演愈烈。在 1933 年，《南華早報》有一則報導，可看到一家人差點因爭產而鬧上法庭。綜合報章的資料，爭拗相信早於 1930 年已掀起，賀馬治・律敦治與之漢吉・律敦治對一些物業財產的權益互不相讓，在無法私下達成協議後，走上法律程序。幸好在事情正式鬧大前，雙方達成了「庭外和解」，不致令家醜外揚。

不過，就著和解的協議內容，大家仍有不同看法，故在 1933 年時再次尋求法庭判決。據悉，興訟一方是賀馬治・律敦治，被告包括其子之漢吉・律敦治、媳婦巴暖・律敦治、男孫鄧・律敦治，以及一名公司職員包華拉（Dinshaw

Sorabjee Paowala）。這宗被法庭稱為「特殊案件」（special case）的爭拗，有兩個主要法律觀點需要法庭澄清，其一是雙方於 1930 年 6 月 21 日的「結束爭端契約」（indenture of settlement）是否已作廢；其二是若契約仍然生效，則當中條文是否賦予興訟人處理契約中提及物業的權利。在聽取雙方代表律師闡述後，法庭於 1933 年 5 月作出「契約作廢」的裁決（*South China Morning Post*, 16 May 1933）。

這宗訴訟有一些值得關注的地方。首先，是賀馬治·律敦治父子雖於 1913 年已拆夥，但部份資產仍未完成分配，或仍在爭奪中，相信主要涉及土地物業。想當年賀馬治·律敦治購入那些地產時，應是打算作為家族長遠穩定的收入，不料最後反成了爭執之源。其次，由賀馬治·律敦治低調退休，到父子同時刊登通告，公開聲明與對方生意再無瓜葛，再到最後差點鬧上法庭，雙方的不和非但沒有隨時間沖淡，反而越加惡化。當父子在談判桌上針鋒相對，甚至互相指摘時，恐怕父子情已蕩然無存了。最後一點，是法庭文件顯示賀馬治·律敦治報稱居於尖沙咀海防道 39 號，恐怕亦是與兒子交惡後，與當時情人另組的新居。

展開法律訴訟前兩年的 1931 年 6 月，本地報紙以「之漢吉·律敦治的母親去世」為標題，指在「世界大戰爆發前已離港返回孟買生活」的丁白，於 1931 年 6 月初在孟買家中去世，享年 69 歲。雖然這則報導先提及她與之漢吉·律敦治的母子關係，但相信只是因為之漢吉·律敦治較出名，且內文仍有提及她是賀馬治·律敦治的妻子，相信他們當時仍存在合法婚姻關係——雖然這關係早在多年前已「名存實亡」了（*South China Morning Post*, 6 June 1931）。

至於賀馬治·律敦治方面，他自「退休」後變得較低調，也再沒看到他在生意或社交場合出現的資料。不過在 1932 年 12 月，有一則廣告指他位於尖沙咀海防道的物業招租，特別形容那裡環境優美，交通方便，距天星小輪碼頭只

有一箭之遙（*South China Morning Post,* 24 December 1932）。雖不知這個物業是否早前他在法庭上報稱的住址，但反映賀馬治‧律敦治當時仍有一些物業資產在手，可以用作出租。

找到賀馬治‧律敦治最後公開活動的訊息是在 1934 年 8 月，有報章報導香港巴斯社群為他舉辦了一場「居港 50 年」的慶祝活動，稱頌他是香港最年長的巴斯人之一，因創立洋酒行名聞香港。到賀嘉賓人數不少、氣氛熱烈（*South China Morning Post,* 22 August 1934）。撇開那些善頌善禱的祝賀語，報導有幾點地方，可讓人進一步了解律敦治家族分裂的成因。

首先，報章稱當日陪同主角賀馬治‧律敦治出席的，有律敦治太太及其女兒 Dr P. Ruttonjee。不過，丁白早於三年前已過身，文章所指的「律敦治太太」，相信應是早年介入他們婚姻的第三者。從後來賀馬治‧律敦治的遺囑中，得知她名為愛麗斯‧律敦治（Alice Ruttonjee，未嫁前姓氏不詳），應該並非巴斯人，[4] 是賀馬治‧律敦治的繼室（Probate Jurisdiction — Will File No. 74/46, 1946）。相信在丁白去世後，二人正式註冊，故能名正言順地出現在社交場合。

至於文中提及的女兒 Dr P. Ruttonjee，同樣從賀馬治‧律敦治的遺囑中，得悉全名為柏蓮‧律敦治（Parrin Ruttonjee）（Probate Jurisdiction — Will File No. 74/46, 1946）。她的名字於 1931 年 1 月出現在香港大學畢業典禮的名單，獲得醫學學士學位（*South China Morning Post,* 13 January 1931）。按當年醫科畢業生的年齡大約 21 至 22 歲估算，柏蓮‧律敦治應該生於 1910 年左右，由此推斷，賀馬治‧律敦治應早於 1910 年已與愛麗斯有了婚外情，並誕下子女。故妻子丁白在忍無可忍下離開香港，自此與丈夫分隔兩地，很可能是「分而不離」的無奈或軟性反抗手段。

丁白離開香港後，由於尚未正式離婚，賀馬治‧律敦治與愛麗斯只能暗中

交往，不能公開，但當丁白於 1931 年去世後，二人隨即註冊，可公然出雙入對。再加上那年柏蓮·律敦治剛好大學畢業，取得令人艷羨的醫科學位，成為當時難得一見的女醫生，雙喜臨門，一家自然是喜形於色，難掩興奮之情。故在 1934 年，轉趨低調的賀馬治·律敦治沒有推卻巴斯族群為他舉辦的慶祝活動，且攜家帶眷，公開為愛麗斯及柏蓮·律敦治「正名」。

關於這次慶祝活動，還有一點值得注意，那就是報導沒有提之漢吉·律敦治一家，相信他們沒有出現在慶祝活動中。顯然，律敦治父子經過官司之後，關係已沒有任何轉圜餘地，就算丁白已過世，夫婦的恩怨亦隨之而去，賀馬治·律敦治的婚外情對兒子造成的傷害仍沒痊癒。

1944 年，賀馬治·律敦治去世，享年 84 歲。由於正值香港淪陷期間，記錄混亂，未有關於他去世的原因或正確日期等資料，喪禮相信亦一切從簡。戰後，遺孀愛麗斯·律敦治每年均會以紀念丈夫的名義，捐款予諸如華人基督教救濟會、安貧小姊妹會、聖約翰救傷隊、防止虐畜會（香港愛護動物協會）及公益金等，支持不同類別的慈善公益活動。其中在 1971 年，香港聖公會有意在華富邨興建教堂，卻資金不足，她於是以紀念丈夫的名義，慷慨捐出 3 萬元，獲得當時白約翰主教（Bishop Baker）衷心謝忱及社會的注視（*South China Morning Post*, 4 June 1971）。

至 1974 年 12 月，愛麗斯·律敦治亦去世，享年 89 歲（*South China Morning Post*, 24 December 1974）。[5] 從生前立下的遺囑看，她原名董福姿（Tung Fuk Chi，譯音），相信是一名華人，因此無法葬於香港巴斯墳場。過身後，她將名下遺產悉數捐作慈善（Probate Jurisdiction－Will File No. 202/75, 1975），華洋名人如馮秉芬夫婦、賴廉士（Lindsay Ride）夫婦等，曾以其名義捐款給聖約翰救傷隊及律敦治醫院，以示紀念，相信與愛麗斯·律敦治關係不淺（*South China Morning Post*, 30 December 1974, 1 January 1975）。

Bishop Baker with Mrs Ruttonjee

Mrs Ruttonjee gives church $30,000

An 86-year-old lady yesterday went to the office of the Rt Rev Gilbert Baker, Bishop of Hongkong, and gave him a cheque for $30,000 towards a new church in the Wah Fu Estate.

In the Five-Year Plan for the Diocese of Hongkong and Macao, a survey showed that while there are sufficient church buildings on the north side of Hongkong island, there is no church of the Sheng Kung Hui (Anglican Church) in the rapidly developing Aberdeen area.

The Commission estimated that $200,000 is required for church facilities in the Aberdeen area.

The Bishop warmly thanked Mrs Ruttonjee for the gift which is in memory of her husband, the late Mr Hormusjee Ruttonjee.

賀馬治‧律敦治遺孀向白約翰主教捐款的報導

可以想像,在 1913 年時賀馬治‧律敦治 53 歲,之漢吉‧律敦治只有 33 歲,若不是父子關係轉差,分道揚鑣,而是仍以「父子兵」模式繼續打拚,相信業務發展會有更耀眼的光景。儘管如此,自賀馬治‧律敦治退股,業務由之漢吉‧律敦治獨力經營後,他憑著個人才幹與營商本領,表現仍相當不俗,有不少開拓,其中又以投資啤酒生產廠一事最引人注視。

之漢吉‧律敦治的進軍啤酒市場

所謂「家家有本難唸的經」,之漢吉‧律敦治與父親之間的矛盾張力、恩怨情仇,外人自難置喙。自獨力經營律敦治父子洋行後,他可能會感到無形的壓力,如不能讓生意走下坡,以免令人覺得他失去父親便成不了大器。同時,他亦可能有子為母張的想法,立意幹出一番成績,讓母親感到安慰、與有榮焉,亦想令父親後悔當初為了新家庭而拋棄自己的決定。在這些心理壓力或推動力下,他接手後洋行的生意變得不容有失。儘管初期有一段不甚順利的摸索期,尤其是外圍環境因第一次世界大戰而出現巨大波動,經濟長期衰退,但他沉著應對,堅持努力,最終令業務節節上揚,他隨後更走上多元投資之路。

從父親手中取得律敦治父子洋行全部控股權後，之漢吉·律敦治更進取地開拓洋酒生意，務求盡快打開局面。只是他一開始便碰上第一次世界大戰，香港雖距離戰場甚遠，但外圍氣氛沉重，洋酒這類奢侈品的銷量仍受到影響。一戰後，歐洲經歷長時間的經濟衰退，香港作為英國殖民地亦難免受到波及，哪怕他有過人的經營才華及出色的行銷手法，仍未能促進業務。這亦是中國人時常強調的「謀事在人，成事在天」，雖是老生常談，但對接班一代卻是至理名言，在碰到逆境時不急躁冒進，保持冷靜，沉著應戰，才是真正能成大事者。

幸好，之漢吉·律敦治在外圍環境欠佳時，沒有因急於求成而亂了腳步，而是繼續在可發揮的地方努力，如與不同供應商打好關係，在對方困難時給予協助等，為企業的下一步發展築起穩固基礎，到經濟略見好轉時，能夠取得更多品牌的代理權。洋行在 1930 年後的廣告愈出愈多，代理產品的數目及類別也五花八門，由高檔貨品到普羅市民都能負擔的，滿足不同市場層面（market segment）的需要，公司的市場佔有率進一步擴大。再加上隨著香港人口增加，總銷售額亦不斷上升，生意欣欣向榮，律敦治父子洋行確立了洋酒市場龍頭的地位。

在 1930 年經濟仍十分低迷時，之漢吉·律敦治還作了一個重大的投資決定，那就是連同一群香港華洋商業精英，包括天祥洋行（Dodwell & Co.）大班華倫（J.P. Warren）、中華電力主席艾利·嘉道理（Elly Kadoorie）、葡裔澳門商人 JP·布力架（J.P. Braga）、著名華商何甘棠、黃金福等，創立了一家名叫「香港啤酒與蒸餾有限公司」（Hong Kong Brewery and Distillery Ltd.，以下簡稱「香港啤酒廠」，參考筆者另一研究：布力架家族）的企業，進軍啤酒釀製行業，並由華倫出任主席，之漢吉·律敦治出任董事總經理，掌握實權。生產廠選址在藍巴勒海峽岸邊的深井，相信是因為該地有充足的優質水源，又可興建碼頭便利運輸。

這裡先扼要交代啤酒輸入香港及本地釀製的歷史。從資料上看，香港開埠不久已有啤酒輸入，並受到洋人社會——尤其英軍及海員——的歡迎，進口數量隨著香港社會發展同步上升，夏天時銷量尤多，不過在二十世紀前，一直沒有本地釀製的啤酒。自 1900 年起，香港開始有華洋商人籌劃創立啤酒廠，但一直到 1907 年，才由澳門葡裔人士在黃泥涌開設，不過規模甚小，產品質素亦未獲好評。翌年，另一家啤酒生產廠在荔枝角落成，同樣規模不大，經營欠佳，兩者最後均倒閉收場（Dewolf, 2019; Farmer, 2020）。

擁有洋酒入口網絡和豐富經驗的之漢吉・律敦治，必然對啤酒生產別具想法。雖然啤酒價格不及洋酒，但銷量卻大幅高於洋酒，能薄利多銷，賺取巨利，惟從境外輸入啤酒的運輸費較高，大幅削弱利潤，自然令他想到在本地設廠生產的方案。另一方面，香港位處亞熱帶，冰涼的啤酒是很適合的飲料，加上鄰近是人口龐大的中國內地，市場潛力無窮，激發他開拓啤酒市場的野心。

由於之前已有一些啤酒廠失敗的例子，之漢吉・律敦治在正式執行前，應先預計了可能碰到的挑戰，以及應對的方案。而他的想法是要從規模經濟入手，即投入巨額資金，興建大型廠房，引入現代化設備作大量生產。於是，他除了呼朋引伴，爭取具實力的華洋商業精英入股，還取得滙豐銀行的資本或借貸支持。滙豐銀行又協助公司進行公開集資，吸納社會大眾的資金，讓籌劃中的生產廠不會有資金不足的後顧之憂。

1930 年 11 月 10 日，香港啤酒與蒸餾有限公司在報紙上發出招股公告，爭取社會資金支持。文件首先評估市場形勢與前景，並提出數據，指啤酒銷售量過去一直增長，無論遠東地區或中華大地的啤酒市場均方興未艾，潛力無限，值得全力開拓。為此，公司決定發行 30 萬股普通股份，每股作價 10 元，集資 300 萬元，預期生產廠落成並投入生產時，每星期大約可生產啤酒 200 桶（Hogsheads），產量一半將供應本地市場，另一半則出口，主要供應中國內地

及東南亞市場（*South China Morning Post*, 25-29 November 1930）。

正如前述，由於當時內外經營環境欠佳，公開集資的反應未如理想中熱烈，但仍順利完成。然後之漢吉・律敦治著手在深井填海造地，再開始興建碼頭、廠房與收集水源等工程。期間，母親丁白於孟買去世，相信令他甚為傷感。接著的 1931 年 9 月 18 日，日軍不宣而戰，侵略中國東北三省，影響了投資市場氣氛，投資酒廠的計劃亦受到牽連。

具體地說，日軍侵佔東北三省，既激發國人敵愾同仇，四出奔走抗日，甚至杯葛日貨，同時亦促使某些本來集結於東北或中華大地的資金轉到香港避險，為香港投資市場注入了活力，另一方面亦有不少具財力的移民從內地而來，兩者均有利洋酒市場和洋貨的發展，亦刺激了本地股票市場和投資市場（鄭宏泰、黃紹倫，2006）。

在建廠工程完成，開始安裝生產設備之時，董事之間因投資前景及組織決策等問題出現意見不合，JP・布力架最後於 1932 年 8 月辭任主席（*South China Morning Post*, 24 August 1932），幸好對大局沒有太大影響。另一方面，之漢吉・律敦治與父親之間又出現了法律訴訟，不過官司順利解決，沒有引起軒然大波（見上兩節討論）。到了 1933 年中，啤酒廠落成，之漢吉・律敦治聯同一眾董事在 8 月 16 日舉行了大型開幕儀式，邀請過百華洋賓客出席，場面熱鬧，他們參觀了現代化大型生產設備，品嚐了該廠釀製的啤酒，賓主同歡。之後該廠投入生產，成為香港啤酒生產業發展的里程碑（*South China Morning Post*, 24 August 1932）。

順作補充的是，該廠生產的啤酒品牌，初期取名「H.B.」，即「Hongkong Beer」（香港啤酒）的簡寫，後來又代理英國著名品牌「Blue Label」（藍牌）。為了推廣新產品，之漢吉・律敦治一如既往地採取了廣告攻勢，自 1933 年持續不斷地在本地報紙上大賣廣告，特別集中於英文報章。然而，儘管整體業

H.B. BEER
Prices Reduced Again!

By $2.60 per case of 4 doz. Quarts.
And $2.50 per case of 6 doz. Pints.

Rebates on Empty Bottles:—

Pints 2 cents each
$1.44 per case of 72
Quarts 3 cents each
$1.44 per case of 48

刊於 1935 年 6 月 1 日《南華早報》上的香港啤酒廣告，用減價方法促銷。

績保持增長，銷量卻似乎一直未能達到預期目標，這一方面是因為香港主體的華人社會尚未習慣啤酒的口味，未能成為潮流，但更重要的，是由於國際銀價持續上升，令採用銀本位的香港及中國內地貨幣升值，入口啤酒的價格反而較本地生產的便宜，造成巨大競爭。[6] 之漢吉·律敦治為提升銷量，曾無奈地在 1934 及 1935 年間作多次減價，惟這樣又影響了利潤，令經營出現困難（Farmer, 2016a）。

啤酒生意出現新挑戰之時，家族內部問題亦促使之漢吉·律敦治思考下一步的應對。扼要地說，自母親去世後，父親正式公開了另一段感情，並於 1934 年舉辦大型慶祝活動，此舉似要向社會傳遞一些訊息，如家族企業是由父親創立，或之漢吉·律敦治的財富是來自父親等。這可能令之漢吉·律敦治產生了危機感，於是有計劃地將名下資產重整，並在 1935 年 7 月 24 日成立了「律敦治產業有限公司」（Ruttonjee Estates Ltd.）。[7]

商業登記資料顯示，此公司最大股東並非之漢吉·律敦治，而是其太太巴暖，持有 3,945 股；其次才是之漢吉·律敦治，佔 2,500 股；再其次是兩名女兒（黛美和傅麗儀）以及前文提及的包華拉（Dinshaw S. Paowalla），三人各持有 500 股，另外還有一位名叫科薛夫（Henry R. Forsyth）的專業會計師，來自「連士德戴維斯會計師樓」（Linstead & Davis Co.），不過他只佔 1 股，相信是象徵式持股，讓他以獨立董事身份加入。公司總股量達 7,946 股，巴暖乃單一最大股東，持股量接近五成（49.6%）。這安排甚為耐人尋味，特別是之

漢吉・律敦治的兒子鄧・律敦治沒有任何股份，不知是想由巴暖成為他的「代表」，還是之漢吉・律敦治另有打算。同樣值得注意的是，滙豐銀行的大班摩士（Arthur Morse）亦是這家公司的董事局成員（Ruttonjee Estates Ltd., various years），反映律敦治家族與滙豐銀行的生意往來不少，關係不淺。

在繼續討論公司發展前，先補充一點之漢吉・律敦治子女們的資料。長子鄧・律敦治 1903 年出生，畢業於聖約瑟書院後考入香港大學，1920 年代加入律敦治父子洋行，約兩年後因公司發展需要，被派赴上海及華北地區，對中國社會與文化的多元多面有親身體會。之漢吉・律敦治的長女谷淑德不幸早夭，二女黛美・律敦治出生於 1907 年，與兄長一樣在香港接受教育，惟不知入讀哪家學校，中學畢業不久後於 1925 年 2 月出閣，嫁給律士唐・迪西（Rustom E. Desai），新郎任職麼地公司，二人的婚禮在麼地家族的百事樓大宅舉行，十分熱鬧（*South China Morning Post*, 9 February 1925），反映律敦治家族與麼地家族關係應不錯。黛美・律敦治婚後育有一女，名叫維拉・律敦治－迪西（Vera Ruttonjee-Desai）。三女傅麗儀・律敦治生於 1910 年，畢業於意大利修女學校（Italian Convent School），新公司成立時尚未結婚。

律敦治產業有限公司成立後其中一項重大舉動，是之漢吉・律敦治提出重建公司持有的律敦大廈（Rutton Building）。這幢物業位於都爹利街 7 號，於 1920 年代初落成，只有三層高，建築簡約，未能發揮其處於香港商業中心的巨大優勢，故他計劃將物業拆卸，重建為七層高的現代化商住大廈。此項重建計劃，可能正是律敦治父子在 1930 年代興訟的起因。到了 1936 年年初，經過連番工程，該物業最終落成，取名「帝納大廈」（Dina House），是之漢吉・律敦治為了紀念母親而命名，這同時標誌著家族在香港的發展進入另一階段。

帝納大廈位置十分優越，與中環商業中心近在咫尺，靜中帶旺，背山面海。背山一方可遠眺花園道，面海一方可俯瞰維多利亞港。在宣傳中，物業被

稱為「現代居所」（modern apartment flats），單位內設有獨立廚房、茶水間、浴室、家傭房，另有電冰箱。大廈更設有奧迪斯（Waygood Otis）牌的「自動升降機」（automatic lifts），在當時社會算是相當先進豪華（*South China Morning Post*, 30 March 1936）。

無論是賀馬治・律敦治之前或他本人，生意都集中於左手交右手的貿易中介與代理。到了之漢吉・律敦治一代，則有了重大改變，走上工業生產之路，在香港設廠生產啤酒，不但供應本土市場，還打算輸往中華大地，令他成為本地啤酒業開風氣之先的領軍人物；另一個之漢吉・律敦治與父祖輩不同的地方，是他在香港興建家族的旗艦物業，揭示他有扎根香港的長遠打算及綢繆，因此在日軍侵港期間，他盡力救助港人，同時亦影響了兒子的事業取向。

抗日戰爭的政經變局和挑戰

家族也好，企業也好，甚至社會及國家也好，發展過程中總會碰到不少困難和挑戰，之漢吉・律敦治顯然深明其中道理，因此無論面對順逆境時都處之泰然，沉著應對，盡力完成該盡的責任，不輕言放棄，更不會在困難面前投降。如他在處理香港啤酒廠一事上，便充份突顯了那份鍥而不捨的雄心鬥志。

正如前述，香港啤酒廠開業生產，投入營運只有兩年左右，便因國際銀價大漲，令本地啤酒失去競爭力，生意一落千丈。之漢吉・律敦治心有不甘，決定迎難而上，斥資收購酒廠其他股東的股份，將酒廠私有化，由家族全面控股，變成家族企業。相關收購行動在 1936 年 4 月完成（*South China Morning Post*, 7 April 1936），雖沒公佈具體收購價，但相信不會很高，因那畢竟是被視為「救沉船」的舉動，而且處於瀕臨倒閉一方，基本上沒太大議價能力。從公司註冊文件看，啤酒廠於 1936 年重新註冊，共有 80,000 股股份，當中 79,998 股由律敦治產業有限公司持有，餘下兩股分別由滙豐銀行大班摩士及專業會計師科薛

夫持有，二人同時亦是香港啤酒廠的董事（Hong Kong Brewery and Distillery Ltd., various years）。

摩士一直與律敦治家族保持良好關係。如在 1952 年，之漢吉·律敦治與妻子慶祝結婚半世紀的活動上，摩士曾致詞高度讚揚他具商業才華，之漢吉·律敦治則懷緬自己與摩士數十年的友誼，並提及滙豐銀行給予的巨大幫助，令其企業可以不斷發展（*South China Morning Post*, 22 May 1952）。顯然，無論是之漢吉·律敦治投資啤酒廠、成立律敦治產業有限公司、重建帝納大廈，以及收購香港啤酒廠時，滙豐銀行均提供了不少助力，二人透過生意合作而結識，最後成為互相信任的好友，故之漢吉·律敦治才會邀請他加入律敦治產業有限公司及香港啤酒廠董事局，正是雙方關係深厚的重要註腳。

1936 年完成收購後，公司仍保持原來的名字，但之漢吉·律敦治對公司進行大規模重組，精簡架構，透過強化管理，讓企業重新上路，恢復生產。新班子當時的市場策略，仍集中於廣告宣傳，並推出了連番攻勢，令品牌更廣為人知，吸引顧客支持，業務一度曾見起色（Farmer, 2016b）。之後，香港啤酒廠應發展得不錯，頻頻在報章大賣廣告，亦不用再以減價作招徠，只強調產品優質，反映生意應走出低谷，銷量逐漸好轉。

就在此時，中華大地爆發抗日戰爭，經濟及市場環境立即被牽動，不但內地市場大受打擊，香港市場及社會亦出現巨大波濤，氣氛外張內弛，更令投資及管理難以掌握，風險驟增。不過，中國內地的戰事雖然吃緊，卻因不少具實力與財力的家族把家屬與資金轉到香港避險，令香港仍然歌舞昇平，一片繁華。

在抗日戰爭爆發不久後的 1937 年 8 月 20 日，港英政府如期推出土地拍賣，之漢吉·律敦治以啤酒廠的名義，在拍賣場上以底價 195 元，投得深井一塊面積達 6,500 平方呎的地皮，當時的指定用途為「興建教堂的建築地段」（a building lot for Church purpose），這樣低的價錢在今天的社會難以置信，但可能是與土地指定用作興建教堂，沒太大商業價值有關，不過亦不能排除是因抗日戰爭爆發，影響了市場信心。事實上當時其他市區地皮的成交價亦不高，如新九龍內地段 583 號地皮（沒註明面積）的成交價為 3,500 元；一個在深水埗鴨寮街土地面積達 868 平方呎的連物業地皮，成交價亦只是 2,000 元而已（*South China Morning Post*, 21 August 1937）。不論地價為何偏低，但之漢吉·律敦治當時參與投地的舉動，已反映他對未來發展懷有信心。

眼見抗日戰爭難於短期內結束，到了 1939 年，過去一直在華北及上海開拓業務的鄧·律敦治，由於擔心戰事擴大，相信亦在父母要求下回到香港。[8] 而此時之漢吉·律敦治又有新計劃，在同年 12 月，他將律敦治父子洋行由過去的單頭公司，改為有限公司形式註冊，但社會普遍仍稱之為「律敦治父子洋行」或「律敦治洋行」。

律敦治父子有限公司總股份為 5,000 股，其中之漢吉·律敦治及太太巴暖各持有 1,200 及 1,350 股，鄧·律敦治持有 600 股，黛美·律敦治及傅麗儀·律敦治各有 575 股，前文提及的包華拉持有 250 股，一位名叫勞士·施羅孚（Rusy Motabhoy Shroff）的人持有 200 股，另有比仲治·施羅孚（Bejonji Motabhoy Shroff，暱稱「比治」或英文 Beji，本文以比治·施羅孚稱之）、祝奇（Dhunjee F. Jokhi）、格栢地亞（Nussewanjee D. Kapadia）、杜老誌（Percy J. Tonnochy）及高美斯（Albert M. Gomeze）五人，各佔 50 股（H. Ruttonjee & Son Ltd., various years）。

這次律敦治家族成員各有股份分配，但仍是巴暖股份較多，鄧·律敦治的股份只較兩妹略多一點而已，與一般分配財產時重男輕女的做法明顯有別，反映家族較開明及平等的一面。此外，非家族人士亦能獲得一定股份，雖然佔比甚小，但亦與一般家族企業不會把股份分配外人的做法有差別。那些獲分配股

份的，相信是服務了家族企業多年，或曾作出重大貢獻，深得信任的人士，如包華拉是洋行的長期僱員，在企業發展進程中扮演了重大角色。

至於同獲股份的勞士・施羅孚與比治・施羅孚，據 Shroff-Gander（2012: 377）的研究，指二人為兄弟，是之漢吉・律敦治的外甥孫，兩兄弟的父母在一場颱風中喪生，之漢吉・律敦治收養了他們及其妹妹米尼・施羅孚（Minnie Shroff）。不過，有兩項資料反映這個說法或許不是完全正確。首先，1938 年2 月有一則處理遺產的法庭消息，指一位居於九龍北京道 41 號，名叫 Tehmi Motabhoy Bejonjee Shroff（黛美・施羅孚）的寡婦，於 1937 年去世，[9] 其在香港的遺產有 4,200 元，交由之漢吉・律敦治管理（*South China Morning Post*, 19 February 1938）；其二，有資料指勞士・施羅孚 1917 年生於孟買，童年時在香港成長和接受教育，父母長期居於上海經商（Rawdon, 1981；*South China Morning Post*, 16 December 1945）。

綜合以上資料，相信施羅孚兄弟的父親是律敦治家族的親戚，在律敦治父子洋行工作，被派駐上海，太太及兩子一女則留在香港生活。老施羅孚去世後，妻子黛美・施羅孚亦離世，由於子女年幼，遺產乃交由之漢吉・律敦治託管。被「托孤」的之漢吉・律敦治亦視外甥孫為一家人，對他們照料有加，將公司部份股份給予他們。另一方面，鄧・律敦治年紀輕輕便被派到上海及華北等地，可能亦與老施羅孚遭遇變故有關。

正如上文粗略提及，抗日戰爭之時，作為英國殖民地的香港仍能保住和平，因而吸引移民及資金湧入，令商業經濟甚為活躍，各行各業欣欣向榮。正因如此，之漢吉・律敦治要求兒子回到香港，並重組律敦治父子洋行，這除了是為兒子的安全著想外，亦有傳承接班的考慮，以及如何更好開拓生意的綢繆。當時，無論是律敦治產業有限公司、律敦治父子洋行或香港啤酒廠，業務均錄得不錯發展，令家族財富在 1930 年代末至 1940 年代初保持增長，此點相

信亦促使之漢吉‧律敦治一直維持謹慎但進取的投資策略。

　　這裡補充兩則家族喜事：鄧‧律敦治的婚事及巴暖一票獨中幸運彩票。綜合多項資料，於 1939 年自上海回到香港的鄧‧律敦治宣佈結婚，那時他已年過 36 歲，年紀不輕，而他的婚姻對象更令不少人大跌眼鏡，據 Shroff-Gander（2012: 376）指，新娘是一名華人，中文名葉錦好（Yip Kum-ho，譯音），英文為安妮（Anne，下文一律採用安妮的稱呼），生於 1913 年，較鄧‧律敦治年輕十歲；更令人訝異的是，女方之前有過另一段婚姻，並育有一女，名字為瑞蓮（Shirley Anne）。母親再婚後，她獲鄧‧律敦治收養，改稱瑞蓮‧律敦治。至於鄧‧律敦治和安妮的婚姻則沒有生育。

　　Shroff-Gander 沒有提及二人結婚的年份，但相信是在 1939 至 1940 年間，因為 1939 年前鄧‧律敦治一直身處內地，而在 1940 年 10 月的報紙上，已見「鄧‧律敦治太太」出現在公眾場合的報導，如參加一場頒獎典禮，或出席一些爭取權益的活動等（*South China Morning Post*, 25 October 1940 and 12 May 1941），因此推斷他們約在這段期間結婚。作為巨富家族的嫡子，鄧‧律敦治的婚禮卻如此低調，相信主要因為安妮並非巴斯人，又是再婚且育有一女，在當時甚少大家族能接受這樣的媳婦，故寧可低調一點，以免成為別人談資。**10**

　　另一件喜事，是之漢吉‧律敦治的太太巴暖於 1940 年 4 月中了彩票，獲得巨額獎金。原來愛爾蘭，為了推動普羅民眾參與慈善公益事業，推出了「愛爾蘭大獲全勝幸運彩票」（Irish Sweep Stakes），性質如今天的「六合彩」。巴暖本來只是抱著捐款支持的心態購入，想不到鴻運當頭，成為中獎幸運兒，獎金高達 250,000 港元，在那個年代絕對是一個天文數字。意外獲得巨款，一家人喜出望外，但她未有向外界透露如何使用那筆巨大財富（*South China Morning Post*, 8 April 1940）。

　　巴暖中獎一事，對律敦治家族絕對是錦上添花，不過高興沒多久，政治局

勢就發生巨大變化，日軍在 1941 年 12 月對香港發動侵略。之漢吉‧律敦治在香港淪陷前顯然作了不少生意規劃，包括如何開拓啤酒業務、進軍地產物業投資、強化洋酒代理生意等，種種計劃都需要可信之人幫手，同時因自己已年過60 歲，因此將鄧‧律敦治調回香港，預備讓兒子全面接班。不過在日軍炮火及殘暴統治下，所有籌謀被迫擱置。

面對日軍威脅的不屈不撓

日軍早就對中國露出虎狼之心，並在 1931 年已入侵中國東北，但香港作為英國殖民地，自恃有英國撐腰，一直認為日軍不會進犯。港英政府雖在 1938年通過了《緊急條例》，但仍保持中立。至 1941 年，日軍發動太平洋戰爭，向英美等國宣戰，並於 12 月迅雷不及掩耳地對香港發動全面進攻，英軍防線崩潰，時任港督楊慕琦沒有作出太多抵抗，便於聖誕日向日軍投降，香港從此進入三年八個月的日佔時期，律敦治家族亦與香港人一起度過了苦難歲月。

之漢吉‧律敦治明顯如不少人一樣，沒想過日軍真的會入侵香港，所以直至戰前仍持續增加投資。到日軍發動侵略後，他雖感到震驚，亦只能無奈接受。他們一開始似乎沒想過要避走他方，可能是來不及出逃，又或為了留下來看守業務。到日軍入城後，沒有把印度人視為敵對民族，以期拉攏印度對抗英國，律敦治一家亦因此被視為「合作對象」（Endacott, 1978），沒有被送入集中營。

按道理，律敦治一家只是普通的印度富商，沒有擔任政府公職，在日佔期間只要當個安安靜靜的順民，應該不會受到針對或殘酷對待——雖然香港淪陷後不久，他們各項家族生意已被霸佔，但這在當時是平常之事，基本上大部份人的財產都以不同形式被日軍奪去。可是，由於之漢吉‧律敦治父子對他人的苦難心有不忍，嘗試幫助英國朋友及貧苦市民，反而令二人身陷囹圄，兩次

遭日軍拘禁，飽受酷刑，與死神擦肩而過（Mr. J.H. Ruttonjee, 1945; Rawdon, 1981）。

先說家族生意方面，之漢吉‧律敦治在戰後接受記者訪問時，曾談及香港啤酒廠被奪一事：

> 我曾打算拯救該廠，以民營或社會企業模式繼續運作，但我的幻想很快破滅，他們（日軍）命令我離開，接管了全廠，亦搶去了啤酒和酒精等生產原料及製成品，那時總值 900 萬元。他們要顯示一切如常，因此自行營運。在盟軍封鎖收緊時，他們吹噓除了美國罐裝啤酒外，在當時殖民地中，只有他們能生產啤酒。而當時啤酒出售數量甚少，價錢極高，近 300 元一罐。（South China Morning Post, 24 October 1945）

之漢吉‧律敦治一開始可能以為自己不是英國人，資產不是「敵資」，故能繼續保有啤酒廠。想不到日軍雖然「同意」讓啤酒廠維持運作，做法卻是將之據為己有，把之漢吉‧律敦治趕走。不幸中之大幸是，廠房雖被奪走，但沒遭到破壞，戰後律敦治家族將之收回時，未至於血本無歸，且能迅速再投入生意。

至於遭日軍拘禁一事，相信與他們救助英國人有關。之漢吉‧律敦治明白自己不算「敵國人民」，更「力圖低調，迴避公眾視野，亦不扮演任何公職角色」，以免招來麻煩（*South China Morning Post*, 24 October 1945）。可是，他和兒子卻兩次被日軍拘禁，一次在 1942 年初，另一次在 1943 年底。Shroff-Gander 指，日佔初期，之漢吉‧律敦治曾收容巴斯、英國及中國等 40 多位友人到都爹利街帝納大廈避難，並提供糧食，協助他們度過難關。他的行為被指是「參

與反日活動」（engaged in anti-Japanese activities），都爹利街物業因此「曾被日軍衞隊包圍數星期」，他和兒子更一度遭拘禁，幸好後來獲得釋放（Shroff-Gander, 2012: 378）。

　　對第二次囚禁的原因，之漢吉・律敦治回憶如下：

那些控罪是我們親英，並從事反日活動——即協助英國人，為囚於各

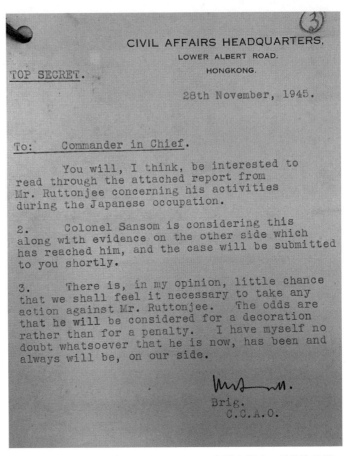

戰後，輔政司麥道高（D. M. MacDougall）對之漢吉・律敦治的評價，表示應給他嘉獎而非懲罰。

集中營的人士提供資金及食物，我們又協助印度警察、印度政府公務
員和印度人……我們亦被控親重慶（中國），因為我曾購入中國抗日
基金，亦曾協助並和香港印度團體招待取道香港轉赴重慶的印度醫療
團。（*South China Morning Post*, 24 October 1945）

在訪問中，記者特別向之漢吉·律敦治表示，很多人都感謝他的幫忙，
令他們不致落入日軍之手。記者更在報導中指出，之漢吉·律敦治父子曾受到
日軍殘酷對待，施以諸如水刑、電刑、火刑、毒打及長期吊起雙手等不同懲罰
（*South China Morning Post*, 24 October 1945）。

對於大家的感謝，之漢吉·律敦治則有如下回應：

我幫助很多朋友和大機構，但我覺得還是做得不夠，有些拯救行動失
敗了，因為我被囚禁了一段不短的時間。正因這樣，我沒法做更多我
想做的事。到我於 1944 年 12 月 8 日被釋放後，我和其他獲釋者被
日軍迫簽承諾書，不能再以任何形式從事任何反日活動，我亦不能試
圖傳送訊息、資金或食物給赤柱的囚犯或扣押於集中營的人。正因如
此，我們沒法兌現早前給很多被囚朋友們（英國、印度、中國及葡萄
牙）的承諾，不能給他們送食物和藥物等——當然我有聯絡被囚者的
家人，並給予援手。（*South China Morning Post*, 24 October 1945）

之漢吉·律敦治父子受盡酷刑，最後能逃出鬼門關，相信一方面由於他們
救人的行動只是出於一己的人道考慮，沒有捲入任何政府或軍事組織，另一方
面則相信與巴斯人被視為印度人而非英國人有關，所以獲得「寬大處理」。但
在他們被囚於赤柱集中營期間，之漢吉·律敦治的父親賀馬治·律敦治及女兒

黛美‧律敦治卻不幸去世。賀馬治‧律敦治的情況在上文已提及，至於黛美‧律敦治享年只有 37 歲，[11] 據說死因是患上當時十分流行的肺癆病，無法獲得適當治療。

之漢吉‧律敦治在戰後曾寫信予英國官員——這或可視為「交代文件」，信函中清楚談及他們一家在日軍佔領下的遭遇，他本人、兒子及家人遭受過多次威脅，其中不少是因為救助英人而陷於險境，藉此說明自己對英國的一片丹心。對於之漢吉‧律敦治的陳述，英國官員在深入調查後確認屬實，並在報告中寫道「應該給予勳章表揚而非懲罰」（Mr. J.H. Ruttonjee, 1945）。

除了之漢吉‧律敦治父子外，其他家族成員在日佔時期亦作過一些救濟貧民的舉動，例如鄧‧律敦治的太太安妮。在 2004 年一次追思巴斯親友森美‧施羅孚（Sammy Shroff）的聚會中，[12] 她提及日佔期間，曾與森美‧施羅孚一起參與救濟平民：「我們一起分派食米給人民，那是劣質穀米，應是在貨倉中儲存了很多年的，是當面對短缺，香港沒有糧食供應時才拿出來的」（*South China Morning Post*, 16 January 2004）。[13] 這段回憶，一方面反映安妮應在日軍侵港前已與鄧‧律敦治結婚，另一方面則揭示律敦治家族在那段黑暗日子確實向不少民眾伸出了援手。

日佔期間，律敦治家族並沒逃離香港，雖然核心財產被日軍霸佔，但他們仍較一般民眾擁有更多可動用的資源，所以仍有餘力救助別人，他們亦願意這樣做，尤其是敢於協助被日軍列為敵人的英國人，之漢吉‧律敦治父子甚至因此遭日軍拘禁，蒙受酷刑。雖然受到生命威脅和皮肉之苦，但父子兩人還是無怨無悔，至為難得，因此，在日軍投降而英國重佔香港後，他們獲得了殖民政府的器重。

戰後的家族、企業及社會重建

　　黑暗歲月最終於 1945 年 8 月 15 日成為過去，日軍敵不過盟軍的反攻，全面潰敗，並在被美國投下兩枚原子彈後宣佈無條件投降，世界和平再現。英國因早獲情報而捷足先登，搶先成立「香港規劃小組」（The Hong Kong Planning Unit），在日軍宣佈投降時接收香港，由本來囚於赤柱集中營的前輔政司詹遜（Franklin G. Gimson）暫時主持大局，維持社會秩序。到 8 月底，夏慤（Cecil Harcourt）的軍艦駛進維多利亞港，管治大權移交至他手中，夏慤隨即宣佈實施軍事管治，一邊恢復社會秩序，一邊重建經濟民生。

　　詹遜重掌香港之時，之漢吉・律敦治得悉日軍投降，亦立即採取行動，試圖恢復生意運作，尤其是香港啤酒廠。他憶述取回酒廠、打算重新生產時，發現主要的生產設備雖在，但很多必要的小部件都被拆走了，令生產一時三刻難以恢復。到找齊部件後，又因缺乏原材料而無法生產，可那時啤酒需求量甚大，價格向好。他這樣說：

> **我們可以生產啤酒，亦有這樣做，但卻因缺乏麥芽和啤酒花變得舉步維艱。雖則如此，在那個時刻，我沒有讓機會流走。感謝夏慤將軍給我很多幫忙，尤其讓我可從海外輸入所有釀酒原料，因此能釀出淡和濃的啤酒。**（*South China Morning Post*, **24 October 1945**）

　　在取回香港啤酒廠並恢復生產一事上，夏慤曾給予重要助力，相信是因為之漢吉・律敦治曾救助被囚禁於集中營的英國人，令他獲得軍政府的信任，才可先人一步重啟生產，與上一章政府對羅旭龢家族的態度截然不同。

　　之漢吉・律敦治父子獲得軍政府垂青，還反映在另外兩個層面上。其一是戰後，鄧・律敦治獲任命為警察局的助理警司（Assistant Superintendent），主

要是統籌及管理印度警察及印度社群事務。當時香港約有 4,000 名印度人，當中 1,600 人為警察，鄧‧律敦治的工作是調動印度籍警察，協助印度難民返回居所，或是提供臨時庇護所。經過接近一年的努力，社會穩定下來，他乃功成身退，向政府請辭（*South China Morning Post*, 1 June 1946），惟這次離開政府並不意味他從此再無公職，日後反而更上層樓。

其二是之漢吉‧律敦治於 1945 年 10 月獲夏愨任命為「租務委員會」（Rent Committee）委員。該委員會由四名委員組成，包括主席加斯圖（Leo d'Almada e Castro）、格里斯佩（R.D. Gillespie）、羅文惠和之漢吉‧律敦治，主要工作是向夏愨提出戰後房屋緊張下如何處理房屋及租務糾紛的意見，尤其督導如何成立「租務法庭」（Tenancy Tribunals）（*South China Morning Post*, 27 October 1945）。之漢吉‧律敦治過往一直「力圖低調，亦不扮演任何公職角色」，這次卻同意出任委員，相信是基於這項工作事關民生，能對社會作出貢獻。

據 Philip Snow（2004）的分析，當時夏愨熱切希望香港盡快恢復社會秩序，人民能如常生活，重投經濟建設，因此特別想吸引多些有實力的商人，加大投資，踏出發展腳步。之漢吉‧律敦治可說完全配合了夏愨的政策，立即重啟業務，恢復洋酒代理及啤酒釀製的生意，並迅速推出各種各樣啤酒及代理貨品的廣告。

與此同時，於 1945 年 12 月，之漢吉‧律敦治的蘊女傅麗儀‧律敦治宣佈結婚，那時她已過 35 歲，丈夫是之漢吉‧律敦治的外甥孫勞士‧施羅孚（Rusy M. Shroff），亦即是傅麗儀的外甥，[14] 在律敦治父子有限公司擔任經理。婚禮在香港酒店舉行，邀請了 600 多名賓客，軍政府首長兼三軍總司令夏愨親臨婚宴，致詞祝賀，還有無數政府高官及華洋社會賢達出席，場面十分熱鬧，是香港戰後第一場大型婚禮（*South China Morning Post*, 16 December 1945）。之漢吉‧律敦治只是一名富商，既無高級官職榮銜，過去亦沒有為政府出謀獻策，夏愨

等高官的出現，相信一來是代表政府及英國人向他致意，同時亦為剛復甦的香港「沖喜」一番。

傅麗儀‧律敦治婚後翌年的 1946 年 5 月，賀馬治‧律敦治的女兒柏蓮‧律敦治亦宣佈結婚，同樣已年過 35 歲。丈夫為拿利文‧施羅孚（Nariman K. Shroff），是一名英軍，有隊長軍階，曾參與抗日戰爭（*South China Morning Post*, 20 May 1946），不過不清楚他與傅麗儀的新婚丈夫勞士‧施羅孚有否親戚關係。

柏蓮‧律敦治的婚禮還有一個值得注意的地方，那就是只在報紙上公告婚禮的時間及地點，特別說明不會給親屬另發「喜帖」，但歡迎他們屆時出席見證（*South China Morning Post*, 22 May 1946）。由於當時的社會環境已趨於安定，賀馬治‧律敦治亦算是巴斯族群中有頭有面之人，但兩位新人選擇低調結婚，不知是性格使然，還是代表她與異母兄長的關係並沒因父親過世而解凍，為免尷尬，於是不大宴賓客，也就不用邀請對方出席。柏蓮‧律敦治婚後應與丈夫離開了香港，其母親愛麗斯‧律敦治則一直留在香港生活，直至 1974 年去世（*South China Morning Post*, 24 December 1974）。

1947 年，律敦治家族再添喜訊，英國為了表揚之漢吉‧律敦治在淪陷期救助英國人的努力，在 1 月 1 日向他頒贈 CBE 頭銜，以茲嘉許，讚詞中提及他乃「香港巴斯群體的商人領袖」（*South China Morning Post*, 1 January 1947）。在日佔時期，之漢吉‧律敦治和兒子表現出對英國的忠誠及人道精神，戰後因此獲得英方的信賴和欣賞，各方面都有了與之前不同的發展。此點與羅旭龢的個案相比，可謂截然不同。

當臨時軍政府將權力交回文官政府，香港逐步走出戰爭創傷之時，之漢吉‧律敦治卻選擇退出啤酒生產的投資，私下聯絡買家——菲律賓資本的生力啤酒（San Miguel Brewery）——洽商出售。到了 1947 年 12 月，雙方最終達成

協議，律敦治家族以 600 萬元的價錢出售全部權益，全面退出啤酒生意（*South China Morning Post*, 16 December 1947; Farmer, 2016b）。

從公司文件可看到，在 1949 年 4 月，雙方進行了股權轉讓的登記手續，原來由律敦治產業有限公司持有的香港啤酒廠 79,998 份股權，轉到生力啤酒（香港）有限公司手中；由摩士及科斯夫持有的每人 1 份股權，[15] 則分別轉給簡恩（Raoul E. Kahn）及屈臣（Maurice M. Watson）。至此，交易手續全部完成，香港啤酒廠所有資產已轉到生力啤酒手中，之漢吉・律敦治亦將香港啤酒與蒸餾有限公司解散（Hong Kong Brewery and Distillery Ltd., 1949）。

出售了香港啤酒廠後，年齡快近 70 歲的之漢吉・律敦治同時宣佈退休，把生意交到女婿勞士・施羅孚手中，原因據說是獨子鄧・律敦治沒興趣接手家族生意。退休後，他沒有停下腳步，改為將心力投放到慈善公益事業上，而他的關注重點是當時十分嚴重的肺結核病（俗稱肺癆）。香港由於剛歷戰亂，不少人營養不良，加上惡劣的生活環境，助長肺癆肆虐，死亡率高居各種病症之首（香港衛生署，沒年份）。因為愛女正是因肺癆失救而死，之漢吉・律敦治個人對此病更是深惡痛絕，加上他在集中營時，親眼目睹肺癆在擠逼及惡劣環境中驚人的傳播速度（Chu, 2005），促使他下定決心，要解決這個嚴重的社會問題。

1948 年，之漢吉・律敦治一方面與周錫年、顏成坤和胡兆熾等華商，創立了香港防癆會（The Hong Kong Anti-Tuberculosis Association，後易名「香港防癆心臟及胸病協會」），向市民教育及宣傳防癆知識，以減輕傳播風險，並進行治療研究工作，邁出了對抗肺癆的重要腳步。同時，他宣佈捐出 50 萬元，興建專門治療肺癆的醫院，消息轟動華洋社會（*South China Morning Post*, 10 March 1948）。在那個百廢待興、人浮於事的年代，中華大地仍戰火隆隆，哪怕是巨富財主亦緊抓手中錢財，不敢多花費，但之漢吉・律敦治卻二話不說，

大力捐輸，其慷慨舉動吸引了傳媒連續多天的報導，亦獲得社會各界的讚賞。

公佈了捐款消息後，之漢吉·律敦治便與妻子及兒媳等展開歐洲旅行。[16] 從資料看，那次旅行前後花了近半年時間，由 3 月至 10 月，足跡遍及英國、法國、瑞士、意大利、羅馬等地，其中在羅馬時更獲時任教宗接見，最後回到倫敦，坐飛機回港。在回程飛機上，滙豐銀行大班摩士亦與他同行（*South China Morning Post*, 30 April 1948 and 25 October 1948），這相信不是巧合，而是早有安排，因為兩人關係一直十分緊密。

之漢吉·律敦治願意捐巨款創立醫院，港英政府自然十分高興，在批地及工程等事宜上積極配合，籌組及相關工程迅速進行，拍板將位於灣仔巴里士山（Mount Parish）的皇家海軍醫院，重建成專門接收及醫治肺癆病人的醫院。到了 1949 年初，建築工程已基本完成，命名律敦治療養院（Ruttonjee

之漢吉·律敦治（右一）與葛量洪夫婦及周錫年夫婦攝於港督府。

Hospital），並於 2 月 24 日舉行開幕典禮（*South China Morning Post,* 8 January 1949）。之漢吉・律敦治此時宣佈再捐出 5 萬元，讓醫院添置設備及醫療儀器（*South China Morning Post,* 25 February 1949）。由此可見，之漢吉・律敦治在香港對抗肺癆的戰役中應記一大功，在政府及民間團體協力下，肺癆終於不再成為香港市民健康的威脅。

順作補充的是，過去一直居於都爹利街的之漢吉・律敦治，退休後為享受更優質的生活環境，在赤柱購入地皮，興建家族大宅。大宅於 1949 年落成，取名巴暖別墅（Banoo Villa），作為他和太太晚年的安樂窩。其後之漢吉・律敦治仍繼續參與香港防癆會的工作，並扶助巴斯群體，還捐款支持香港保護兒童會，並於 1950 年獲選為主席（*South China Morning Post,* 6 January 1950）。

日佔時遭受酷刑與牢獄之災的之漢吉・律敦治父子，在戰後那段經濟重建、百廢待舉的時期，沒有藉著夏慤的信賴趁機搶佔市場，發展生意，增加個人及家族財富；而是反向而行，出售資產，收縮業務，把財產投入到社會慈善公益之上，還更多參與公職服務，這毫無疑問改變了家族的發展，同時亦提升了他們在社會中的名聲與地位。

鄧・律敦治的商而優則仕

與父祖不同，鄧・律敦治是家族中首名在香港出生的成員，整個青少年時代都在此地度過。雖然在大學畢業不久他即被派駐中華大地，管理家族企業，但在日佔前回到香港，娶了華人太太，與香港人一同經歷了恐怖的三年零八個月，在他眼中，香港應該不再只是臨時的移居地，而是一個可以視之為家的地方。律敦治家族在戰後為香港出錢出力，他亦將大部份時間和精力投入到社會公職上，為建設一個更理想的香港而發聲。他的選擇，無疑令個人及家族出現了截然不同的發展方向。

鄧‧律敦治（前排左三）與一眾華洋政商精英，如羅桂祥、利孝和、周錫年、簡悦強、安子介、何佐芝、林思顯、蔡章閣等合照。

　　在之漢吉‧律敦治宣佈退休時，鄧‧律敦治沒有走上前台接管生意，這個安排相信是經家族內部商討後決定的。當時，勞士‧施羅孚兩兄弟已在律敦治父子有限公司工作多年，全盤負責日常營運，而鄧‧律敦治卻無心打理家族生意，反而熱衷參與社會事務。於是自 1940 年代末開始，鄧‧律敦治只當一位掛名領導，主要精力投放至議政論政之事，家族生意主要由勞士‧施羅孚兩兄弟打理。

　　由於父親與友人創立了香港防癆會，鄧‧律敦治因此亦加入董事局，參與實務領導，後來更擔任該會副主席，成為落實建造律敦治療養院的骨幹人物。到醫院投入運作時，他負責的事務更多，需花上大量時間與精力。因為這一工作，他與政府、醫護專業及華洋社會精英之間有了更多來往，不但強化了他的人脈關係網絡，亦增加了知名度與傳媒曝光率，為他獲政府賞識、踏上政途鋪

平道路。

1950 年，鄧‧律敦治獲港英政府委任為市政局議員，向政壇踏出了重要一步。殖民地政府對有意吸納的人才，都是在通過政治誠信考驗後，先安置他出任一些較低階的地區事務公職，如表現突出才會交託更重要的職位。即是說，由於鄧‧律敦治在香港防癆會及創立律敦治醫院一事上表現不錯，通過評估，獲委任進入市政局，若然他在市政局表現突出，則有機會進入立法局。這種吸納模式或任用方法，乃過去百多年殖民管治的既定程序。

1952 年是之漢吉‧律敦治及巴暖 50 年金婚紀念，為了隆重其事，律敦治家族在半島酒店舉辦大型活動，邀請了近 300 名賓客出席。老朋友滙豐銀行大班摩士主持整場活動，高度稱頌之漢吉‧律敦治和太太的恩愛之情，足為社會典範。之漢吉‧律敦治分享了夫妻相處之道，並感謝妻子給他的大力支持。其中一個環節，是由外孫女維拉‧律敦治－迪西獻唱，她具有女高音（mezzo soprano）專業，表演精彩又令人感動（*South China Morning Post,* 22 May 1952）。為了慶祝金婚，夫婦再作慈善捐獻，部份捐給防癆會和律敦治醫院，部份則捐給保護兒童會，舉動再次贏得社會稱頌（*South China Morning Post,* 25 June 1952）。

1953 年，在市政局表現突出的鄧‧律敦治，[17] 一如所料更上層樓，獲提名進入立法局，成為首位印度巴斯裔立法局議員，吸引傳媒注視（*South China Morning Post,* 24 February 1953）。對此，香港印度及巴斯社群均十分雀躍，先後舉辦慶祝活動以示支持，相信同時亦想打好關係，讓鄧‧律敦治進入立法局後多代表他們發聲，爭取更大的權益（*South China Morning Post,* 9 April 1953; 9 September 1953）。

在鄧‧律敦治政途順暢之時，胞妹傅麗儀‧律敦治卻因病於 1953 年 6 月 7 日去世，享年只有 43 歲（*South China Morning Post,* 8-9 June 1953）。她結婚八年，應該沒有子女，因為報紙報導只提及她的父母、丈夫、兄長、小叔（比仲

治‧施羅孚）與妯娌，以及外甥女維拉‧律敦治－迪西。傅麗儀‧律敦治在臨終前立下遺囑，除了把珠寶留給母親，家具等留給丈夫外，將餘下遺產成立信託，「當中一半遺贈丈夫的孩子——若果有的話」，既說明她與丈夫沒有孩子，亦表示她同意丈夫在她去世後續弦；至於信託的另一半權益，大部份遺贈丈夫，小部份用於巴斯群體及本地的慈善事業（Probate Jurisdiction — Will File No. 30 of 1954, 1954）。

傅麗儀‧律敦治去世後，家人在 1955 年再次捐出巨款，擴建律敦治療養院，進一步推動防癆治癆的工作，強化香港的公共醫療（*South China Morning Post*, 24 February 1955）。擴建部份落成後命名為「傅麗儀療養院」（Freni Memorial Convalescent Home），以茲紀念（*South China Morning Post*, 25 July 1956）。順作補充的是，勞士‧施羅孚大約在 1950 年代末續弦，繼室為佩惠斯（Purviz），生於加爾各答，婚後夫婦育有一子，是為沙偉‧施羅孚（Zarir Rusy Shroff）。

回到鄧‧律敦治的政治生涯，由於他是一個觀察細微，率直敢言的人，言詞大膽辛辣，一針見血，傳媒都樂於向他採訪追問，其言論亦往往成為新聞焦點，廣為報導。惟有時他太過直言，難免有所得罪，甚至引起政府尷尬，故他論政多年，始終無法再上一層樓，進入真正的權力核心——行政局（即今天的行政會議）。

綜合而言，鄧‧律敦治擔任市政局議員的時期從 1950 至 1957 年，前後約 7 年；擔任立法局議員的時期從 1953 至 1968 年，前後共 15 年。在 1950 至 1968 年這接近 20 年間，他多次表態，議論時事政局，內容難以一一盡錄，惟可大致分為公共醫療、貿易與經濟、房屋與租務、助弱與福利保障、政府行政與管治等多個層面：

一、提升公共醫療方面。繼何啟家族之後，律敦治家族是另一在興建醫院方面具實際經驗的顯赫家族，而鄧‧律敦治進入市政局與立法局之時，正是

政府籌建伊利沙伯醫院的關鍵時期，所以他曾就香港醫療情況在立法局中多番發言。一方面，他闡述大型醫院集中於港島，九龍則缺乏相關設施，故強烈支持興建伊利沙伯醫院，以及在九龍創立具規模和良好設備的醫院的重要性；另一方面，他亦十分注重工程進度和開支，並多次提出批評，敦促相關部門節約成本，增加效率。此外，他早在 1963 年已建議設立「醫院管理局」（Hospital Board），組織統籌及強化全港醫院管理，成為日後設立醫院管理局（Hospital Authority）的先聲（*South China Morning Post,* 20 May and 25 August1962; 19 May 1963）。

二、改善房屋及租務方面。早在戰後不久的 1945 年 10 月，之漢吉·律敦治已有參與租務管制事務，鄧·律敦治後來亦成為租務委員會委員，對香港房屋供應短缺、租金昂貴等問題極有了解。另一方面，他早已察覺木屋潛藏的社會及安全問題，特別是容易發生火災，對市民生命財產構成重大威脅。所以他一方面提出要盡快清拆木屋，興建平民屋宇，另一方面則表示應實施租金規管，為租客提供更多保障，以免他們受無良業主壓榨（*South China Morning Post,* 20 May and 25 August1962; 26 June 1963; 21 May 1968）。

三、推廣貿易與經濟方面。作為信奉自由市場的商人，鄧·律敦治曾以工貿委員會成員及立法局議員等不同身份，多次帶領香港貿易代表團到海外，尤其歐美加澳等西方國家或地區，推廣香港製造的產品，宣揚其價廉物美（*South China Morning Post,* 27 January 1954）。另一方面，他向政府建議採取更進取的策略，投入更多資源，在海外加強宣傳「香港製造」的品牌，以開拓市場，強化出口。這種「加強宣傳」的意識，相信是源於家族生意的成功經驗。到海外開拓香港市場時，妻子安妮大多與他一起同行，成為對外宣傳的夫妻檔（*South China Morning Post,* 22 February 1959; 30 August 1961）。

四、保護弱勢群體及福利方面。鄧·律敦治和大多數巴斯商人一樣，熱心

社會公益，表現出對弱勢群體的關懷，亦願意給予扶助，如對貧病患者贈醫施藥，或是社會低下階層租戶及木屋居民，都是他關心的對象。他亦特別重視社會整體福祉，例如早在 1955 年 6 月，他遠赴紐約聯合國，出席有關人民福祉的會議，並在會議上發言，探討如何能讓人民過幸福充裕的生活（*South China Morning Post*, 22 June 1955）。同時，他亦關注保護殘障及有精神問題的人士，曾在 1967 年 3 月的會議上提出，政府應撥資興建殘障及精神病者康復中心，以及為病患者及其家人提供更多支援（*South China Morning Post*, 16 March 1967）。他對香港青年問題亦有留心，多次向政府建議應在各區設立社區中心，讓青年人有聚腳活動之所，以免流浪街頭，誤入歧途（Black, 1968）。到了 1969 年時，他曾在立法局會議中支持政府立法，限制非技術移民到港，認為這樣可保障本地居民的工作權益（*South China Morning Post*, 18 August 1969）。

五、監督政府和提升效率方面。雖然鄧·律敦治對英國殖民統治心悅誠服，但亦常常批評官僚體系的管理欠效率及教條作風等問題，例如在 1960 年 3 月，他曾指政府公務員體系擴張過快，開支不斷攀升，但效率卻未見提升，要求減少編制和開支，並將資源用於推廣貿易之上（*South China Morning Post*, 17 March 1960）。另一例子是他於 1965 年 3 月尖銳地批評政府的官僚主義，管理上出現不少「難以置信的瓶頸」，並提出「重整政府結構」的大膽建議，引起社會不少討論（*South China Morning Post*, 12 March 1965）。更加引人注意的，是他多次高調批評殖民地政府缺乏領導力，令政府出現「領導真空」（vacuum of leadership），尤其是戴麟趾（David Trench，任期 1964-1971）上任後。因此有說法指，他不滿戴麟趾的管治（Black, 1968），戴麟趾亦不喜他的批評，二人不和成為他政治生涯無法更上層樓的其中一個原因。

除了以上五大層面，鄧·律敦治還對教育職訓、交通運輸等等不同民生議題大加評論，吸引社會及傳媒視野。其中，有一項質詢當時看來只屬小事，

卻影響到香港日後緊急救援的工作，那就是緊急求助熱線的安排。在 1964 年之前，香港雖已設立緊急求救電話，但運作欠缺效率，未能發揮救急扶危的效果。1964 年 9 月，他在立法局會議上提出質詢，指原來的求救電話號碼 237031 不易記憶，普羅市民遇上意外時難免慌亂，因此要求相關部門向電話公司取一個更易記憶的電話號碼。另一方面，他亦提出撥打 999 熱線時，常會碰到線路繁忙問題，因此要求政府與電話公司協商，尋救解決方法（Hong Kong Legislative Council, 1964; *South China Morning Post*, 2 September 1964）。他對這問題觀察細微，促使政府與電話公司改進，日後乃有了將 999 統一作為緊急求救電話的安排，且直接接駁專線，令系統運作更有效，成為真正的「救命電話」。

　　毋庸置疑，鄧・律敦治在議事堂上侃侃而談，大都能提出一針見血的建議，但部份觀點和主張在今日看來，難免有不合時宜或爭議之處，如他曾與羅蘭士・嘉道理（Lawrence Kadoorie，艾利・嘉道理之長子）唱反調（可參考筆者有關嘉道理家族的研究），大力反對以公帑包底興建紅磡過海隧道，認為工程開支過巨，如要興建，只可由私人投資一力承擔（*South China Morning Post*, 12 August 1965）。相反，他提出應在大嶼山與港島之間興建大橋，認為這樣可以釋放更多土地，解決長期的房屋問題，但迴避了工程與開支同樣過巨的問題。儘管從土地供應角度看，他的建議有其道理，但還是令人覺得自相矛盾（*South China Morning Post*, 16 March 1967）。

　　在鄧・律敦治出任市政局及立法局議員期間，他還身兼多個公職，包括出任與家族淵源甚深的香港防癆會、律敦治療養院董事會主席、葛量洪醫院董事會主席、香港平民屋宇有限公司董事長、香港工商業顧問委員會委員，香港貿易拓展局副主席及港大校董會校董等，可算是當時香港其中一位「公職王」。

　　1957 年，鄧・律敦治辭任市政局議員，只保留立法局議員席位（*South China Morning Post*, 6 March 1957）。就在那年，其父之漢吉・律敦治的身體狀況

已經大不如前，宣佈全面退下火線，不過問家族生意，亦不再參與社會事務。兩年多後的 1960 年 2 月，之漢吉．律敦治在赤柱家族大宅 Banoo Villa 去世，享年 81 歲。喪禮按巴斯傳統儀式舉行，遺體下葬於香港巴斯墳場。對於之漢吉．律敦治，香港英文媒體形容他為「睿智的哲人與好朋友」（wise philosopher and good friend），高度稱頌他在日佔時期不屈不撓，以及戰後為對抗肺癆病慷慨捐建醫院等，對社會有重大貢獻（*South China Morning Post*, 11-12 February 1960）。

對鄧．律敦治而言，相信父親是他人生中最重要的人物，不但為他提供了豐盛的物質生活，塑造了他的價值觀，也包容了他不少「離經叛道」的選擇，如不接手家族企業改而參政，甚至迎娶一位帶著女兒的再婚華人婦女，當時甚少巴斯人能擁有如此開明豁達的思想。父親死後，能繼續陪伴鄧．律敦治無畏地議政論政，互助扶持、互相勉勵的，相信便只有其妻子安妮了。

這裡補充一些安妮．律敦治的資料。鄧．律敦治貴為議員，又是巴斯巨商，自之漢吉．律敦治 1960 年去世後，他成為家族及巴斯族群的領袖，安妮很多時都會陪同丈夫出席大小社交活動，成為傳媒鎂光燈的焦點。不過，她並非一位妻憑夫貴，無所事事的闊太太，而是有自己的專業及事業。如在 1965 年 12 月，她曾應美國政府邀請，出席一個有關古巴移民與殘障與精神病患者復康問題的聽證會（*South China Morning Post*, 1 December 1965），據文件記錄，她的專業是「兒童福利專家」（Specialist in child welfare），並擔任「魯斯克康復中心」（Rusk Rehabilitation Centre）的主任（Senate Committee on Appropriation of the U.S. Congress, 1967: 229），揭示她其實是一名現代事業女性，擁有很高的學歷與專業水平。相信在鄧．律敦治的議政生涯中，她應提供過不少有價值的意見。

除了自己的工作、出席巴斯或政商團體的活動外，安妮還擔任過不少

香港巴斯墳場內之漢吉・律敦治之墓

學校團體及大型活動的主禮嘉賓（*South China Morning Post*, 30 July 1954 and 9 December 1967），揭示她具相當名氣。而她個人似乎對時裝或審美活動有偏好，參與了不少此類型的活動，如在 1954 年，她出任「香港小姐」選舉的評審委員，同場的評審委員還有馮秉芬太太、理查士太太（Mrs H.G. Richards）、羅理基太太（Mrs A.M. Rodrigues）及羅拔臣太太（Mrs Ruth Robertson），五人均是重量級人物的太太，又是社交圈的寵兒，星光熠熠，吸引傳媒關注（*South China Morning Post*, 13 June 1954）。[18]

另一例子在 1967 年，安妮獲邀出任「時裝節」（Festival's Fashion）比賽評審委員會主席，這個活動是為了推廣香港時裝設計與製造而舉辦的。當時，評審委員會的成員均是時裝界或大型百貨公司的代表（*South China Morning Post*, 7 September 1967），安妮能成為委員會主席，除代表其「江湖地位」不容小覷外，亦反映她的審美觀在時裝界有一定名聲。順帶一提的是，在這次活動

中負責「程序項目」（Programming Sub-committee）的委員會主席，乃日後名揚香港的太古洋行高層鄧蓮如（*South China Morning Post*, 19 June and 7 September 1967），兩位時代女性透過這個活動，相信有了更多交流合作。

從以上資料及例子，可看到安妮除具專業實力外，性格亦應相當外向，長袖善舞且具親和力，故能圓滑地協助直言不諱的鄧・律敦治處理社交活動。而相信因她在日軍侵港時期曾參與救濟平民的工作，故在 1947 年獲得了殖民地政府頒發太平紳士（Justice of the Peace, 簡稱 JP）頭銜，當年能獲得這一榮譽的女性，只有何東兩名女兒──羅文錦夫人何錦姿和鄭何艾齡博士，以及養和醫院李樹培院長的太太李曹秀群，可見安妮的社會地位及貢獻，足以與那些時代女性並列（*South China Morning Post*, 12 December 1947）。

接下來簡單談談安妮的女兒瑞蓮・律敦治的資料。在安妮嫁給鄧・律敦治時，瑞蓮・律敦治應仍在孩童階段，她於 1948 年到英國求學，1951 年回港探親，之後又回到英國繼續學業（*South China Morning Post*, 10 March 1951）。最後，她回到香港，入讀香港大學，並於 1955 年獲得文學院（歷史）學士學位（*South China Morning Post*, 21 June 1955）。[19] 1959 年 7 月 31 日，她與來自元朗凹頭劉氏家族的劉汝超結婚，新郎為一名醫生，同樣畢業於香港大學。婚宴在半島酒店舉行，中外賓客雲集，時任港督柏立基亦有出席，十分熱鬧（*South China Morning Post*, 1 August 1959）。由此可見，鄧・律敦治對繼女視如己出，善用家族的資源及人脈，為女兒提供了良好的成長及教育條件，在她出嫁時又為她安排場面盛大的婚禮，相信令一對新人永誌難忘。

毫無疑問，二十世紀五十至六十年代乃鄧・律敦治人生中事業最輝煌、最受社會注目的時期。一方面，他在市政局及立法局中佔一席之地，有了發言權和指點江山的力量，受到社會及政府重視；另一方面，家族企業保持擴張，財富日升，在父親逐步淡出後，他亦成為家族及巴斯群體獨一無二的領導，聲

譽卓著。至 1957 年，他獲得 OBE 動銜，1964 年再獲 CBE 動銜（*South China Morning Post,* 3 July 1957; 5 July 1964），榮銜已超越其父了。

到了 1965 年，鄧・律敦治已屆官方的退休年齡 60 歲，但他獲得特別處理，留任立法局議員多一屆，延至 1968 年。不過，就如「半杯水理論」一樣，這個安排可從樂觀與悲觀兩種角度視之。「樂觀」來看，他已年屆退休，殖民地政府卻沒按一般規格讓他退下，而是格外開恩，讓他多留在立法局三年，算得上是特殊禮遇。不過，從「悲觀」的角度看，若政府認為他在立法局內表現突出，到退休年齡仍要重用，大可安排他更上層樓，進入真正的管治核心行政局，但鄧・律敦治的仕途卻未見突破，只能在立法局止步。這種政治上的精打細算，正是港英政府的一貫作風。

鄧・律敦治在最後的任期內，已不再如年輕時般火氣十足，充滿熱情，也不再想到甚麼就說甚麼，語不驚人誓不休，而是變得老成持重，人生經驗更豐富，掌握了「話到口中留三分」的技巧，無論對政府、政策或社會提出批評，均較為溫和理性，只有對戴麟趾的批評仍算老馬有火。一如時下論政文化一樣，不溫不火的言行舉止，對傳媒而言必然少了吸引力，因此他晚年的政論較少受到報導，沒有引起社會太多關注。

到了 1968 年，鄧・律敦治終於退任立法局議員之職，港英政府稱讚他在任期內表現卓著，故讓他終生保留「榮譽」（The Honourable）的稱號（*South China Morning Post,* 1 July 1968）。但按過往慣例，真正被政府視為「表現卓越者」，大多會獲頒贈爵士頭銜，但鄧・律敦治卻沒有此殊榮，顯示這只是一個讓雙方體面分手的做法，就如政府早前讓他延任但不讓他升官一樣，不過這次「出手」明顯更低，彷彿落實他與戴麟趾不咬弦的說法。見慣世面的鄧・律敦治，相信亦領略當中意思，甘之若飴，畢竟，到了他那個年紀及地位，早已寵辱不驚了。

退出議事堂的晚年生活

鄧·律敦治

　　鄧·律敦治不再續任立法局議員之時，剛年屆 65 歲，在當時社會而言已超出退休年齡。翌年即 1969 年，他獲香港大學頒贈名譽法學博士學位（*South China Morning Post,* 7 February 1969; The University of Hong Kong, 1969），表揚他對香港及大學的貢獻，為人生再增添殊榮。

　　退下議事堂之初，鄧·律敦治仍對政治和社會參與抱有一股熱情，對律敦治療養院和香港防癆會的事務更特別用心，一直強調「活躍退休」，或「退而不休」，一心繼續在不同平台發聲，服務社會，作出更多貢獻（Black, 1968）。然而，他不再是議員身份後，便失去了對傳媒的吸引力，雖然不致像普通平民般人微言輕，但已沒有太多讓他發言的場合及機會；而且就算他發表了言論，亦未必有傳媒報導。對此，初期他應該有點不習慣，後來則完全看開，以平常心視之，把時間放在仍有參與的公職上，或是與太太環遊世界，享受真正的退休生活。

　　作為社會名流，太太安妮亦是「風頭人物」，夫婦出席大小社交場合時仍然引人注視，惟鄧·律敦治那時已知所進退，不再月旦時事、批評政府，而是寧可風花雪月，所以與他有關的新聞，多數出現在「名人逸事」或「花邊新聞」等版面。舉例說，1970 年 4 月，在報章「名人行蹤」上，便出現二人參加大家族婚宴及英國航空公司酒會的蹤影（*South China Morning Post,* 5 April 1970）；7 月及 9 月下旬，再看到他們前往加拿大溫哥華旅遊，再到大阪參加世界博覽會等消息（*South China Morning Post,* 31 July and 28 September 1970）。相對於退休之初

仍想對社會作貢獻，鄧‧律敦治在察覺到「熱面貼上冷屁股」之後調整心態，改為享受世界，真正進入人生另一階段。不過，那時他表面看來雖然活力無限，但身體其實已走下坡，尤其是肥胖問題，成為困擾他晚年的一大隱患。

1972 年 10 月 6 日，鄧‧律敦治的母親巴暖去世，享年 90 歲，令他甚為傷心。他為母親舉辦了隆重喪禮，遺體下葬於巴斯墳場，與父親之漢吉‧律敦治作伴（*South China Morning Post*, 7-8 October 1972）。巴暖的遺產除了留給兒子，還撥出一大部份捐給律敦治醫院及其他慈善公益機構（Probate Jurisdiction — Will File No. 85/73, 1973）。

1973 年 2 月 23 日，為家族企業服務多年的老臣子包華拉去世，享年 87 歲（*South China Morning Post*, 24 February 1973），死訊同樣令鄧‧律敦治傷感，因為包華拉過去盡心打理律敦治洋行的生意，讓鄧‧律敦治可以無後顧之憂地投入議政工作。包華拉把遺產交由比治‧施羅孚處理，並沒有提及遺贈予妻兒子女（Probate Jurisdiction — Will File No. 149/74, 1974），可能代表他一生未婚。

母親及包華拉去世後，鄧‧律敦治開始減少在社交場合出現，主要原因是自 1973 年起，他的身體健康響起了警號，到了 1974 年初更要經常進出醫院，住院的日子比在家還要多。同年 7 月 28 日，鄧‧律敦治與世長辭，享年 71 歲（*South China Morning Post*, 29-30 July 1974;《華僑日報》，1974 年 7 月 29 及 30 日；Probate Jurisdiction — Will File No. 268/76, 1976）。

鄧‧律敦治的遺孀安妮按慣常做法，在英文報章刊登訃聞，告知洋人社會丈夫去世的日子及喪葬安排，發訃聞者的名義只有她一人。較特別的是，安妮還在中文報章也刊登了訃聞，相信是因丈夫參政多年，在華人社會甚有名氣，故亦想告知這一不幸消息。中文訃聞內容如下：

鄧‧律敦治先生痛於公曆 1974 年 7 月 28 日上午 11 時 05 分壽終於葛

量洪醫院，享壽 71 歲。……

妻子　安妮・律敦治

女兒　瑞蓮・律敦治

女婿　劉汝超

《華僑日報》，1974 年 7 月 30 日 [20]

　　訃聞內容十分簡單，只提及鄧・律敦治去世的時間及地點。但有一點值得注意，是訃聞列出了女兒及女婿的名字，這種做法不知是單純依從華人訃聞的傳統，還是有意向華人社會昭示女兒女婿的正式身份。

　　家族內部的矛盾與角力總是超出外人想像，如鄧・律敦治違背巴斯傳統，娶了一名再婚的華人妻子，雖然從表面看來家族沒有分裂，但背後到底有過多少爭吵與讓步，關係是緊是密、孰親孰疏，外人其實難以察覺。就如二人當初低調舉行婚禮的原因，是純粹為免招惹外人口舌，還是父母的無聲抗議？又例如鄧・律敦治沒有接手家族企業，是他真的沒有興趣，寧可從另一層面為家族出力，還是其實是因為他不聽話而被父親懲罰，不准他沾手家業？時至今日，真相已隨家族成員的離世而消亡，無人能給出肯定的答案。

　　不過，從整體發展上看，父母與兒媳經過多年相處，就算一開始有所不滿，到最後很大可能亦已釋然了，故鄧・律敦治仍然是家族企業的董事，母親過世前亦決定將大部份遺產遺贈予他；之漢吉・律敦治夫婦也會與媳婦一起歐遊，順道送沒有血緣關係的孫女到英國讀書。不過，家族與安妮之間應有一些私下承諾或協議，她與女兒不會參與到家族企業之中，故自鄧・律敦治去世後，安妮沒有成為女家長，掌管家族企業，而是選擇與女兒女婿移民美國，定居加州，直至 2009 年壽終，享年近 100 歲（Trellies Law, 2010; Probate Jurisdiction — Will File No. G000025/10, 2010）。[21]

鄧‧律敦治的訃聞

鄧‧律敦治在立法局議政論政長達 15 年，為港英殖民地政府作出巨大貢獻，家族又在淪陷時期表現卓越，社會對他的離世自然高度關注，中英傳媒曾作出不少報導，英文報章把他形容為「睿智和忍耐的人」（a wise and tolerant man），用詞與其父去世時十分接近（*South China Morning Post,* 1 August 1974），內容較側重他在日佔及戰後投入建設的努力，對他在立法局的「無償」付出反而輕描淡寫。[22] 中文報章則多稱讚他慷慨捐獻、視香港為家的精神（華僑日報，29-7-1974；工商晚報, 30-7-1974 工商日報, 1-8-1974）。

鄧‧律敦治的喪禮與其父母一樣，採用瑣羅亞斯德教儀式，到場致祭者達 600 多人，可謂生榮死哀，當中港英政府派出署理港督羅拔士（Denys Roberts）出席，不過其他到場的政府官員不多，鍾士元作為立法局代表，在面對傳媒訪問時指出鄧‧律敦治「有時乃很具爭議性的人物」（at times very controversial）（*South China Morning Post,* 1 August 1974），言簡意賅地點出了鄧‧律敦治的確與殖民地政府之間存在張力和矛盾。儀式後，他的遺體葬於香港巴斯墳場。

後鄧・律敦治的發展格局和轉變

鄧・律敦治去世後，遺孀安妮沒有成為女家長，也沒有爭逐家族企業領軍人的地位，甚至沒持有任何律敦治產業或律敦治父子公司股份，企業基本上平穩過渡，由勞士・施羅孚兩兄弟以及維拉・律敦治－迪西三人作為領導核心。即是說，由賀馬治・律敦治一手創立的家族企業，至鄧・律敦治去世後，控股或掌控大權已落到非家族成員的手中（雖然掌控人與律敦治家族仍有一些親屬關係），情況甚有渣甸家族創立了渣甸洋行，最終卻交給了凱瑟克家族的味道。

早在之漢吉・律敦治退休時，鄧・律敦治已表明不會接掌生意，經營及管理家族企業的大權握在勞士・施羅孚、比治・施羅孚兩兄弟及老臣子包華拉手中，[23] 他們亦一直盡心盡力，與鄧・律敦治「在公在私」互相配合，令家族企業不斷攀升壯大。由是之故，到鄧・律敦治退下火線，及與包華拉相繼去世後，律敦治家族的企業基本上仍由勞士・施羅孚兩兄弟領導，沒有甚麼重大改變。在討論企業接下來的發展前，先補充一些家族及相關人士的變化。

正如前文所述，勞士・施羅孚是之漢吉・律敦治的外甥孫，父母過世後被收養，後又娶了其女傅麗儀・律敦治，彼此關係早已親如家人，可惜直到傅麗儀去世，二人仍沒有誕下子嗣。妻子去世後，他於 1950 年代末續弦，與繼室佩惠斯育有一子沙偉・施羅孚。勞士・施羅孚一直在律敦治公司工作，表現特出，最後更成為公司領軍人。

至於弟弟比治・施羅孚，他一直是兄長的左右手，乃公司主要執行者，作風一向低調，唯一一次成為傳媒焦點，是他在台灣遇上嚴重空難，卻奇跡生還。資料顯示，1970 年 8 月，剛年屆半百的比治到台灣度假，在從花蓮至台北的航程中，快要降落時因天雨影響機師視野，所乘坐的中華航空飛機撞向山坡斷為兩截，造成 14 人死亡的慘劇。比治・施羅孚坐在飛機中間位置，雖斷了多條肋骨，額頭亦受傷，卻幸而保住性命。他隨後獲安排返港接受治療，住院

長達一個多月才能康復，日後接受訪問時仍心有餘悸，認為能夠死裡逃生是一個奇跡（*South China Morning Post,* 18 September 1970）。康復後，比治‧施羅孚身上雖然留下無法消除的疤痕，但或許是信仰帶來的力量，他不久後即回復正常生活，並全心投入工作，令律敦治家族企業仍能穩健持續地發展。

至於勞士‧施羅孚的獨子沙偉‧施羅孚，在鄧‧律敦治去世那年，即1974 年的 10 月份，在香港完成中學課程，並在父母安排下轉到瑞士求學，入讀瑞士美國書院（American College of Switzerland）國際商業管理系，那是一家招收來自全球 40 多個國家學生的國際學校（*South China Morning Post,* 29 October 1974）。完成學業後，沙偉‧施羅孚沒再繼續深造，也沒回到香港，而是留在瑞士工作，定居下來（*South China Morning Post,* 4 June 2015）。

最後是之漢吉‧律敦治的外孫女維拉‧律敦治－迪西。從成長經歷及升學安排來看，一開始她似乎沒有接掌家族企業的打算。據悉，她自小熱愛音樂，甚具歌唱天份，一直朝這方向發展，並獲得不少獎項。如在 1959 年 11 月，她取得「皇家音樂學院演奏文憑」（Licentiate Diploma of the Royal School of Music），是香港的第一人，備受注目（*South China Morning Post,* 30 November 1959）。可能因她女性的身份，或因打算發展音樂事業，又要照顧年老多病的父親，故她一直沒有參與律敦治家族企業的管治。

不過，在鄧‧律敦治去世數年後，維拉‧律敦治－迪西突然加入家族企業，相信一來是因為公司已沒有任何「自己人」可用，她作為律敦治家族僅存的後人，在情在理，都有權利或責任參與公司管理，把祖輩辛苦打下的基業好好流傳。再加上公司當時有意作出重大變革和開拓，需要可靠人手管理業務，故她和勞士‧施羅孚兩兄弟經過深入討論後，決定加入公司工作。

當時，律敦治父子有限公司有意重建帝納大廈，由於牽涉龐大的資金及規劃，需要更多人手坐鎮。原來的帝納大廈落成近半個世紀，物業已經變得矮小

老舊，給四周新興建的高樓大廈比了下去。更重要的，是香港經過多年發展，中環早已成為極繁榮的商業區，優質寫字樓的租金更高如天價，是世界租金最昂貴的地區之一，帝納大廈位處中環商業中心地帶，如能好好用盡地積比率，將可建成面積倍增的高級寫字樓及商場，為集團帶來不止翻倍的利益。

為了配合這一重大計劃，維拉・律敦治－迪西於 1980 年加入，成為律敦治產業有限公司及律敦治父子有限公司的「永遠董事經理」（Permanent Managing Director），勞士・施羅孚和比治・施羅孚則成為「永遠董事」（*South China Morning Post*, 9 December 1980）。翌年 3 月，他們成立律敦治產業永續有限公司（Ruttonjee Estates Continuation Ltd.），並以這家新公司作為新建物業的控股公司（Ruttonjee Estates Continuation Ltd., various years）。同年，公司經歷多番籌備及物色後，批出重建合約，由羅康瑞的瑞安建築負責「律敦治中心」（Ruttonjee Centre）整項工程，計劃的總作價為 1.5 億元（*South China Morning Post*, 8 August 1981）。

這個重建及發展項目，採取雙大樓並有共同基礎平台的新式設計，地面四層作為商場，商場平台上再建造兩座甲級商業大廈，分別命名為律敦治大廈（Ruttonjee House，樓高 26 層）及帝納大廈（Dina House，樓高 22 層）。其中律敦治大廈由低而高分四級，帝納大廈則由窄而寬亦分四級，兩座大廈給人高低錯落、層層變化、充滿成長活力的感覺，就連平台四層的入口亦採用層層上升的設計，整體而言相當獨特，新穎有致（*South China Morning Post*, 12 July 1981）。顯而易見，律敦治大廈是紀念之漢吉・律敦治，維持原名的帝納大廈則是紀念之漢吉・律敦治的母親丁白。整個律敦治中心，可視作家族扎根香港的標誌。

律敦治中心建築工程展開之時，中英兩國正就香港結束殖民統治進行談判，並因當中的明爭暗鬥和相互角力，引起了市場波動，社會呈現一片「前

景未明」的氣氛。特別須指出的是，股票及地產投資市場在 1982 至 1984 年中——即中英兩國達成協議簽訂《聯合聲明》前，曾經處於低谷，股價及樓價大跌，不少企業因此掉進了負債過巨的困境，老牌英資巨企渣甸洋行便是其中的例子（鄭宏泰、黃紹倫，2006）。不過由於律敦治家族的企業一直擁有雄厚的現金流，重建項目亦非以大幅借貸的方式進行，所以沒有出現債台高築的問題。

律敦治產業永續有限公司成立後，全面吸納了律敦治產業有限公司的資產，到了 1985 年 8 月，家族把律敦治產業有限公司解散，令這家營運近半個世紀的公司結束使命，劃上句號。同年 12 月，自妻子黛美‧律敦治因肺癆去世後一直保持單身，沒有再婚的律士唐‧迪西亦離世，享年 90 歲（*South China Morning Post*, 5 December 1985）。儘管得享高壽，但他健康其實長年欠佳，幸好有女兒一直在身邊陪伴照顧（*South China Morning Post*, 23 November 1985）。他作風低調，亦沒積極參與律敦治家族企業的管理，因此有關資料極少。

到 1984 年底中英兩國正式簽訂《聯合聲明》，確定中國將於 1997 年 7 月 1 日恢復行使香港主權時，過去近兩個世紀一直對英國忠心耿耿的香港巴斯群體，或者會感到甚為不解與不甘心（Hinnells, 2007）。特別是當時的中國剛從一窮二白走向改革開放，人民生活與國民經濟仍處於甚低水平，與英國相比有很大距離。維拉‧律敦治－迪西在某次記者訪問時提及，雖然她祖籍印度（孟買），但一生只返回過印度一兩次而已，反而她每年起碼會去英國一次，認為自己屬英國籍，不過，她強調自己十分喜歡香港，其家族亦是如此，所以必定會留下來（Leonard, 1985）。

儘管律敦治家族表示有意留下，但亦因應香港前途及社會將出現的變化，作了不少準備，如眾多巨富家族般，採取「分散風險」的策略，把相當比例的資產或生意轉到歐美等海外市場，以防香港日後出現不好的局面。因此，除律

敦治中心這個剛投入巨資興建，又無法帶走的核心資產外，家族企業的其他投資或資產都大多出售套現，轉為易於提取的流動資金，以便公司能更靈活應對將來風險。

其中較受注視的舉動，包括在 1987 年時，把家族位於赤柱東頭灣道的巴暖別墅（Banoo Villa）出售，又結束了專注於洋酒代理與經銷生意的律敦治父子洋行（*South China Morning Post*, 10 August 1987; 27 October 1991）。前者日後落入逸東物業有限公司（Eton Properties Ltd.）手中，成為其長期投資資產組合的一部份，並取了一個中文名稱「步雲軒」，在市場上放租（*South China Morning Post*, 24 February 1995）；後者由於是結束業務，手續上牽涉員工遣散和各種債權問題，故最終於 1993 年 6 月才正式劃上句號（H. Rottunjee & Son Ltd, various years; *South China Morning Post*, 27 October 1991）。

在家族忙於轉移資產的期間，勞士·施羅孚夫婦的獨子沙偉·施羅孚突然去世。資料顯示，一直在瑞士生活的他，1991 年 6 月在阿爾卑斯山腳羅納河谷（Rhone Valley）一個名叫萊森（Leysin）的著名療養勝地，因嚴重交通意外身亡，享年只有 30 多歲（*South China Morning Post*, 21 June 1991）。意外前半年他剛新婚，妻子是一位名叫瑪莉亞·白加（Maria A.H. Bakker）的英國女子。[24] 喜事接著喪事，一家人自是傷心不已。日後，勞士·施羅孚夫婦每逢兒子死忌，均會刊登悼念告示，亦曾以兒子名義捐助律敦治醫院及其他慈善組織（*South China Morning Post*, 4 June 2015）。

從企業繼承的角度，沙偉·施羅孚的去世，更代表著家族已再無任何後代能接手家業了。當然，若單以血脈論，賀馬治·律敦治尚存的血脈，當時除維拉·律敦治－迪西外，還有柏蓮·律敦治。不過，柏蓮·律敦治自 1946 年結婚後與丈夫一同離開香港，有關她的資料毫無所獲，因此無從談起，而且當年賀馬治·律敦治與之漢吉·律敦治早已分道揚鑣，一切權益亦已計算清楚，故

律敦治父子洋行早與她這一脈毫無關聯，她亦應沒有任何繼承權了。

　　即是說，由賀馬治‧律敦治傳到之漢吉‧律敦治，再到鄧‧律敦治，之後甚至傳到外姓的施羅孚家族，最終還是出現無後人繼承的重大問題，令人感慨。喪子的勞士‧施羅孚，相信應與未婚無子女的比治‧施羅孚及維拉‧律敦治－迪西進行了一番討論，決定企業傳承應何去何從，以及怎樣才能令家族「永續」。而根據企業之後的發展方向，相信他們得出的結論是精簡企業、回饋社會。

　　先是精簡業務的安排上，在結束近百年的洋酒代理及經銷生意後，1993年，勞士‧施羅孚等人再決定將律敦治父子有限公司清盤解散，賀馬治‧律敦治與之漢吉‧律敦治成立的公司至此全數結束，公司的剩餘資產納入律敦治產業永續有限公司之中。以上連串的業務與投資整頓，令律敦治家族旗下的生意，基本上只剩餘十分簡單的收租或收息，資產持有人已不用再大花精力於日常營運之中。

　　進入香港回歸祖國的過渡期，無論政治、經濟及社會環境均有不少風浪，不過由於律敦治家族早已將大部份生意結束，餘下物業收租，租金收入雖會隨外圍環境而起跌，但至少不用費心神應付，只需要靜觀其變，便能穩坐釣魚船。因此，企業最高領軍人之一的勞士‧施羅孚，便把不少時間投入其熱愛的賽馬活動，他是香港其中一名大馬主，養有不少名駒，太太佩惠斯很多時都會陪他一起出席大小賽馬活動。

　　1997年是香港回歸的大日子，對律敦治家族而言亦是悲喜交集的一年。先是一直單身的比治‧施羅孚健康日差，終於 9 月 24 日去世，享年 77 歲，遺體翌日葬於巴斯墳場（*South China Morning Post*, 25 September 1997）。對於他的離世，勞士‧施羅孚夫婦及維拉‧律敦治－迪西自然十分傷心，與他們有一定血緣關係又相伴多年的親人，在世界上已經愈來愈少了。

同年，過去一直獨立運作的律敦治醫院（包括傅麗儀療養院），宣佈於1998 年 4 月與鄧肇堅醫院合併（*South China Morning Post,* 15 October 1997 and 28 April 1998）。它之所以能結束部份歷史任務，不再專治肺癆病人，主要是過去曾經肆虐一時的肺癆，經過長時間及有效的控制，終於不再成為香港的威脅，在善用資源的原則下，政府宣佈將兩間醫院合併，以提升效率。合併後，醫院沿用律敦治醫院（Ruttonjee Hospital）的名稱，提供急症、老人醫療及部份專科服務，令律敦治家族的名聲因此保留下來。

在回饋社會方面，家族成員延續了之漢吉·律敦治的人道關懷精神，各按自己的關注點，作了不少慈善捐獻。如勞士·施羅孚夫婦便贊助多項慈善活動，擔任香港防癆會委員等多項公職，於 2008 年又成立了「香港防癆會勞士施羅孚牙科診所」。不過，在眾多慈善事業中，施羅孚太太最投入的，相信是她在「母親的抉擇」（Mother's Choice）的工作。在一次訪問中，她提及了參與這項義務工作的緣起，指自己和丈夫經歷喪子之痛後，有一段不短的時間難以恢復，對人生失去希望，但有一天她夢到兒子，兒子叫她不要悲傷，要勇敢生活下去，並叫她「到有孩子的地方吧」（go to where the children are）。翌日，剛巧朋友帶她參觀「母親的抉擇」，令她有所頓悟，從此化悲憤為力量，不但向機構捐出巨款，還親身參與。她表示能協助年輕的母親與嬰兒，令她和丈夫的人生有了了新的意義（*South China Morning Post,* 10 May 2020）。

至於企業的另一位領導人維拉·律敦治－迪西，在香港回歸後變得較為低調。英國撤離香港時，香港巴斯群體對英國不願給予他們居英權一事甚有意見，認為英國政府沒有承擔應有的道義責任（Hinnells, 2007），他們自此變得沉寂，這亦應與他們失去昔日優勢有關。維拉·律敦治－迪西或許是洞悉這情況，又或因大部分時間都居於英國及四處旅遊，留在香港的時間相對減少，加上年紀漸老，不太理事，此後甚少接受傳媒訪問。2014 年 9 月 21 日，維拉·

律敦治－迪西去世，享年約 84 歲，之漢吉·律敦治的血脈至此終結。她在遺囑中，用名下遺產的重要部份創立了「維拉·律敦治－迪西慈善基金」（Vera Ruttonjee-Desai Charitable Fund），遺愛人間，為社會慈善事業作貢獻（Probate Jurisdiction－Will File No. G010135/15, 2015）。

大約三年後的 2017 年 11 月 23 日，勞士·施羅孚去世，享年 100 歲，他生前亦和太太將名下大部份財產創立了「勞士施羅孚先生夫人慈善基金」（Rusy & Purviz Shroff Charitable Foundation），用於扶助醫療教育等公益事業。勞士·施羅孚的去世，標誌著律敦治家族在香港的傳奇走到最終章，作為律敦治家族投資旗艦的律敦治產業永續有限公司，領導權乃落到年過 80 的遺孀佩惠斯手中。

無兒無女的佩惠斯表現得豁達開朗，熱心公益，經常參與慈善活動，尤其是「母親的抉擇」（*South China Morning Post*, 10 May 2020），惟無子女繼後所產生的問題，始終讓人不能釋懷。出生率下降，人口增長無以為繼，這不但是巴斯群體、猶太群體必須面對，其他族裔亦難以置身事外，幾乎成為進入新千禧世代以來任何經濟成熟的社會必須面對的難題。律敦治家族在香港扎根超過一個多世紀，之後將何去何從？最終章很快便會在佩惠斯走到人生盡頭時揭盅。

可以這樣說，在後鄧·律敦治時期，以金錢財富而論，律敦治家族或者仍能力保不失，但已呈現矛盾複雜、百味雜陳的感覺。一方面，企業仍保持穩定前進，領軍人或家族亦熱心社會公益、慷慨捐輸；另一方面，家族卻出現了人丁單薄、血脈不繼的問題。儘管他們把企業名稱改為律敦治產業永續有限公司，期待世世代代長存下去，卻十分弔詭地出現了血脈斷絕的困局，令人感到唏噓的同時，亦帶來不少值得思考的地方。

結語

巴斯商人原本只是為利而來，祈求發財致富後返回祖家，但律敦治家族

在創業成功、積累巨大財富後，卻選擇留下，不但在香港買地建屋，結交本地華洋朋友，甚至打破巴斯群體的禁忌，有兩名核心成員迎娶了華人女子為妻，反映這個家族的特殊及開明之處。至於他們事業有成後積極回饋社會，無論是日佔時期出手救人、戰後捐建醫院對抗肺癆病、在議事堂發聲改善施政，甚至捐出大部份遺產成立慈善基金等，都可以看到家族貫徹始終的人道主義精神，不是那些偶爾心血來潮的「慈善家」可媲美。更重要的，是家族真正視香港為家，才會取諸社會，用諸社會。時至今日，律敦治中心與律敦治醫院仍屹立在香港島，標誌著家族在商業及慈善事業的兩大成就，也標誌著律敦治家族成為香港傳奇中一個不可或缺的部份。

華人常說「富不過三代」，放在律敦治家族身上或者並不適合，因為這個家族留下的財富至今仍十分巨大，不但不下祖輩時的規模，甚至有過之而無不及，絕對富過三代。不過，祖業祖產雖在，但掌管「律敦治產業永續有限公司」的人，卻已與律敦治家族再無血脈關係，這樣的情況，對部份中國人而言，難免會感慨萬千，覺得就如將辛苦打下的江山拱手讓人。不過，對信仰瑣羅亞斯德教的巴斯人而言，生前能在善惡之間做出正確的選擇，死後能在天堂得享永生，才是最重要的事，相對而言，家族血脈是否永續、公司落入何人之手，只是塵世間的小事，不會太掛心。就如有人覺得楚人失弓要由楚人所得，但若豁達一點，「人遺弓，人得之，何必楚也」。

註釋

1　現時中環都爹利街的「帝納大廈」便是為了紀念丁白而命名。

2　由於洋行名為「律敦治」，相信與賀馬治‧律敦治有一定親戚關係。賀馬治‧律敦治離開上一間公司，是因為嫌棄經理職位低，故可能他在新公司擁有一定股份，同時負責管理，所以他在 1934 年接受記者訪問時才說成創業，但因他在「BM‧律敦治洋行」佔股不多，只是小合夥，並非獨立創業那種類別。

3　由於當時在港生活營商的巴斯人甚少，這個族群又有很強的內部凝聚力，相信律敦治家族與憑麵包生意起家的打笠治家族亦有緊密連結，律士唐治‧律敦治早年亦曾籌劃創立麵包公司。

4　估計愛麗斯可能是華人或混血兒，因為她日後曾多次捐款予華人社會的慈善組織，還有聖公會及天主教會，卻沒有捐給巴斯社群或瑣羅亞斯德教會。

5　按此推算，愛麗斯應生於 1885 年，較丈夫賀馬治‧律敦治年輕 25 歲；大約在 1910 年誕下女兒柏蓮‧律敦治時，則大約為 24 。

6　面對進口啤酒價格相對便宜的局面，公司董事曾提出向政府爭取增加入口酒類的稅率，惟此建議最終沒落實（*South China Morning Post.* 15 June 1934）。

7　此公司於 1986 年 8 月解散，主要業務及投資由重新組合的律敦治產業永續有限公司（Ruttonjee Estates Continuation Ltd.）吸納。

8　回到香港不久，鄧‧律敦治曾與在港印度精英聯名，去信即將前往重慶與國民黨會談的印度國民大會黨領袖尼克魯（Jawaharlal Nehru），希望他赴華途經香港時，能與香港印度團體見面，聽取這裡印度人民的聲音（*South China Morning Post.* 19 August 1939），揭示他對政治事務早有興趣與熱情，值得注意。

9　基地的資料揭示，黛美‧施羅乎於 1898 年生於孟買巴爾薩（Bulsar，即現在的 Valsad），享年 39 歲。至於米尼‧施羅乎在母親去世時，應該仍處於嬰孩時期。

10　當然，婚事低調的原因，亦不排除是之漢吉‧律敦治夫婦對兒媳不滿意，但反對無效，只好故意不大肆鋪張，以示抗議。

11　黛美‧律敦治去世時，女兒維拉‧律敦治－迪西只有 13 至 14 歲（即約生於 1930 年）。律士唐‧迪西之後沒有續弦，生活低調（*South China Morning Post.* 5 and 10 December 1985）。

12　這位森美‧施羅乎相信與勞士‧施羅乎來自同一家族。

13　另一個反映安妮在日佔時期參與救災工作的例證，是 1971 年 11 月，她和丈夫出席時任衛生署長蔡永業舉辦的活動時，戰時醫務總監司徒永覺（Selwyn Clarke）曾憶述日佔時期的驚險與二人救濟民眾的點滴（*South China Morning Post.* 11 November 1971）。

14　這種親屬關係，在著重族內婚的巴斯族群其實甚為普遍，並非甚麼禁忌。

15　科斯夫於 1941 年被徵集成為志願軍，參與抗擊日軍侵港，於 1941 年 12 月 24 日在赤柱被日軍殺害，其權益由遺產管理人接管（*South China Morning Post.* 15 January 1947）。

16　相信同時是為了陪同瑞蓮‧律敦治到英國升讀中學。

17　有關鄧‧律敦治在市政局的論政，以敦促政府須要正視當時木屋問題，尤其應採取有效措施防止火災的看法，最為吸引社會注視（*South China Morning Post.* 11 February 1953），因此相信亦促成了政府進一步交託重任。

18　其後在多次香港小姐選舉，安妮都是評審委員會成員（*South China Morning Post.* 31 May 1964），可見她在審美方面具有「公認」的權威，她本人亦熱衷於這方面的社交活動。

19　以瑞蓮‧律敦治於 1955 年大學畢業時 21 歲推斷，她應大約生於 1934 年，即是安妮在 1940 年嫁給鄧‧律敦治時，女兒大約 6 歲。

20　訃聞格式與常見的不同，不知是安妮有意為之，還是因自小接受西式教育，無意跟隨傳統。

21 由於安妮與鄧‧律敦治婚後無所出,瑞蓮‧律敦治又只是鄧‧律敦治的繼女,故她可能沒有基礎或意欲爭逐家族企業或財產的掌控權。

22 早期擔任市政局及立法局等議員工作是無償社會服務,與今日享有高薪和各種福利可謂截然不同。

23 勞士‧施羅孚的妹妹米尼‧施羅孚於 1961 年結婚,丈夫為比斯‧戴拉提(Pesi S. Talati),婚禮按巴斯傳統在半島酒店舉行,十分熱鬧,成為一時盛事(*South China Morning Post*. 10 March 1961)。婚後,夫婦育有一女,是為戴娜(Delnar),日後嫁丈夫杜斯(Christopher Dowse),育有一子(Theo)二女(Laila 及 Naomi)。米尼‧施羅孚於 1996 年 5 月去世(*South China Morning Post*. 15 May 1996)。

24 沙偉‧施羅孚在 1990 年 12 月 21 日結婚,婚禮在一個風景怡人的小鎮韋爾蘇瓦(Versoix)舉行。想不到剛小登科的他轉瞬便遇上意外,可見人生禍福難料。

第七章

變局與調適
巴斯商人的變與不變

巴斯人從七、八世紀逃出波斯（今之伊朗），輾轉遷移到印度西部的古吉拉特，在那裡繁衍多個世紀，並在英國奪得孟買後再轉到當地，謀求更好發展。他們既在印度大力發展商貿，又緊跟大英帝國殖民擴張的腳步，踏足世界不同角落，憑著優秀的營商能力不斷壯大，族群人口雖少，卻在國際商業舞台上發光發熱。第二次世界大戰結束後，大英帝國的綜合國力迅速下滑，分佈全球的各殖民地先後獨立，大多數巴斯人所扎根的印度亦脫離英國控制，成為獨立國家，原本效忠英國的巴斯人，這時便面臨選擇。結果，部份人選擇作為英國臣民，轉到英國生活，部份則留在孟買及印度其他地方，為建設獨立的印度而努力。

二戰之後，香港沒有立即回歸中國母體，而是被英國重新佔領，過去在香港擁有重大發展空間的巴斯人，仍能繼續發展，律敦治家族則是很好的例子。當然，由於二戰後的香港與過去已不可同日而語，巴斯人亦面對著一個全新格局。至香港結束英國殖民統治，於 1997 年 7 月 1 日回歸祖國，則令過去一直以英國馬首是瞻的巴斯人，再一次面對更決定性的去留抉擇。對於這個沒有自己國度的族群而言，世界的大變局，總影響著他們的命運及發展軌跡。

變局中如何看準大勢所趨

總結巴斯人的發展軌跡和經驗，面對變局時如何找到發展機遇，並化解因變動而產生的種種困難，絕對是影響族群可否存續的頭等大事。巴斯人走出波斯後投靠印度，扎根古吉拉特，如糖溶化在牛奶般，與當地主流社會及族群和平共處，是數百年來他們能夠不斷繁衍壯大的重要基石，可視作族群在變局中求同存異，共謀發展空間和機會的很好例子，足見巴斯先賢的過人智慧。

進入近代，西方民族國家向全球擴張，英國開發孟買，巴斯人察覺到當中的發展空間，先後轉移到當地，無疑別具國際視野。更為重要的是，在往後的日子裡，巴斯人認定英國在全世界的霸主地位，因此主動投靠，英國人亦察覺到巴斯人的營商才能和靈活機敏，加上經考驗後覺得他們可信，乃願意任用，有時甚至視他們為印度人或印度社會的代表。於是，巴斯人被英國吸納，成為殖民擴張的重要力量，甚至是在不同層面開拓機會的「前鋒」，雙方在之後的十九至二十世紀間有很大發揮，互相得益。

跟隨著大英帝國拓展的腳步，巴斯人的發展可謂火乘風勢。就以中華大地為例，無論是早期的之弘治家族、卡華士治家族、吉吉貝家族，或是較後期的打笠治家族、麼地家族；甚至是更後期的羅旭龢家族和律敦治家族，都獲得了不錯的發展機會，從貿易中賺取巨大財富，又利用那些財富參與慈善及社會事務，建立起名聲和地位。更為重要的，當然是從統治者身上分享到一定權力，進入政治與管治核心，成為社會發展的「話事人」。

然而，自兩次世界大戰後，巴斯商人似乎逐漸從中華地區淡出。導致這情況的原因不少，先是 1908 年香港禁止鴉片貿易，參與其中的巴斯人失去了有利可圖的重大生意；其次是印度的棉紗、棉花出口生意亦大減，孟買本土成為該項生意的主要市場，在印度之外的巴斯人發展力量乃下滑；另外是中介商行風光不再，英資洋行日多，中華大地亦和海外有更多接觸，巴斯人過去獨一無

二的中介地位迅速滑落；還有英商、華商等在各通商港口不斷壯大，令巴斯商人發展空間日窄；印度工業日漸興起，獨立後更支持發展本土工業，而工業發展需要投入巨大資本，部份印度海外巴斯商人的資本乃被吸納到其中。

還有一點，印度在一戰結束後，出現連串政治運動，吸引不少精英留在印度，投身政治與社會運動，讓他們有機會成為自己國家的真正主人，躋身政府最高領導層。二戰之後，印度又吸引更多印度人及巴斯人投入政治與社會建設，影響了他們在海外的發展（Vaid, 1972: 62-64）。即是說，自兩次世界大戰後，由於大英帝國風光不再，面對這個重要後台發生變化，精明的巴斯人亦做出了不同應變，令其發展力量不如過去般集中和一致，發揮出來的效果亦顯得分散。

進入 1980 年代，英國雖然在福克蘭群島戰爭中對阿根廷取得優勢，但到與中國談判香港前途問題時，卻碰到一鼻子灰，只能接受現實，簽訂《聯合聲明》，同意在 1997 年 6 月 30 日結束殖民統治，讓香港回歸中國懷抱，進一步確定大英帝國日薄西山。在《聯合聲明》之後，居港的巴斯人認為他們過去對英國忠心耿耿，為英國統治及經濟發展作出了不少重大貢獻，應可獲得英國「保護」，尤其是給予英國居留權，但鐵一般的政治現實是，英國政府只把他們當成一般香港人而已。例如曾任香港巴斯會主席的族群領袖巴夫里（Noshir Pavri），曾多次致函時任英國首相戴卓爾夫人，要求給予香港巴斯人英國國籍，惟回覆是他們只能獲「英國國民（海外）護照（BNO）」，不能在英國定居（Hinnells, 2005: 179），令他們十分失望。巴斯人過去一度被視為「帝國的夥伴」、英國最忠誠的臣民，如律敦治父子多次冒生命危險拯救英國人，羅旭龢亦一直奉行港英官員的指示與日軍合作。儘管如此，巴斯人為英國政府作出的各種貢獻，只是得到口頭稱讚，事到臨頭才發現對方根本不視自己為同夥，只有個別具財力的富人才可獲得英國居留權，大多數巴斯人只能留在香港。

不過，一個有趣的現象是，自 1980 年代至 1997 年香港回歸這段期間，在香港生活的巴斯人口卻非如想像般，因為選擇離去而愈來愈少；恰好相反，其數目反而由 150 人略為增加至 200 人。其中一個重要原因，據說是「不少跨國公司決定在香港進行人手重新調配」（Hinnells, 2005: 179），巴斯人憑他們「利所在無不至」的營商作風，嗅到香港進入「後過渡期」或回歸後商機應該更多，或者視之為另一發展大勢，於是選擇前來。

大自然亦好，人類社會亦好，發展或前進過程總是充滿變化，有些只是小變，容易適應；有些卻是大變，不易應對。儘管轉變難免產生損失和困擾，亦會令人不安，但同時亦意味著新機會相伴相隨。細思巴斯人過去走過的道路，不難看到他們面對的種種挑戰，惟他們具有洞悉大局的能力，並能抓緊機遇，作出更好的應變與調適。當前，全球化走向新台階，在「亞洲世紀」、「後疫症」甚至「後烏克蘭戰爭」的年代，巴斯人能否再次看準大勢，創造輝煌，值得大家拭目以待。

瑣羅亞斯德教與現代社會

必須事先聲明的是，筆者對博大精深、如煙浩瀚的瑣羅亞斯德教認識有限，儘管看過不少相關文章，還只是略知皮毛而已，未能明瞭其精髓與奧妙之處。本研究其實亦非聚焦於此，而是藉著個案家族，了解巴斯人發展進程的特質。惟哪怕本書只是聚焦了幾個個案，在作出較全面的剖析後，還是可以相當清楚地看到該宗教——或者說巴斯傳統及文化——對巴斯民族調適和發展的重大影響，因此值得在本章的總結部份作一點扼要討論。

巴斯人一方面表現出在面對變局時的洞悉力和彈性，敢於應變求變，因此無論落腳於任何方，都能找到生存之道，發芽生長；但與此同時，他們對自身文化和信仰，卻力求保持本質不變，虔誠、保守而專一，始終堅持「教義」和

「傳統」不可違，只能緊緊跟從。或者換個角度說，在巴斯主流社會，由於人生的核心重點是能否保持純潔專一，與真神瑪茲達同在，所以可說仍由宗教力量主導，亦可視為難以因應時局或俗世環境轉變作出調整。

毫無疑問，西洋化或現代化的力量如倒海翻江，十分巨大。有不少早染「洋風」的巴斯精英，例如曾在英國生活多年的拿羅治（Dadabhai Naoroji）及包拿格里（Mancherjee Bhownaggree），或是與英人有深厚合作、交往日久的吉吉貝（Jamsetjee Jejeebhoy）及華地亞（N.N. Wadia）等，都先後建議變革，起碼應學習基督新教或英國從傳統走向現代化，但都無功而還（Luhrmann, 1996: 118-120）。雖然有些巴斯人因此捨棄了瑣羅亞斯德教，改為信仰其他宗教，但族群的主流意識仍沒被撼動，繼續保持下來。

在瑣羅亞斯德教中，最備受關注和常被引述的，相信是在聖火前舉行莊嚴儀式，及採用天葬、族內婚等傳統。作為一種宗教儀式，信徒在聖火前虔誠膜拜、頌經祈禱，不影響其他社會活動，並無不妥，因此沒需要因應社會變遷作出調整，本文亦不在這方面作深入討論。相對而言，天葬則需要具備一定環境條件，在寸土尺金的現代都市——例如香港，便難以實行，被迫放棄。事實上，在那些只有極少巴斯人口的城市，他們只能以其他喪葬儀式代替，在某程度上說算是因應環境作了一定調適。

至於族內婚問題，巴斯社會則仍緊緊堅持，不願放鬆。當中主要原因，又與為了保持信仰及族群的永久統一和純潔不二，惟這樣卻令他們的繁衍變得封閉，血脈延續問題變得尖銳，或可說是自絕於外界。若然族群規模足夠大，能夠自然增長、自給自足、自我調整，即使不與外界接觸亦問題不大。但若然本身規模不夠大，族群成員更移民到外面世界謀求發展，但當地社會卻沒有足夠巴斯人口支持族內婚，例如像現時香港的巴斯人口，便只有百多二百人，若以每個家庭約四人計算，則不外乎 30 至 50 個家庭，實在選擇有限，暴露出當中

的制度性問題。

在波斯或孟買，由於當地有足夠巨大的巴斯人口，即使採用族內婚制度，「婚姻市場」仍有足夠選擇，不會對族群的人口發展帶來致命打擊。但是，當巴斯人移民到別的社會，尤其是那些巴斯人口只佔極少數目的地方，「婚姻市場」便會變得十分狹窄，令他們失去了婚姻選擇的機會。這樣一方面會令結婚年齡延後，容易錯過生育的黃金時期，另一方面又會遏抑結婚意欲，兩者均會窒礙人口增長。

正如第一章提及孟買的巴斯慈善組織 BPP，他們排除非巴斯人口享用慈善福利及各種待遇，可說是最為排外的做法，連外族人皈依巴斯信仰甚至嫁入巴斯社會的途徑亦堵塞掉，可見其抗拒外族的決心。從某角度上看，巴斯人抗拒跨種族婚姻，維持族內婚傳統，與其強調純潔專一的信仰一脈相承；但從另一角度看，則揭示他們自身的深層次憂慮，害怕一旦作出變更，放棄過去長期堅持的傳統與信仰，很容易會在滔滔大潮中被全面吞噬。因為他們人數甚少，亦不如猶太人般擁有自己的國家，基本上「無險可守」，只能憑著族內婚傳統，維持本身族群的信仰特質。

即是說，一方面，在他們心目中，跨種族婚姻乃混雜不純、有欠純潔，令他們死後不能與真神瑪茲達同在；另一方面，若然放開堅持，接納與異族通婚，則害怕帶來更大的危機與威脅，例如當年《白帝訴吉吉貝》案提及一個重點：如果接受外族人歸化，則 BPP 的龐大資產，會因失去「防洪閘門」效果而迅速被耗盡，所以在現代化進程中，哪怕族群面對婚姻市場日趨狹窄，人口不斷萎縮等尖銳問題，仍然不動搖族內婚傳統。

人口增長停滯的挑戰

對巴斯族群而言，第三個關注點，相信是長期以來人口增長停滯，影響族

群的長遠或可持續發展，背後主要因素又與排斥族外婚問題有關。正如前文提及，信奉瑣羅亞斯德教的巴斯人，在逃到古吉拉特、孟買，甚至移居全球不同角落時，仍堅持本身的信仰及族內婚傳統，視為不可動搖的鐵律，無可避免地會影響婚姻與生育率，窒礙人口增長。

若細心一點分析，令巴斯人口長久停滯的原因，不只是堅持族內婚問題，還有諸如女性教育水平提升，走出家庭加入勞動市場；社會或家境日趨富裕，個人主義興起；以及人生與家庭價值觀念出現重大改變等多重因素交互影響所致。

有不少分析指出，早在 1890 年代開始，巴斯婦女已因教育水平提升而出現晚婚的現象，令族群人口增長放緩（Axelrod, 1990: 404）。因為女性受教育的水平愈高，她們的結婚年齡就會相對延後；她們投入工作及社會的程度愈深，願意多生子女的意欲就愈低，同時生育成本亦會愈高。換言之，無論是接受教育與投入工作，均直接影響了巴斯女性的結婚年齡、生育意願以及子女數目等，是巴斯人口增長停滯的其中一個決定性因素；同時，這亦是現今不少富裕社會所面對的共同問題。

正如第一章提及，巴斯傳統文化鼓勵多生孩子，甚至歧視不婚與不願生育者，卻未因此而令人口大量繁衍，反而自進入十九世紀以來，長期出現生育率低迷的問題，令族群人口停滯，甚至逐漸萎縮。其中常被引述的關鍵，是巴斯人受西方社會的個人主義影響，改變了過去的婚姻及家庭觀念。與其他社會一樣，隨著現代教育的普及，巴斯青年無論是追求個人夢想、發展事業，甚至是對愛情、婚姻與家庭等觀念，均有巨大轉變；傳統時代早日成家立室、開枝散葉，已是明日黃花的陳舊觀念，反而晚婚、獨身不婚，或少子、不生才是「時尚」，生育率持續下降乃不難理解。

巴斯人是印度社會中相對富裕的族群，但優厚的經濟或物質條件，並不會

刺激生育，而是恰好相反。有研究發現，生活富裕起來的巴斯群體，就如世界上很多富裕城市的出生率反而較貧窮鄉村低一樣，出現更多晚婚或不婚問題，亦較傾向少生孩子，令生育率不升反跌。至於現代社會興起的「婦女解放」運動，亦給巴斯族群帶來影響，成為生育率下降的另一原因（Axelrod, 1990: 402 & 416）。

同樣不容忽略的，是無論男女，巴斯人到海外接受教育或謀生時，始終會有人拋開宗教枷鎖，選擇與異族婚戀，其中一個現象是女性「外嫁」的數目大幅多於男性「外娶」。有數據顯示，自二戰後，巴斯婦女嫁給非巴斯人的比率增加，每三個婦女便有一人嫁給非巴斯人，可見其族內婚傳統漸漸改變（Hinnells, 2005: 180-185）。當愈來愈多巴斯婦女「外嫁」時，巴斯男性迎娶巴斯女性的選擇便會減少，某程度上亦會影響婚姻與生育。

對於人口停滯不前的問題，孟買的巴斯社群其實有不少討論，亦採取了不同方法以鼓勵巴斯人民生育，例如第一章提及的孟買巴斯慈善組織 BPP，會向適婚男女提供不同形式的支援，包括尋找對象、締造戀愛條件，為新婚夫婦分配房屋、結婚津貼，以及按孩子人數提供養育開支、教育資助等等，項目甚多，開支不少，惟成效不大（Weaver, 2012; Karkaria, 2016; Vevaina, 2018）。核心原因乃前文提及自進入現代社會以來，女性教育水平大幅提升，參與工作，以及現代社會改變了年輕人對婚姻、家庭及生育等觀念，相信巴斯人口未來仍會處於增長停滯，給族群發展帶來不容低估的困擾和挑戰。

移民外闖與商業精神

正如第二章提及，古巴斯先民——粟特人「善商賈，好利，丈夫二十，去傍國，利所在，無不至」（《新唐書‧列傳第一百四十六下‧西域》，沒年份：沒頁碼），揭示巴斯男子一旦長大成人，很多時便會「移民他方」，到不同地

方尋找商機，那種「善商賈」的逐利精神十分獨特，幾乎成為他們文化基因的一部份，相信是他們精於計算，商業表現極為突出的原因所在。

不少學術研究均指出，移民較熱衷或傾向營商創業，不少商業城市的發展，便得力於無數移民全力打拼的貢獻。一般而言，驅使人投身商海的原因各有不同，在原居地社會受到迫害、生存條件差等，是促使移民外走的一些原因；在移居地難以參與政治或獲得較好待遇的職位，原來的教育或專業技術不獲得承認，或無法發揮等，又是促成移民走上創業道路的一些原因。香港社會常提及移民容易滋生難民心態（refugee mentality），那種心態則成為創業意欲的泉源（Hughes, 1968; Wong, 1988）。

然而，若細看巴斯人的移民與創業，又不難看到當中一些不同。撇開巴斯人早年逃出波斯，轉到印度生活的情況不論，單從在孟買生活的巴斯人而言，他們既沒有受到當地社會或政府的不公平對待，生活水平及條件甚至較其他印度人好，屬於「富裕群體」，在社會上享有較突出的地位。因此，他們不是「被迫外逃」，而是在深思細慮下主動「出擊」的移民類型。

在過去社會（尤其第一次世界大戰前），巴斯人移民時大多正值壯年，不少人早已結婚，或是先行結婚然後才出發。即是說，他們寧願把父母、妻子及兒女留在家鄉，承受與親人離別之苦，也要選擇孤身上路，到移民社會尋找商機，這樣或者更能確保在外謀生者會把金錢匯寄回家鄉，養妻活兒。巴斯人相對富裕，教育水平較高，亦了解世界發展大勢，他們顯然覺得移居地有較多商機，等待他們開拓。即使那些地方一般而言經濟發展較為落後，他們對當地的語言、制度、生活環境及文化等都感到陌生，但仍無所懼怕，敢於走出移民腳步。這種行為背後，反映了他們自信能在移居地獲得一定優勢，賺取利潤，而非如其他移民般往往處於劣勢。

更為重要的是，一般移民企業家往往是先打工，後創業，或是受啟動資

本不足影響，創業時只能從事小生意，難以染指那些資本投入較大，回報期較長，利潤亦較為豐厚的生意。相對而言，巴斯人由於擁有一定起動資本，尤其具有一定商業網絡與關係，所以就算需要為人打工，時期一般亦較短，而且主要目的在於吸收經驗、弄清商業與經營門路。到創業時，他們往往可以進軍那些較具潛力、發展前景較好、回報較佳的生意，所以便有較好表現（Palsetia, 2008）。

在不同時代及社會，發展潛能各有不同，巴斯人在移居地創業的情況亦然。就以到華經商為例，十八至十九世紀初，他們聚焦把中國的絲綢茶葉遠銷歐洲；後來找到了鴉片走私的巨利源泉，於是投身其中；到英國打開中國大門後，巴斯人則迅速擴大生意層面，如水銀瀉地般大舉投入到棉紡針織、輪船運輸、貨倉碼頭、銀行保險、股票金融、物業地產等等不同生意之中，從孟買移民到華的巴斯人亦不斷增加，在不同行業或生意的領軍人中都有他們的身影，角色極為突出（Kulke, 1974; Dobbin, 1996; Luhrmann, 1996）。

毫無疑問，在移民與創業路上，巴斯人採取了積極進取、主動出擊的策略，這與其他族群較常見的被動防守、「迫上梁山」，在走投無路才選擇下海經商的情況可謂截然不同，揭示了巴斯人更大的主動性與進取性。他們移民時亦非身無長物，而是擁有一定資本、人脈及商業網絡，創業時具有更大優勢。正因他們這種有備而來、積極進取的心態，對商業經營用心鑽研，全情投入，所以總能幹出亮麗的成績。

在移居社會安定下來後，巴斯人深明「人在屋簷下，不得不低頭」的道理，很多時寧可默默經商，不主動參與政治、染指權力，而是專注尋找發財致富之道。有分析因此指出，巴斯人的營商手段圓通融和，處事做人柔中帶剛，盡量避免得罪別人（Hinnells, 2005: 187）。這種強調「求財而非求氣」，不與人爭的人生哲學與經商原則，或者是少數民族的生存之道。他們明白本身族群

乃小眾，便不能事事與人硬碰，只爭朝夕，而應該以小事大，在灰色的模糊狀態中找到有利自己發展的空間，揭示哪怕是弱小的族群，只要明白自身強弱之處，找到槓桿中的支點與力點，亦能有所發揮，幹出一番成績。

綜合以上分析，巴斯人「善商賈」、「好利」、男子「年二十」便會「去傍國」經商的特點，折射了他們確實有著與別不同的文化。更讓人驚奇的是，這些文化特質不只在千百年前的魏晉、隋唐如是，即使到了現今社會仍大同小異，可見移民與營商精神已植根巴斯人骨髓之中，成為他們的文化基因。

巴斯人的信仰強調好言語、好行為、好思想，但他們在華從商時，卻受到不少法律及道德指控，其中又以鴉片戰爭前後的走私生意最受指摘。鴉片毒害民眾，導致無數家庭破碎，嚴重衝擊中國社會和經濟，巴斯人對此視而不見；清政府查禁鴉片走私，他們卻說成是違反自由貿易，威脅洋商安全，向大英帝國請求對華發動戰爭，這樣的作為，在華人社會自然是不可饒恕的過錯，亦成為他們民族歷史的巨大污點。

家業傳承的困擾

創業一代殫智竭力，歷經辛勞血汗創立企業、積累財富，自然渴望父死子繼，留傳久遠。可是，從本書聚焦的數個個案看，他們的願望都未必能夠成功，當中碰到的各種挑戰，尤其值得思考。綜合而言，雖然巴斯人在創業與經營上表現得精明幹練，但在家業傳承上卻面對問題，那便是較難代代相傳地延續下去——或者說較難「富過三代」。其核心問題，看來不是如華人家族般受「諸子均分」的繼承方法制約，而是可粗略地歸納為如下三個挑戰。

第一個挑戰是血脈斷絕，即有否子孫繼承的問題。如本書討論的打笠治家族和律敦治家族，其實均人丁單薄，到段之貝‧打笠治與鄧‧律敦治之後，更連一子也沒有，宣告絕後。即使律敦治家族將企業傳給姻親兼表親的施羅孚家

族，亦只有一名獨子（沙偉·施羅孚）而已，他意外去世後，亦無以為繼。麼地雖有四子，但二人較早去世，一人精神有問題，一人改變宗教信仰，令傳承「失去預算」。當生意乏人繼承時，收縮業務，把財產分贈親屬朋友，甚至捐作慈善，自然成為較常見的出路。

第二個挑戰是子孫有否興趣接班的問題。無論是麼地、羅旭龢，或是之漢吉·律敦治，他們的血脈都沒興趣接掌家族生意，寧可走政治或專業之路；就算走操奇計贏之路，亦寧可自立門戶，而不是繼承家族企業。例如謝漢吉·麼地創立自己的經紀行，鄧·律敦治亦沒有加入家族公司，而是轉向政治之路。這些後代對接掌家族生意缺乏興趣，背後核心原因何在，值得日後再作深入探討。

第三個挑戰是生意類型有否條件延續的問題。無論是打笠治的麵包公司，麼地的貿易、拍賣行或經紀生意，律敦治的洋酒代理與啤酒生產，乃至羅旭龢的留聲機代理、音樂唱片製作及代理等，都有其時代或環境局限，傳到子孫一代時，這門生意可能已失去發展動力或競爭力，子孫很可能覺得就算接手亦吃力不討好，利少而事繁，所以不願接班。當然，各大家族都有一定物業地產投資，相對來說較容易處理，所以他們較多選擇把生意出售套現，再把資金投入到股票及物業地產中，憑穩定的投資產生固定收入，時間和精力則放到自己的專業及興趣上，無疑讓他們覺得更自由及有意義。

細心分析以上三點，不難發現它們與巴斯人移民及人口增長停滯等問題，有著互為因果的內在關係。基於巴斯人那種「丈夫年二十，去傍國」的傳統，難免令夫妻聚少離多，帶來最直接的影響，自然是生育子女的數目相對較少，這亦是巴斯人口增長停滯的其中一個原因。加上在醫療不發達的年代，子女養不大的情況相當常見，導致家族人丁不旺，或是子女於青壯年早逝，致命地影響家族和企業的傳承與發展。

聚少離多的問題，同樣影響親子關係。父親長期在外謀生，「缺席」孩子的成長期，一方面為孩子身心成長帶來影響，另一方面令父子關係疏離，產生隔閡。就算孩子年歲漸長，前來移居地與父親團聚，很多時又會因為父親太過投入生意經營，影響父子溝通。這種局面，令孩子難以對父親辛苦創立的生意產生興趣、認同與共鳴；他們對父親生意了解不多，必然會感到陌生、不易掌控和領導，於是沒興趣或不願意接班，乃不難理解。

加上不少富裕的巴斯人自小便把子女送到西方留學，亦令親子關係疏離，缺乏共同生活環境，難以產生共鳴。其中一個較突出的現象是，子女畢業後較多選擇留在升學的地方，不願回到原居地。有研究發現，就算有些人最後選擇回來，亦甚少接手，或者說不願接手家族生意，而是寧可發展專業，轉當醫生、律師、會計師等；就算投身商界，亦選擇成為跨國公司的管理層，揭示兒輩與父輩之間人生及事業觀念的不同（Hinnells, 2005: 180-185）。

筆者過去經常強調，產業或生意就如生物般有生命週期：出生、成長、成熟、衰老。一個有趣現象是，吸引創業者花大量精力心血投入經營的，往往是方興未艾的產業，例如十九世紀的鴉片生意；他們幹出成績，賺得盆滿缽滿時，多是處於該產業的興盛時期，但到他們計劃把生意交到子女一輩時，則原來的生意已進入衰退期，難免令子孫們卻步。因為接班後還要花九牛二虎之力進行變革，挑戰不少，包括坊間常說的「老臣少主」問題，而且，就算接班與改革成功，功勞亦歸父輩，但若不成功，卻要承擔罵名，令子孫對延續家族生意興趣不大。當然，時局的重大變化亦必然影響產業發展，牽動家族的傳承計劃。

對於家族生意，不同世代或有不同發展評估，若然認定生意已進入衰退期，自己又無心經營時，最常見的方法便是賣盤套現，讓更有綢繆和看法的人接手，其中之漢吉・律敦治在二戰結束後把香港啤酒出售，便是重要例子。家

族若然再沒開拓新生意的想法，則往往會把套現所得的資本，投入到那些被認為「乾手淨腳」的投資中——例如股票、債券或物業等，藉收取利息、股息或租金，支持家族發展。

作為公認「善商賈」的族群，巴斯人除商業觸角敏銳、精明幹練，在慈善公益上亦表現得慷慨熱心，當家族血脈斷絕，生意無法傳承下去時，他們便會把大量財產捐作慈善，遺愛人間。更重要的是，巴斯人信仰瑣羅亞斯德教，終極追求是回到真神懷抱，享受永恒喜樂，血脈斷絕雖令他們引以為憾，但和失去真神的關愛和接納相比，並不算大事。有關此點，「血脈至上」的中國文化（鄭宏泰、高皓，2019）則與巴斯人呈現巨大差異，亦很自然影響到各自的傳承邏輯與安排，值得認真思考。

種族包容的思考

透過檢視香港巴斯家族的發展，往往令人思考這個社會對不同種族是否包容。過去，我們總是以華洋薈萃、東西融和等來形容香港，但若細看殖民地歷史，香港從來都實行種族主義政策，由白種人（殖民地主）統治，他們高高在上，與被統治者保持巨大距離，抗拒交往，遑論融和。為了防止種族接觸，甚至劃出不同居住區，白種人居於山頂等環境最好的地方，華人則只能在山腳等生活；連學校、會所、車廂等，過去亦有華洋之別，不讓非我種族者進入。

在婚姻方面，亦不難看到洋人嚴禁與其他種族通婚及往來的特點。若然「不幸」地出現跨種族婚姻，則必會在明在暗，作出多方面的懲罰。對於跨種族交往誕下的混血後代，過去總是採取「一概不認帳」或者「一走了之」的方法應對，何東諸兄弟便是這樣的例子（鄭宏泰、黃紹倫，2007）。香港的歐亞混血兒群體，普遍只能跟隨華人母親生活，被洋人生父的社會拒諸門外，只能融入華人社會，生活習慣與行為舉止十分華化，便是很好的說明（Hall, 1992;

Smith, 1995）。

作為英國開拓貿易與經濟的先鋒，巴斯人亦是如此，一直堅持族內婚傳統，視跨種族婚姻為離經叛道，不能接納與包容。正因如此，部份巴斯男子與華人女子的交往，便只能偷偷地進行，例如打笠治和高呬；至於將混血兒身份公諸於世，日後幹出一番輝煌成績，證明混血兒並非次等或缺陷血脈的，則是羅旭龢。他雖不是歐亞混血兒，而是同屬亞洲的巴斯與華人混血，但同樣受到殖民地統治者及巴斯族群的歧視排擠。因此，羅旭龢自小與華人母親一起生活，學習華文華語，受儒家文化薰陶，長大後舉止華化，亦認同華人身份。這個過程所揭示的，恰恰是現今社會所提倡，但過去經常被忽略的「文化與族群包容」。英國、巴斯與中國，到底誰對不同社會文化較為包容呢？

香港被英國殖民統治近一個半世紀，無論從吸收移民、開展貿易、貨通南北、金融東西，甚至是社會制度、民生娛樂等各個層面上，均展示了中國文化的開放胸懷，有容乃大，因此成為華人社會走向現代化的奇葩，至於一衣帶水的澳門也同樣取得耀眼成績，又進一步展示了中國文化的包容性和開放性，這無疑是學術界及社會過去常常忽略，但其實極為重要的文化特質。更確切點說，巴斯群體如何理解跨種族婚姻一事，讓作為旁觀者的我們，更為深刻地看到包容性與開放性的生命力與活力，那實在是一個民族能否持續發展的重中之重，不容小覷。

總結

無論從宗教信仰、族群文化、歷史遭遇、政經商貿等不同角度看，巴斯人走過的道路、留下的足跡，均有令人著迷的地方。一字一句細看他們的故事，既能看到他們信仰與文化的獨特之處，亦對他們人少力量大的驕人成績嘖嘖稱奇；至於他們人口持續萎縮的問題，還有政商影響力自二戰以還持續滑落等

等，亦令人同情與擔憂。

　　一個曾經顯赫的文明逐漸滑落，種族與血脈無以為繼，問題無疑值得注視，就如世界上不少物種正在急速滅絕一樣。在四大文明古國中，只有中國文明能歷久不斷，保留至今，其他無論是古埃及文明、古巴比倫文明，或是古印度文明，均已在地球上消失，現時在印度生活的人民，都只是外來者或侵略者的後代，鵲巢鳩佔，而巴斯人則是其中一脈。巴斯人雖不是印度的侵略者，甚至與古印度人「同病相憐」，他們離開了原來的故鄉（波斯），自七、八世紀以來世代居於印度，卻又因信仰或文化無法與外界兼收並蓄，發展前路引人關注，值得日後再作深入研究。

參考資料

Anglo-Chinese Calendar. Various years. Hong Kong: The Chinese Repository.

Axelrod, P. 1990. "Cultural and historical factors in the population decline of the Parsis of India", *Population Studies*, vol. 44, no. 3 (November 1990), pp. 401-419.

Bard, S. 1993. *Traders of Hong Kong: Some Foreign Merchants House, 1841-1899*. Hong Kong: Urban Council.

Birch, A. 1986. "Interview with Dr. B. Kotewall". Hong Kong: Hong Kong Public Records Office.

Black, I. 1968. "Active retirement for the Hon. Member for Hong Kong", *South China Morning Post*, 1 July 1968, p.8.

Boyce, M. 1979. *Zoroastrians: Their Religious Beliefs and Practices*. London: Routledge.

CO 129/193. 1881. "Naturalization of certain Chinese", 28 July 1881. Hong Kong: Hong Kong University Libraries.

CO 129/2507341. 1906. "Prospecting and mining in New Territories", in CO 129 Series. Hong Kong: Public Records Office.

CO 129/2507359. 1909. "Proposing University of Hong Kong", in CO 129 Series. Hong Kong: Public Records Office.

CO 129/2507363. 1909. "Knighthood for Mr. Mody", in CO 129 Series. Hong Kong: Public Records Office.

CO 129/2507369. 1910. "Hong Kong University", in CO 129 Series. Hong Kong:

Public Records Office.

CO 129/316. 1903. "Ordinance 46 of 1902, Star Ferry Company", 2 January 1903. Hong Kong: Hong Kong University Libraries.

CO 129/404. 1913. "Bonus to Mr R.H. Kotewall, Claud Severn to Lewis Harcourt". Hong Kong: Hong Kong University Libraries.

CO 129/500-504. 1926-1927. "Chinese/Canton situation: Governor's despatches". Hong Kong: Hong Kong University Libraries.

CO 908/120/1. 1946-1947. "Quislings and collaborators". Hong Kong: Hong Kong University Libraries.

Cantera, A. 2015. "Ethics", in Stausberg, M. and Venaina, Y. (eds.) *The Wiley Blackwell Companion to Zoroastrianism*, pp. 315-332. West Sussex: John Wiley & Sons.

Carl Smith Collection. No year. "Dorabjee". Hong Kong Public Records Office. https://search.grs.gov.hk/en/searchcarl.xhtml?q=Dorabjee&page=1.

Chan, W.K. 1991. *The Making of Hong Kong Society: A Sociological Study of Class Formation in Hong Kong.* Hong Kong: Oxford University Press.

Chater, L. No year. "Sir Catchick Paul Chater Kt., C.M.G. Hon LLD" and "Sir Hormusjee Mody", in *Sir Catchick Paul Chater Kt. CMG, 1846-1926.* http://freepages.rootsweb.com/~sirpaulchater/genealogy/biography_Paul_Chater.html.

Chaubey, G. et al. 2017. "'Like sugar in milk': reconstructing the genetic history of the Parsi population", *Genome Biology,* (2017) 18: 110. DOI 10.1186/s13059-017-1244-9.

Cheong, W.E. 1979. *Mandarins and Merchants: Jardine Matheson & Co, A China Agency of the Early Nineteenth Century.* London: Curzon Press

China Directory. Various years. Hong Kong: A. Shortrede & Co.

China Mail. Various years.

Chinese Depository. Various years. Hong Kong: A. Shortrede & Co.

Chronicle and Directory for China. Various years. Hong Kong: Hong Kong Daily Press.

Chu, C. 2005. "Stanley civilian internment camp during Japanese occupation", in Chu, C. (ed.) *Foreign Communities in Hong Kong, 1840s-1950s*, pp. 133-154. New York: Palgrave Macmillan.

Coates, A. 1984. "Paul Chater: The quite kingpin", *South China Morning Post*, 17 November 1984, p. 16.

Codell, J.F. 2009. "Decentring and doubling imperial cosmopolitan discourse in the British Press: Dadabhai Naoroji and M.M. Bhownagree", *Media History*, vol. 15, no. 4, pp. 371-384. https://www.tandfonline.com/doi/full/10.1080/13688800903210883?scroll=top&needAccess=true.

Cook, C. 2006. *Robert Kotewall: A Man of Hong Kong*. Cambridge: Ronald Zimmern.

Crisswell, C. N. 1981. *The Taipans: Hong Kong's Merchant Princes*. Hong Kong: Oxford University Press.

Dewolf, C. 2019. "Hong Kong's industrial history, Part IXL: Locally-brewed beer", *Zolima City Mag*, 16 October 2019. https://zolimacitymag.com/hong-kongs-industrial-history-part-ix-locally-brewed-beer/.

Dobbin, C. 1996. *Asian Entrepreneurial Minorities: Conjoint Communities in the Making of the −E, 1570-1940*. Surrey: Curzon Press Ltd.

Endacott, G.B. 1964. *A History of Hong Kong*. London, Hong Kong: Oxford University Press.

Endacott, G.B. 1978. *Hong Kong Eclipse*. Hong Kong: Oxford University.

England, V. 2012. "Duddell, George, JP", in Holdsworth M. and Munn C. (eds.) *Dictionary of Hong Kong Biography*, pp. 129-130. Hong Kong: Hong Kong University Press.

Farmer, H. 2016a. "Beer in Hong Kong—part four: The Hong Kong Brewers and Distillers Ltd., 1930-1935", *The Industrial History of Hong Kong Group*, 29 June 2016. https://industrialhistoryhk.org/beer-in-hong-kong-part-four/.

Farmer, H. 2016b. "Beer in Hong Kong—part five: The Hong Kong Brewery and Distillery Ltd., 1936-1947", *The Industrial History of Hong Kong Group*, 28 November 2016. https://industrialhistoryhk.org/beer-in-hong-kong-part-four-the-hong-kong-brewers-and-distillers-ltd-1930-1935/.

Farmer, H. 2020. "Beer in Hong Kong—part one to part three: The early days to the planned opening of its first brewery", *The Industrial History of Hong Kong Group*, 22 March 2020. https://industrialhistoryhk.org/beer-hong-kong-early-days-opening-brewery/.

Fay, P.W. 1975. *The Opium War, 1840-1842*. Chapel Hill: University of North Carolina Press.

Gnoli, G. 1987. "Zoroastrianism", in Eliade, M. (ed.) *The Encyclopedia of Religion*, p. 590. New York: Macmillan.

Grace, R.J. 2014. *Opium and Empire: The Lives and Careers of William Jardine and James Matheson*. London: McGill-Queen's University Press.

Greenberg, M. 1951. *British Trade and the Opening of China, 1800-43*. Cambridge: Cambridge University Press.

Grenet, F. 2007. "Religious diversity among Sogdian merchants in sixth-century China: Zoroastrianism, Buddhism, Manichaeism, and Hinduism", *Comparative*

Studies of South Asia, Africa and the Middle East, vol. 27, no. 2, pp. 463-478.

Gulick, E.V. 1973. *Peter Parker and the Opening of China*. Cambridge: Harvard University Press.

Gwulo: Old Hong Kong. No year. "Royal Building South/King Edward Hotel/ Chung Tin Building (1902-c. 1953)". https://gwulo.com/node/3776.

H. Ruttonjee & Son Ltd. Various years. "Annual Return". Hong Kong: Companies Registry.

Hall, P. A. 1992. *In The Web*. Heswall Wirral:Peter Hall.

Hao, Y. P. 1970. "A 'new class' in China's Treaty Ports: The rise of the comprador-merchants", *Business History Review*, vol. 44, no. 4, pp. 446-459.

Hinnells J, and Williams A. 2007. *Parsis in India and the Diaspora*. London: Routledge.

Hinnells, J. 1973. "The Parsis", *British Journal of Religious Education*, Vol. 13, Iss. 1, p. 5-9.

Hinnells, J.R. 2005. *The Zoroastrian Diaspora: Religion and Migration*. Oxford: Oxford University Press.

Hinnells, J.R. 2007. "Parsis in India and the diaspora in the twentieth century and beyond", in Hinnells, J.R. and Williams, A. (eds.) *Parsis in India and the Diaspora*, pp. 100-118. London: Routledge.

Hintze, A. 2018. *Zoroastrian Afterlife Beliefs and Funerary Practices*. London: Routledge.

Hong Kong Almanack and Directory. Various years. Hong Kong: The China Mail.

Hong Kong Brewery and Distillery Ltd. 1949. "In Liquidation of the Hong Kong Brewery and Distillery Ltd.". Hong Kong: Companies Registry.

Hong Kong Brewery and Distillery Ltd. Various years. "Annual Return". Hong Kong: Companies Registry.

Hong Kong Daily Press. Various years.

Hong Kong Directory and Hong List for the Far East. Various years. Hong Kong: Robert Fraser-Smith.

Hong Kong Government Gazette Extraordinary. Various years. Hong Kong: Government Printer.

Hong Kong Government Gazette. Various year. Hong Kong: Government Printer.

Hong Kong Legislative Council. 1964. "Official report of proceedings, meeting of 2nd September 1964", *Hong Kong Legislative Council Report*. https://www.legco.gov.hk/1964/h640902.pdf.

Hong Kong Telegraph. Various years.

Hongkong and Shanghai Hotels Limited. No year. "History timeline". https://www.hshgroup.com/en/About/History-of-Innovation/History-Timeline.

Hughes, R. 1968. *Hong Kong: Borrowed Place – Borrowed Time*. London: Deutsch.

Hung, J. 2011. *Master on None: How a Hong Kong High-Flyer Overcome the Devastating Experience of Imprisonment*. Hong Kong: Blackwell Books.

In the estate of Kotewall Lawrence Cyril, etc., deceased. 2012. "Letters of Administration with the will annexed", HKRS No. 96-75-10142. Hong Kong: Public Records Office.

Jackson, S. 1968. *The Sassoons*. New York: E.P. Dutton & Co. Inc.

Johnson, D. 1998. *Star Ferry: The Story of a Hong Kong Icon*. Hong Kong: The "Star" Ferry Company, Limited.

Kaori, A. 2018. *Chinese Middlemen in Hong Kong's Colonial Economy, 1830-1890*. London: Routledge.

Karaka, D.F. 1884. *History of the Parsis* (2 vols.). London: Macmillan & Co.

Karanjia, B.K. 1998. *Give me a Bombay Merchant Anytime! The Life of Sir Jamsetjee Jejeebhoy, Bt., 1783-1859*. Mumbai: University of Mumbai.

Karkaria, B. 2016. "Why is India's wealthy Parsi community vanishing?", *BBC*, 9 January 2016. https://www.bbc.com/news/world-asia-india-35219331.

Kennedy, P. 1989. *The Rise and Fall of the Great Powers: Economic Change and Military Conflict from 1500 to 2000*. London: Fontana Press.

Kotewall, Babbie M.F., HKRS 96/61-7905. 1998-2002. Hong Kong: Public Records Office.

Kotewall, R.H. 1925. *Kotewall Report: The Strike of 1925*. Hong Kong: Public Records Office.

Kulke, E. 1974. *The Parsees in India: A Minority as Agent for Social Change*. Munchen; Weltforum Verlag.

LKS Faculty of Medicine. No year. "HKU Surgery, Academic Staff: Dr Nicholas Kotewall". https://www.surgery.hku.hk/en/Our-Team/Academic-Staff/Clinical-Assistant-Professor/Dr-Nicholas-KOTEWALL/Dr-Nicholas-Kotewall-Profile.

Lau, H. 2015. "Dr. George Choa Wing-Sien: An Otorhinolaryngologist of international repute", *Rotary*, 1 September 2015. https://rotary3450.org/choa-wing-sien-dr-george/.

Le Pichon, A. (ed.). 2006. *China Trade and Empire: Jardine, Matheson & Co. and the Origins of British Rule in Hong Kong 1827–1843*. London: Oxford University Press.

Legislative Council. 1885. *Legislative Council No. 6*, 11 November 1885, pp. 11-18.

Leonard, D. 1985. "Vera's life on a high note", *South China Morning Post*, 23 November 1985, p. 28.

Lim, P. 2011. *Forgotten Souls: A Social History of Hong Kong Cemetery*. Hong Kong: Hong Kong University Press.

Lo, Y. 2021. "Wo Shing Company", *The Industrial History of Hong Kong Group*, 1 March 2021. https://industrialhistoryhk.org/wo-shing-company.

Luhrmann, T.M. 1996. *The Good Parsi: The Fate of a Colonial Elite in the Post Colonial Society*. Cambridge, Mass: Harvard University Press.

Mama, A.S. 1994. "Hong Kong's Ruttonji Hosptial", *Parsiana*, October 1994, pp. 24-26.

Maurya, H. 2002. "The role of Parsis in the growth of urban economy in South Gujarat region during the nineteenth century", *Proceeding of the Indian History Congress*, Vol. 63 (2002), pp. 508-520.

McLeod, J. 2007. "Mourning, philanthropy and M.M. Bhownaggree's road to parliament", in Hinnells, J.R. and Williams, A. (eds.) *Parsis in India and the Diaspora*, pp. 136-152. London: Routledge.

Mellor, B. 1980. *The University of Hong Kong: An Informal History*. Hong Kong: Hong Kong University Press.

Mody, J.R.P. 1959. *Jamsetjee Jejeebhoy: The First Indian Knight and Baronet, 1783-1859*. Bombay: Evergreen.

Mr. J.H. Ruttonjee. 1945. "Correspondence re...". HKRS 163-1-43. Hong Kong: Public Records Office.

Munn, C. 2001. *Anglo-China: Chinese People and British Rule in Hong Kong 1841-1881*. Richmond: Cruzon.

Naoroji, D. 1888. *Poverty of India: Papers and Statistics*. London: Winckworth Foulger & Co.

Nasirabadwala, E.H. 2018. "Introduction to the Zoroastrian religion: The religious ceremonies and customs of the Parsis and its history in Hong Kong", presentation in a seminar held in 13 October 2018 in the Parsi Temple in Hong Kong.

Nergish, S. 2018. "When Bombay went to East India Company for £10 rent", *The Times of India*, 27 March 2018. https://timesofindia.indiatimes.com/india/when-bombay-went-to-east-india-company-for-10-rent/articleshow/63473137.cms

Nghiem, M. 2019. "What is the history of Zoroastrianism in China?", *Quora*, 3 June 2019. https://www.quora.com/What-is-the-history-of-Zoroastrianism-in-China

Palsetia, J.S. 2001. *The Parsis of India: Preservation of Identity in Bombay City*. Leiden, Boston and Cologne: Brill.

Palsetia, J.S. 2007. "Partner in empire: Jamsetjee Jejeebhoy and the public culture of nineteenth century Bombay", in Hinnells, J. and Williams, A. (eds.) *Parsis in India and the Diaspora*, pp. 81-99. London and New York: Routledge.

Palsetia, J.S. 2008. "The Parsis of India and the opium trade in China", *Contemporary Drug Problems*, vol. 35 (Winter, 2008), pp. 647-679.

Palsetia, J.S. No year. "Jejeebhoy, Jamsetjee", *Encyclopedia Iranica*, XIV/6, pp. 619-621, http://www.iranicaonline.org/articles/jejeebhoy-jamsetjee.

Parekh, Y. No year. "The life & times of Sir Hormusjee Naorojee Mody". *Global: A Zoroastrian Educational Institute*. http://www.zoroastrian.org.uk/vohuman/Article/Hormusjee%20Naorojee%20Mody.htm.

Paymaster, R.B. 1954. *Early history of the Parsees in India: From their landing in Sanjan to 1700 A.D.* Bombay: Zartoshti Dharam Sambandhi Kelavni Apnari Ane Dnyan

Felavnari Mandli.

Probate Administration Bonds — File No.: Dinshaw Hormuji Mody. 1921. HKRS 143-2-1996. Hong Kong: Hong Kong Public Records Office.

Probate Jurisdiction — Will File No. 149/74. 1974. "Dinshaw Dorabjee Paowalla", HKRS144-7A-1340. Hong Kong: Hong Kong Public Records Office.

Probate Jurisdiction — Will File No. 154/49. 1949. "In the goods of Kathleen Margaret Elien Mody, deceases". Hong Kong: Hong Kong Public Records Office.

Probate Jurisdiction — Will File No. 175/48. 1948. "In the goods of Nowrojee Hormusjee Mody, alias Naoroz Hormusjee Mody, gentlemen, deceased". HKRS 96-1-1638-3. Hong Kong: Hong Kong Public Records Office.

Probate Jurisdiction — Will File No. 202-75. 1975. "Alice Hormusjee Ruttonjee". HKRS 144-8A-202. Hong Kong: Public Records Office.

Probate Jurisdiction — Will File No. 268/76. 1976. "Dhun Jehangir Hormusjee Ruttonjee". HKRS 144-9A. Hong Kong: Public Records Office.

Probate Jurisdiction — Will File No. 2893/82. 1981. "In the estate of Esther Kotewall, also known as Lo Shek Chun". HKRS144-19-646. Hong Kong: Hong Kong Public Records Office.

Probate Jurisdiction — Will File No. 2893/82. 1982. "In the estate of Esther Kotewall". HKRS 144-19-646. Hong Kong: Hong Kong Public Records Office.

Probate Jurisdiction — Will File No. 30/54. 1954. "Freni Rusy Shroff". HKRS 96-1-4937. Hong Kong: Hong Kong Public Records Office.

Probate Jurisdiction — Will File No. 66/50. 1950. "In the goods of Jehangir Hormusji Naroji Mody, retired stock broker, deceased". HKRS 96-1-3247. Hong Kong:

Hong Kong Public Records Office.

Probate Jurisdiction — Will File No. 74/46. 1946. "Hormusjee Ruttonjee". HKRS 144-6A-74. Hong Kong: Hong Kong Public Records Office.

Probate Jurisdiction — Will File No. 85/73. 1973. "Banoo Jehangir Hormusjee Ruttonjee". HKRS 144-7A. Hong Kong: Public Records Office.

Probate Jurisdiction — Will File No. 974/71. 1971. "In the goods of Felix Hurley Mody, exchange broker, deceased". HKRS 144-7A-267. Hong Kong: Hong Kong Public Records Office.

Probate Jurisdiction — Will File No. G000025/10. 2010. "Anne Ruttonjee (LA with Will Annexed)". HKRS 96-73. Hong Kong: Public Records Office.

Probate Jurisdiction — Will File No. G010135/15. 2015. "Vera Ruttonjee Desai". HKRS 96-78. Hong Kong: Public Records Office.

Probate Jurisdiction — Will File No. 167/11. 1911. "Dhunjeebhoy Dorabjee Nowrojee, Victoria, Hong Kong". HKRS 144-4-2428. Hong Kong: Hong Kong Public Records Office.

Probate Jurisdiction — Will File No. 4/01. 1901. "Ko Tee, deceased". HKRS 144-4-1362. Hong Kong: Hong Kong Public Records Office.

Probate Jurisdiction — Will File No. 137/04. 1904. "Dorabjee Nowrojee". HKRS 144-4-1697. Hong Kong: Hong Kong Public Records Office.

Probate Jurisdiction — Will File No. 34/83. 1883. "Pang Yim". HKRS 144-4-490. Hong Kong: Hong Kong Public Records Office.

Probate Jurisdiction — Will File No. 40/14. 1914. "Ardaser Nusserwanjee Mody". HKRS 144-4-2698. Hong Kong: Hong Kong Public Records Office.

Probate Jurisdiction — Will File No. 92/86. 1886. "Joseph Theophilus Charter".

HKRS 144-4-633. Hong Kong: Hong Kong Public Records Office.

R. H. Kotewall and Company Limited. 1951. "In Voluntary Liquidation, Companies File No. 3405". HKRS No. 1114-6-659. Hong Kong: Public Records Office.

Rawdon, G. 1981. "The story of the Ruttonjees", *Tatler*, February 1981, pp. 44-49.

Richards, J.F. 2007. "Cannot we induce the people of England to eat opium? The moral economy of opium in colonial India", in Mills, J.H. and Barton, P. (eds.) *Drugs and Empires: Essays in Modern Imperialism and Intoxication, c. 1500-c. 1930*, pp. 73-80. Basingstoke, New York: Palgrave Macmillan.

Ruttonjee Estate Continuation Ltd. Various years. "Annual Return". Hong Kong: Companies Registry.

Ruttonjee Estate Ltd. Various years. "Annual Return". Hong Kong: Companies Registry.

Senate Committee on Appropriation of the U.S. Congress. 1967. "Department of State, Justice, and Commerce, The Judiciary, and Related Agencies Appropriations for Fiscal Year 1968", *Hearings*, Vol. 12. Washington: The U.S. Government Printing Office.

Sharafi, M. 2007. "Judging conversion in Zoroastrianism: Behind the scenes of the Parsi Panchayat case (1908)", in Hinnells, J.R. and Williams, A. (eds.) *Parsis in India and the Diaspora*, pp. 159-180. London: Routledge.

Shroff-Gander, S. 2012. "Mithaiwala, Dorabjee Naorojee (Nowrojee)", in Holdsworth M. and Munn C. (eds.) *Dictionary of Hong Kong Biography*, p. 322. Hong Kong: Hong Kong University Press.

Shroff-Gander, S. 2012. "Ruttonjee, Dhun" and "Ruttonjee, Jehangir Hormusjee", in Holdsworth, M. and Munn, C. (eds.) *Dictionary of Hong Kong Biography*, pp. 376-

378. Hong Kong: Hong Kong University Press.

Siddiqi, A. 1995. "The business world of Jamsetjee Jeejeebhoy", in Siddiqi, A. (ed.) *Trade and Finance in Colonial India 1750-1860*, pp. 186-217. Delhi: Oxford University Press.

Singh, S. 1986. *The Sugar in the Milk, the Parsis in India.* Madras: Institute for Development Education.

Sinn, E. 1989. *Power and Charity: The Early History of the Tung Wah Hospital in Hong Kong.* Hong Kong: Oxford University Press.

Smith, C. No year. "George Lowcock", in Carl Smith Collection. Hong Kong: Public Records Office.

Smith, C.T. 1983. "Compradores of the Hong Kong Bank", in Frank H.H. King (ed.) *Eastern Banking Essays in the History of the Hong Kong & Shanghai Banking Corporation,* pp. 93-111. London: Athlone Press

Smith, C.T. 1995. *A Sense of History: Studies in the Social and Urban History of Hong Kong.* Hong Kong: Hong Kong Educational Publishing Co.

South China Morning Post. Various years.

Sweeting, A. 2012. "Mody, Sir Hormusjee Naorojee", in Holdsworth, M. and Munn C. (eds.) *Dictionary of Hong Kong Biography,* pp. 322-323. Hong Kong: Hong Kong University Press.

Terchonian, H. 2005. *Life & Times of Sir Catchick Paul Chater, 1846-1926.* Kolkata: Armenia Holy Church of Nazareth.

The Globe and Mail. 2016. "Obituaries: Valentine Hugh Mody", 5 November 2016. https://www.legacy.com/obituaries/theglobeandmail/obituary.aspx?n=valentine-hugh-mody&pid=190001349.

The Joshua Project. No year. "Kotwal in India". https://joshuaproject.net/people_groups/17281/IN.

The University of Hong Kong. 1926. "Sir Robert Hormus Kotewall". Hong Kong: The University of Hong Kong. https://www4.hku.hk/hongrads/citations/cmg-robert-hormus-kotewall-sir-robert-hormus-kotewall.

The University of Hong Kong. 1971. "Bobbie Madeleine Florence Kotewall". Hong Kong: The University of Hong Kong. https://www4.hku.hk/hongrads/citations/m-b-e-b-a-bobbie-madeleine-florence-kotewall.

The University of Hong Kong. 1988. "George Choa". Hong Kong: The University of Hong Kong. https://www4.hku.hk/hongrads/graduates/o-b-e-o-st-j-m-b-b-s-d-l-o-f-r-c-s-e-f-r-a-c-s-j-p-george-choa.

The "Star" Ferry Company Limited. No year. "The Company". http://www.starferry.com.hk/en/theCompany.

Trellies Law. 2010. "Ruttonjee, Anne, decedent", *Trellies Law*, 17 June 2010. https://trellis.law/case/BP123106/RUTTONJEE,-ANNE-DECEDENT.

Trocki, C.A. 1999. *Opium, Empire and the Global Political Economy: A Study of the Asian Opium Trade, 1750-1950.* New York: Routledge.

University College London Hospitals. No year. "Our Service: Mr Dennis Choa". https://www.uclh.nhs.uk/our-services/find-consultant/mr-dennis-choa.

Vaid, K.N. 1972. *The Overseas India Community in Hong Kong.* Hong Kong: Centre of Asian Studies, University of Hong Kong.

Valentia, G.V. 1809. *Voyages and Travels in India, Ceylon, the Red Sea, Abyssinia, and Egypt, in the Years 1802, 1803, 1804, 1805, and 1806.* London: William Miller. https://www.loc.gov/resource/gdclccn.04019315v2/?sp=217

&r=-.029,0.336,1.058,0.672,0.

Vevaina, L. 2018. "Good deeds: Parsi trust from 'the womb to the tomb'", *Modern Asian Studies*, vol. 52, no. 1, pp. 238-265.

Wadia, R.R. 2007. "Bombay Parsi merchants in the eighteenth and nineteenth centuries", in Hinnells, J. and Williams, A. (eds.) *Parsis in India and the Diaspora*, pp. 119-135. London and New York: Routledge.

Weaver, D.J. 2012. *The Parsi Dilemma: A New Zealand Perspective*, Master of Arts thesis, Victoria University of Wellington. https://core.ac.uk/download/pdf/41337379.pdf.

Welsh, F. 1997. *A History of Hong Kong*. London: Harper Collins.

Wo Shing Co. Ltd. Various years. "Annual Returns". Hong Kong: Companies Registry.

Wong, G. 1996. "Business groups in a dynamic environment: Hong Kong 1976-1986", in Hamilton, G.G. (ed.) *Asian Business Networks*, pp. 87-114. Berlin, New York: Walter de Gruyter.

Wong, S. L. 2017. "Chater's choice: An Indian Armenian British Hong Kong", Keynote presentation in *International Conference on Imagining the Future: Community, Innovation and Social Resilience in Asia*, 23 February 2017, The Chinese University of Hong Kong. Hong Kong: The Chinese University of Hong Kong.

Wong, S.L. 1988. *Emigrant Entrepreneurs: Shanghai Industrialists in Hong Kong*. Hong Kong: Oxford University Press.

Zaehner, R.C. 1976. *The Teachings of the Magi* (paperback version). New York: Oxford University Press.

《大公報》。各年。

《工商日報》。各年。

《每日頭條》。2017。〈世界上僅存的幾萬拜火教徒〉，2017 年 6 月 23 日，

　　　https://kknews.cc/news/z3llg5q.html。

《香港日報》。各年。

《華字日報》。各年。

《華僑日報》。各年。

《新唐書》。沒年份。《中國哲學書電子化計劃》。https://ctext.org/zh。

《鴉片戰爭檔案史料》。1992。天津：天津古籍出版社。

丁新豹、盧淑櫻。2014。《非我族裔：戰前香港的外籍族群》。香港：三聯書店

　　　（香港）有限公司。

丁新豹。2009。〈香港莫仕揚家族初探〉，載香港中文大學中國文化研究所文物

　　　館等（編）《買辦與近代中國》，頁 169-221。香港：三聯書店（香港）有

　　　限公司。

上海對外經濟貿易志編纂委員會。2001。《上海對外經濟貿易志》。上海：上海

　　　社會科學院。

何佩然。2001。《點滴話當年：香港供水一百五十年》。香港：商務印書館。

何佩然。2016。《城傳立新：香港城市規劃發展史：1841-2015》。香港：中華

　　　書局。

吳醒濂。1937。《香港華人名人史略》。香港：五洲書局發行。

冼玉儀、劉潤和。2006。《益善行道：東華三院 135 周年紀念專題文集》。香

　　　港：三聯書店（香港）有限公司。

東華三院。沒年份。〈歷屆董事局成員芳名〉(1869/1870–2020/2021）。https://

　　　www.tungwah.org.hk/upload/CH/organization/bd/bd1890.pdf。

林友蘭。1975。《香港史話》。香港：芭蕉書局。

林悟殊。1995。《波斯拜火教與古代中國》。台北：新文豐出版公司。

林準祥。2016。《銀流票匯：中國早期銀行業與香港》。香港：中華書局。

林準祥。2019。《香港・開埠——歷史新編》。香港：中華書局。

香港演藝學院。沒年份。〈教員：蔡敏志〉。https://www.hkapa.edu/tch/faculty/choa-gillian。

香港衛生署。沒年份。〈香港的結核病和抗癆服務史〉。https://www.info.gov.hk/tb_chest/tb-chi/contents/c13.htm。

施其樂。1999。《歷史的覺醒：香港社會史論》。香港：香港教育圖書公司。

秦家聰。2002。《香港名門：李氏家族傳奇》。香港：明報出版社。

高添強、唐卓敏。1995。《香港日佔時期：1941 年 12 月－1945 年 8 月》。香港：三聯書店（香港）有限公局。

梁炳章。2011。《中西區風物志》（修訂版）。香港：中西區區議會。

符澤琛。2020。《羅旭龢研究》，香港中文大學碩士論文。香港：香港中文大學。

莊士集團。沒年份。〈莊士中國管理團隊〉。https://chuangs.com.hk/zh/cg/executive-directors-cn-zh/。

郭廷以。1979。《近代中國史綱》。香港：香港中文大學出版社。

郭德焱。1997。〈鴉片戰前後廣州口岸的帕西商人〉，載蔡生（編）《廣州與海洋文明》，頁 356-398。廣州：中山大學出版社。

郭德焱。2001。〈巴斯商人與鴉片貿易〉，《學術研究》，2001 年第 5 期，頁 116-121。

郭德焱。2003。〈粵港澳三地文獻與巴斯在華史研究〉，《文化雜誌》，2003 年第 47 期，頁 125-138。

陳垣。1980。《陳垣學術論文集》（第一集）。北京：中華書局。

馮邦彥。2001。《香港地產業百年》。香港：三聯書店（香港）有限公司。

黃棣才。2012。《圖說香港歷史建築 1841-1896》。香港：中華書局。

劉智鵬。2013。《香港華人菁英的冒起》。香港：中華書局。

蔡洛、盧權。1980。《省港大罷工》。廣東：廣東人民出版社。

蔡榮芳。2001。《香港人之香港史》。香港：牛津大學出版社。

鄭有國。2004。《中國市舶制度研究》。福州：福建教育出版社。

鄭宏泰、周文港（編）。2020。《文咸街里：東西南北利四方》。香港：中華
　　書局。

鄭宏泰、周振威。2006。《香港大老：周壽臣》。香港：三聯書店（香港）有限
　　公司。

鄭宏泰、高皓。2019。《為善者王：慈善信託歷史源流與制度分析》。香港：中
　　華書局。

鄭宏泰、陸觀豪。2017。《點石成金：打造香港金融中心的里程碑》。香港：中
　　華書局。

鄭宏泰、黃紹倫。2005。《香港米業史》。香港：三聯書店（香港）有限公司。

鄭宏泰、黃紹倫。2006。《香港股史：1841-1997》。香港：三聯書店（香港）
　　有限公司。

鄭宏泰、黃紹倫。2007。《香港大老：何東》。香港：三聯書店（香港）有限
　　公司。

鄭宏泰、黃紹倫。2010。《婦女遺囑藏著的秘密：人生、家庭與社會》。香港：
　　三聯書店（香港）有限公司。

謝永光。1994。《三年零八個月的苦難》。香港：明報出版社。

羅玉芬、林皓賢、黃樂怡。2016。《香港宗教與社區發展》。香港：香港樹仁
　　大學商業經濟及公共政策研究中心。https://www2.hksyu.edu/bepp/wp-

content/uploads/2017/11/qefre.pdf。

關禮雄。1993。《日佔時期的香港》。香港：三聯書店（香港）有限公司。

打笠治家族系譜圖

打笠治・那路之・米泰華拉
⋯⋯⋯
白毛蒂白

段之貝・打笠治・那路之
⋯⋯⋯
白姑白

麼地家族系譜圖

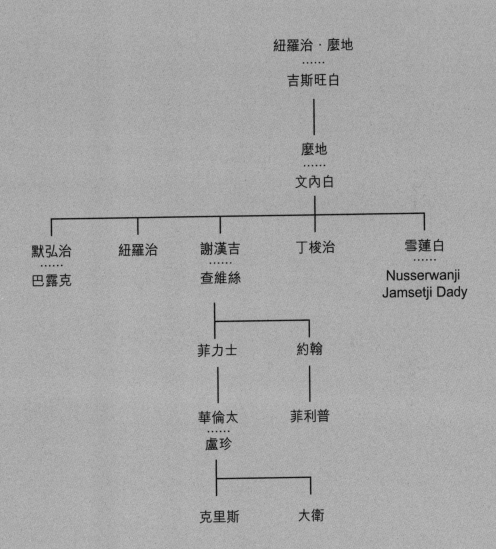

紐羅治・麼地
......
吉斯旺白

麼地
......
文內白

默弘治　　　紐羅治　　　謝漢吉　　　丁梭治　　　雪蓮白
......　　　　　　　　　　......　　　　　　　　　　......
巴露克　　　　　　　　　查維絲　　　　　　　　Nusserwanji
　　　　　　　　　　　　　　　　　　　　　　　Jamsetji Dady

菲力士　　　約翰

華倫太　　　菲利普
......
盧珍

克里斯　　　大衛

羅旭龢家族系譜圖

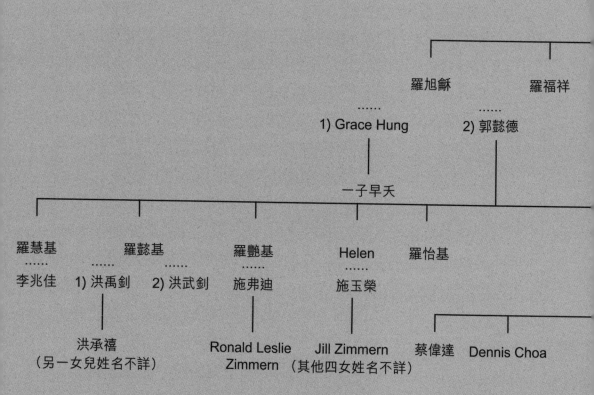

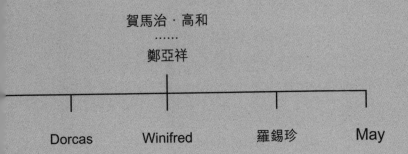

賀馬治·高和
......
鄭亞祥

Dorcas　　Winifred　　羅錫珍　　May

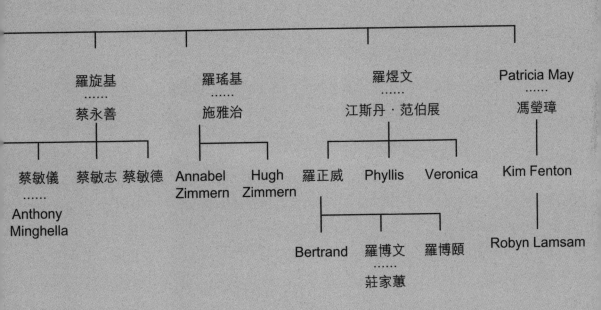

羅旋基
......
蔡永善

羅瑤基
......
施雅治

羅煜文
......
江斯丹·范伯展

Patricia May
......
馮瑩璋

蔡敏儀　蔡敏志　蔡敏德　　Annabel Zimmern　Hugh Zimmern　　羅正威　Phyllis　Veronica　　Kim Fenton

......
Anthony Minghella

Bertrand　羅博文　羅博頤

......
莊家蕙

Robyn Lamsam

律敦治家族系譜圖

```
        ┌──────────────────────┬──────────────────
   鄧 · 律敦治              谷淑德 · 律敦治（早夭
    ······
      安妮
        │
   瑞蓮 · 律敦治（繼女）
    ······
      劉汝超
```

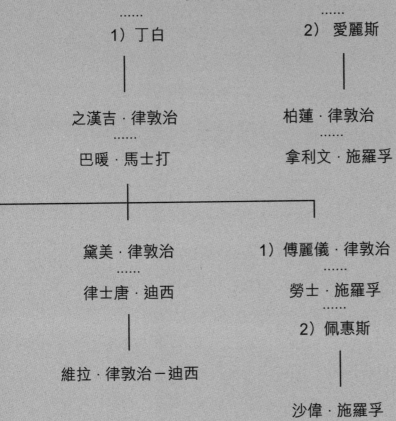

賀馬治・律敦治

1）丁白

之漢吉・律敦治
巴暖・馬士打

2）愛麗斯

柏蓮・律敦治
拿利文・施羅孚

黛美・律敦治
律士唐・迪西

維拉・律敦治－迪西

1）傅麗儀・律敦治
勞士・施羅孚

2）佩惠斯

沙偉・施羅孚

三聯書店
http://jointpublishing.com

JPBooks.Plus
http://jpbooks.plus

編輯	寧礎鋒
設計	黃詠詩
書名	巴斯家族：信仰、營商、生活與文化的別樹一幟
作者	鄭宏泰
出版	三聯書店（香港）有限公司 | 香港北角英皇道 499 號北角工業大廈 20 樓 Joint Publishing (H.K.) Co., Ltd. | 20/F., North Point Industrial Building, 499 King's Road, North Point, Hong Kong
香港發行	香港聯合書刊物流有限公司 | 香港新界荃灣德士古道 220-248 號 16 樓
印刷	美雅印刷製本有限公司 | 香港九龍觀塘榮業街 6 號 4 樓 A 室
版次	2022 年 7 月香港第一版第一次印刷
規格	16 開（170mm × 230mm）344 面
國際書號	ISBN 978-962-04-5014-3
Copyright	©2022 Joint Publishing (H.K.) Co., Ltd. Published & Printed in Hong Kong